非规则桥梁抗震理论与试验研究

闫 磊 远广要 刘芳平 著

东北大学出版社
·沈阳·

ⓒ 闫　磊　远广要　刘芳平　2020

图书在版编目（CIP）数据

非规则桥梁抗震理论与试验研究 / 闫磊，远广要，刘芳平著. — 沈阳：东北大学出版社，2020.2
ISBN 978-7-5517-2276-6

Ⅰ. ①非… Ⅱ. ①闫… ②远… ③刘… Ⅲ. ①桥梁工程－抗震性能－研究　Ⅳ. ①U442.5

中国版本图书馆 CIP 数据核字（2020）第 030295 号

出 版 者：东北大学出版社
地　　址：沈阳市和平区文化路三号巷 11 号
邮　　编：110819
电　　话：024-83683655（总编室）　83687331（营销部）
传　　真：024-83687332（总编室）　83680180（营销部）
网　　址：http：//www.neupress.com
E-mail：neuph@ neupress.com

印 刷 者：辽宁星海彩色印刷有限公司
发 行 者：东北大学出版社
幅面尺寸：170mm×240mm
印　　张：17
字　　数：245 千字
出版时间：2020 年 2 月第 1 版
印刷时间：2020 年 2 月第 1 次印刷
策划编辑：周文婷
责任编辑：潘佳宁
责任校对：安淑梅
封面设计：潘正一
责任出版：唐敏志

ISBN 978-7-5517-2276-6　　　　　　　　　　　　定　价：68.00 元

动与冲击》、KSCE Journal of Civil Engineering 等国内外高水平期刊上发表的论文基础之上形成的。

本书共分为 7 章。其中，第 1 章为岳克锋、刘芳平编写，第 2 章、第 4 章、第 5 章为闫磊编写，第 3 章、第 6 章、第 7 章为远广要编写。岳克锋老师及研究生安康在本书插图、整理方面做了大量工作，对此表示衷心感谢。从整体看，本书形成了较完善的理论体系，具有广阔的应用价值和前景，可为非规则桥梁的抗震提供一定的理论和试验支持。

由于作者水平有限，本书中难免有不足之处，希望读者批评指正。本书的出版一直备受各方面的关注与支持，一并向悉心支持我们工作的有关单位、专家、领导和同志们致以诚挚的谢意。

闫 磊　远广要　刘芳平

2019 年 10 月于重庆

前言

我国的地震特点是发生频率高、强度大、分布范围广、伤亡大、震灾严重。据不完全统计，自20世纪以来，我国几乎所有的省都发生过6级以上破坏性地震，大约平均每3年发生至少两次7级以上地震，汶川地震、玉树地震、芦山地震、九寨沟地震等无一不造成了严重的生命和财产损失。地震发生后，交通线路的畅通对抗震救灾的顺利进行有着举足轻重的作用，尤其是公路、铁路、城市桥梁等生命线工程，往往因遭受地震破坏后阻断交通，对抗震救灾的开展极为不利。非规则桥梁作为桥梁结构跨越复杂地形时的主要选型方案，在我国已被广泛建造，该类桥梁线形和墩高的非规则性，致使其在地震作用下内力耦合效应显著，结构灾变机理更趋复杂。因此，非规则桥梁的抗震研究工作亟待开展。本书基于非规则桥梁的典型震害现象，以理论研究为基础，地震模拟振动台试验为直接手段，结合数值分析方法，研究地震作用下考虑支座摩擦滑移、结构碰撞的非规则桥梁的抗震性能。

本书系中国博士后基金面上项目（2019M663442）、重庆市科委技术创新与应用示范项目（cstc2018jscx-msybx0167）、重庆市教育委员会项目（KJQN201901209、KJQN201801223）、重庆市三峡水库岸坡与工程结构灾变防控工程技术研究中心开放基金（SXAPGC18ZDI02/03、SXAPGC18YB02/05、SXAPGC19ZDI01、SXAPGC19YB09）、重庆三峡学院科研项目以及闫磊博士学位论文等科研成果，还包括《振动与冲击》、KSCE Journal of Civil Engineering 等国内外高水平期刊上发表的论文基础之上形成的。

本书共分为 7 章。其中，第 1 章为岳克锋、刘芳平编写，第 2 章、第 4 章、第 5 章为闫磊编写，第 3 章、第 6 章、第 7 章为远广要编写。岳克锋老师及研究生安康在本书插图、整理方面做了大量工作，对此表示衷心感谢。从整体看，本书形成了较完善的理论体系，具有广阔的应用价值和前景，可为非规则桥梁的抗震提供一定的理论和试验支持。

由于作者水平有限，本书中难免有不足之处，希望读者批评指正。本书的出版一直备受各方面的关注与支持，一并向悉心支持我们工作的有关单位、专家、领导和同志们致以诚挚的谢意。

闫 磊 远广要 刘芳平

2019 年 10 月于重庆

前 言

我国的地震特点是发生频率高、强度大、分布范围广、伤亡大、震灾严重。据不完全统计，自 20 世纪以来，我国几乎所有的省都发生过 6 级以上破坏性地震，大约平均每 3 年发生至少两次 7 级以上地震，汶川地震、玉树地震、芦山地震、九寨沟地震等无一不造成了严重的生命和财产损失。地震发生后，交通线路的畅通对抗震救灾的顺利进行有着举足轻重的作用，尤其是公路、铁路、城市桥梁等生命线工程，往往因遭受地震破坏后阻断交通，对抗震救灾的开展极为不利。非规则桥梁作为桥梁结构跨越复杂地形时的主要选型方案，在我国已被广泛建造，该类桥梁线形和墩高的非规则性，致使其在地震作用下内力耦合效应显著，结构灾变机理更趋复杂。因此，非规则桥梁的抗震研究工作亟待开展。本书基于非规则桥梁的典型震害现象，以理论研究为基础，地震模拟振动台试验为直接手段，结合数值分析方法，研究地震作用下考虑支座摩擦滑移、结构碰撞的非规则桥梁的抗震性能。

本书系中国博士后基金面上项目（2019M663442）、重庆市科委技术创新与应用示范项目（cstc2018jscx-msybx0167）、重庆市教育委员会项目（KJQN201901209、KJQN201801223）、重庆市三峡水库岸坡与工程结构灾变防控工程技术研究中心开放基金（SXAPGC18ZDI02/03、SXAPGC18YB02/05、SXAPGC19ZDI01、SXAPGC19YB09）、重庆三峡学院科研项目以及闫磊博士学位论文等科研成果，还包括《振

作者简介

闫磊，重庆三峡学院副教授，博士研究生学历，硕士生导师，主要从事大型复杂结构振动与控制、结构减隔震机理等方面的研究工作；主持并参与国家自然科学基金项目、中国博士后科学基金面上项目、重庆市科委项目、重庆市教委项目、教育部产学研研究项目、重庆三峡学院科技成果转化项目等，发表相关科研论文 20 余篇。

远广要，工学硕士学历，高级工程师职称，陕西省综合评标评审专家库入库成员。主要从事桥梁抗震、复杂桥梁结构设计与研究，在复杂桥梁结构动力分析、复杂桥梁设计等方面取得了较好的研究成果，迄今发表论文十余篇，先后主持或参与完成 8 座特大桥及 20 多座互通式立交桥的施工图设计，并完成了多条高速公路及普通路网新建或改扩建设计、100 多座公路及市政桥梁的检测加固及荷载试验工作。

刘芳平，博士、副教授、以及注册建造师（公路）。现任重庆山峡学院土市工程学院道路桥梁与渡河工程系主任，教工第一党支部书记。获聘重庆山峡学院教学骨干，获得重庆山峡学院"优秀教师"、土市工程学院"优秀共产党员"等荣誉称号。

目 录

第1章 概 论 ··· 1

1.1 非规则桥梁的定义 ·· 1
1.2 桥梁结构常用抗震计算方法 ··· 2
1.3 典型非规则桥梁震害调查 ·· 3
1.4 非规则桥梁抗震研究现状概述 ·· 7

第2章 考虑支座摩擦滑移的非规则曲线桥梁地震模拟振动台试验研究 ·· 15

2.1 试验设计 ·· 15
2.2 试验结果分析 ·· 27
2.3 隔震模型有限元分析 ·· 58

第3章 考虑支座摩擦滑移的非规则曲线桥梁地震响应分析 ··· 64

3.1 滑动支座摩擦滑移单元模型 ··· 64
3.2 有限元分析研究 ··· 67
3.3 数值模拟结果 ·· 73

第 4 章　非规则曲线桥梁漂浮抗震体系研究 …………… 100

4.1　漂浮抗震体系的提出 ……………………………… 100
4.2　漂浮抗震体系力学简化模型 ……………………… 102
4.3　漂浮抗震体系隔震性能试验研究 ………………… 105
4.4　防落梁限位装置分析 ……………………………… 111
4.5　基于漂浮抗震体系的非规则桥梁性能破坏模式研究 …… 114
4.6　漂浮抗震体系的现实意义 ………………………… 115

第 5 章　多维地震激励下非规则人字形桥梁地震模拟振动台试验研究 ……………………………………… 117

5.1　结构多维抗震理论研究 …………………………… 117
5.2　试验设计 …………………………………………… 119
5.3　测点布置 …………………………………………… 128
5.4　地震波的选取 ……………………………………… 128
5.5　试验结果分析 ……………………………………… 130
5.6　有限元分析 ………………………………………… 154
5.7　有限元与试验结果对比 …………………………… 156

第 6 章　考虑支座摩擦滑移及结构碰撞的非规则人字形桥梁地震响应分析 ………………………………… 159

6.1　桥梁概况 …………………………………………… 159
6.2　计算模型 …………………………………………… 162
6.3　有限元模型的建立 ………………………………… 163
6.4　地震波的选取 ……………………………………… 164
6.5　数值模拟结果 ……………………………………… 165

第 7 章　行波激励下考虑支座摩擦滑移及结构碰撞的非规则桥梁抗震性能研究 ……………………………… 203

7.1　工程背景 …………………………………………… 204

7.2 桥梁理论模型 …………………………………………… 206
7.3 运动方程的建立 ………………………………………… 210
7.4 考虑行波效应的非规则桥梁抗震性能分析 …………… 212

参考文献 ………………………………………………………… 252

第1章 概 论

1.1 非规则桥梁的定义

我国桥梁抗震设计的研究起步相对较晚，在我国《公路桥梁抗震设计细则（JTG/T B02—01—2008）》[1]（以下简称08抗震细则）规范实施以前，国内还没有对规则桥梁和非规则桥梁的区别进行界定。08抗震细则为了准确进行桥梁结构的动力响应计算及抗震设计和校核，根据桥梁结构在动力响应下的复杂程度，分为规则桥梁和非规则桥梁，表1.1为08抗震细则对于规则桥梁的定义，在表1.1范围以外的桥梁均属于非规则桥梁，拱桥因地震响应较复杂，直接列入非规则桥梁范畴。

表 1.1　　　　　　　　规则桥梁的定义

参数	参数值
单跨最大跨径	≤90m
墩高	≤30m
单墩高度与直径或宽度比	大于2.5且小于10

续表1.1

参数	参数值				
跨数	2	3	4	5	6
曲线桥梁圆心角φ及半径R	单跨$\varphi<30°$，且一联累计$\varphi<90°$，同时曲梁半径$R\geqslant 20b$（b为桥宽）				
跨与跨间最大跨长比	3	2	2	1.5	1.5
轴压比	<0.3				
跨与跨间桥墩最大刚度比		4	4	3	2
支座类型	普通板式橡胶支座、盆式支座（铰接约束）等。使用滑板支座、减隔震支座等属于非规则桥梁				
下部结构类型	桥墩为单柱墩、双柱框架墩、多柱子排架墩				
地基条件	不易液化、侧向滑移或易冲刷的场地，远离断层				

显然，要满足规则桥梁的定义，实际桥梁结构应在跨数、几何形状、质量分布、刚度分布和桥址的地质条件等方面服从一定的限制。也就是说，跨数太多，跨径太大（轴压比过高），桥梁纵横向的质量分布、刚度分布、线型形状等有突变，相邻桥墩高度差异太大，弯桥、斜桥圆心角和斜交角较大的桥梁，以及安装隔震支座和（或）阻尼器的桥梁，均属于非规则桥梁。

1.2 桥梁结构常用抗震计算方法

根据目前积累的大量震害经验及理论研究成果，抗震研究工作者通过采取简化的计算方法和设计校核步骤，可以很好地控制规则桥梁结构在地震作用下的动力特性，并使得结构满足规范预期的性能要求。对于非规则桥梁，由于其动力特性复杂，采用简化的计算方法不能很好地反映其动力特性，因此，对于非规则桥梁要采用比较复杂的分析计算方法和设计校核过程来确保其性能在实际地震作用下满足相关规范要求。对于单跨跨径不超过150m的混凝土桥梁、圬工或混凝土拱桥，桥梁抗震分析时常用的计算方法如表1.2所示。

表 1.2　　　　　　　桥梁抗震分析可采用的方法

地震作用	桥梁分类					
	B		C		D	
	规则	非规则	规则	非规则	规则	非规则
E1	SM/MM	MM/TH	SM/MM	MM/TH	SM/MM	MM
E2	SM/MM	TH	SM/MM	TH		

注：B，C，D 为桥梁抗震设防类别；TH 为线性或非线性时程计算方法；SM 为单振型反应谱或功率谱方法；MM 为多振型反应谱或功率谱方法。

1.3　典型非规则桥梁震害调查

纵观国内外历次发生的大地震，对世界各国造成了相当大的损失。1971 年，发生在美国圣费尔南多的地震，桥梁方面得出的最大经验教训来源于两座互通式立交桥的严重破坏：一座是加州 5 号高速干道与 14 号高速公路立交枢纽毁坏；另一座是金州 5 号高速干道与州际 210 干道立交枢纽部分落梁[2]。

1976 年，发生在中国河北省的唐山大地震[3]，唐山市大部分地区结构物普遍倒塌，整个城市陷入一片废墟之中。从本次地震来看，桥梁损毁方面的重要经验教训在于抗震设防的重要性，唐山市当时所有建筑物对地震均没有设防，所有桥梁均处于未经过抗震设防的地区，因此，付出的沉痛代价已被历史所证明。从另一个角度分析，唐山大地震的惨痛教训也促进了我国桥梁抗震事业的发展。

1994 年，发生在美国加州北岭的地震[4]。其中，La Cienega-Venice 跨线桥和州际 5 号公路与 14 号国道互通立交，是最为典型的两座破坏的曲线桥梁(如图 1.1 和图 1.2 所示)，此次遭受地震破坏的桥梁多数是按照 1971 年前的规范设计的。

1995 年，发生在日本的阪神地震[5]，使神户地区的所有交通系统遭受了严重的破坏，陆上交通基本全部中断，是日本自关东大地震后损失最惨重的一次地震，在这次地震中破坏严重的曲线桥梁显得尤为突出。

2008年5月12日,发生在中国四川的汶川大地震是新中国成立以来破坏性最强、波及范围最广、总伤亡人数最多的地震之一[6],本次地震中遭受破坏的典型非规则桥梁有百花大桥(如图1.3所示)、回澜桥(如图1.4所示)、映秀岷江大桥(如图1.5所示)、庙子坪大桥(如图1.6所示)等,其主要表现为桥梁整体垮塌,桥墩受剪、受弯破坏,落梁破坏[7]等;反观一些全部使用板式橡胶支座的桥梁,其破坏主要表现为上部结构纵横向移位、梁端碰撞、挡块剪坏、支座失效。

图1.1　La Cienega-Venice 跨线桥墩底损伤

图1.2　州际互通立交上层跨线部分塌落

图 1.3 百花大桥落梁破坏

图 1.4 回澜桥桥墩弯剪破坏

图 1.5 映秀岷江大桥主桥移位

图 1.6 庙子坪大桥引桥挡块严重破损

2010年4月，在青海省玉树藏族自治州玉树县发生了6次地震，最高震级达7.1级。桥梁结构的损伤情况也主要表现为桥梁支座滑移、梁体横向移位与挡块碰撞等震害，这些震害均与汶川地震较为相似。

汶川地震和玉树地震中出现了许多与以往地震中桥梁破坏形态不一致的情况，支座、梁体滑移较明显但是桥墩及基础损伤较小。分析这两次地震中出现上述震害的主要原因是这些桥梁大都采用了普通板式橡胶支座，桥梁支座直接搁置在墩顶盖梁上，上下没有任何锚固措施，主梁与桥墩连接较为薄弱，地震作用下容易发生上部结构的纵、横向移位，梁端碰撞，挡块剪坏，支座失效[8]，也正是因为地震作用下支座的滑移起到有效的隔震作用，再加上碰撞耗能，使得桥墩及基础的损伤较小。

随着我国经济的发展，非规则桥梁的修建日益增多，如果能充分利用支座滑移后的有效隔震同纵、横向限位协调使用，必将大大减小桥梁结构在地震中的损伤程度。

1.4 非规则桥梁抗震研究现状概述

1.4.1 支座摩擦滑移隔震研究

支座是连接梁体与桥墩盖梁的传力装置，目前，国内外针对支座的抗震研究主要集中在减隔震支座，而对于广泛使用的普通滑动支座却缺乏相应的研究，尤其对于活动支座的摩擦力对桥梁结构的地震反应的影响缺乏研究。我国《铁路工程抗震设计规范》[9]中认为，支座摩擦对桥梁的地震反应起到有利作用，但地震反应分析时却忽略了支座的摩擦作用。

Nagarajaiah等[10]人对一种三维隔震结构进行了非线性的动力分析，得出了空间滑动支座的滑动准则。Steelman等[11]人对足尺的方形橡胶支座的剪切与摩擦性能进行了研究，结果表明，摩擦系数为0.25~0.50，并且摩擦系数随着竖向荷载的增大而减小。

王东升等[12]人对地震作用下活动支座摩擦力对简支梁桥桥墩内力和活动支座处墩、梁相对位移的影响,以及水平地震系数、摩擦系数变化对固定支座水平地震荷载的影响进行了研究,建立了考虑活动支座摩擦力影响的简支梁桥整体分析模型。

范立础等[13]人对地震作用下板式橡胶支座滑动的动力性能分析进行了研究,结果证明,由于橡胶支座的滑动起到了隔震作用,整个桥梁桥墩受力较小。聂利英等[14]人通过非线性时程分析综合研究了由于支座滑动导致大的支座位移,并由此引起的相邻构件之间的碰撞,以及由于碰撞导致的桥墩屈服等动力响应之间的耦合作用。

李立峰等[15]人对板式橡胶支座在地震作用下的易损性进行了分析,得出在地震作用下的易损性较其他构件更严重,且桥台支座比桥墩支座更容易遭受损坏。王克海等[16-18]人对我国汶川地震中桥梁的破坏模式进行了深入研究,认为中小跨径桥梁设计时应充分考虑板式橡胶支座的摩擦滑移性能,将支座作为保险丝单元来减小桥墩及基础的损坏。

汤虎等[19-20]人对地震动特性对公路桥梁板式橡胶支座滑动反应影响进行了研究,板式橡胶支座滑动反应是随地震动峰值加速度A_p、地震动峰值加速度与峰值速度比值A_p/V_p变化的函数,地震动加速度时程曲线形状细节也是影响支座滑动反应的一个重要因素;同时,采用SAP2000有限元程序,考虑板式橡胶支座的滑动效应,进行了非线性时程地震反应分析,提出了将一联梁桥中某中间桥墩的板式橡胶支座改为铅芯橡胶支座的地震位移控制方法。

田国伟[21]对采用板式橡胶支座的连续梁桥进行了地震模拟振动台试验,结果表明,当支座发生滑动后,可能会导致梁体位移过大,进而导致更严重的落梁或者梁体碰撞等破坏的发生。李枝军等[22]人对板式橡胶支座的摩擦滑移性能进行了研究,并通过Abaqus软件对试验过程进行了模拟,结果证明摩擦系数对支座的滑移性能有较大影响。

鲍卫刚等[23]人和范立础等[24]人通过对桥梁震害的总结,发现板式橡胶支座不仅具有良好的静力性能,还具有卓越的抗震性能。燕斌等[25]人对板式橡胶支座与防落梁装置混合使用的抗震性能进行了分析，结果表明，该防落梁板式橡胶支座可通过钢丝绳限制桥梁上、下部结构间发生过大的相对位移，既可保护支座，又能降低落梁风险，可以应用于桥梁结构的抗震设计。

综上所述，虽然国外关于该领域的研究远远领先于国内，但国内研究者的研究成果也有着举足轻重的作用。同样，对已有的研究成果进行分析探讨后发现，对于考虑支座摩擦滑移的桥梁结构进行了较多的理论研究且大多是定性型的研究。对于非规则曲线桥梁结构在地震作用下不同支座刚度、不同支座摩擦系数对其动力响应的影响程度，以及考虑支座摩擦滑移的地震模拟振动台试验还鲜有研究，因此，开展支座摩擦滑移的变参数分析及地震模拟振动台试验具有一定的现实意义。

1.4.2 结构碰撞响应研究

自 1926 年 Ford 首次提出土木工程结构的碰撞问题，学者们便展开了对结构碰撞问题的研究[26]。地震会引起桥梁中相邻结构的碰撞，如桥梁的邻梁之间、梁体和挡块之间，以及相邻建筑物之间都有可能发生碰撞，导致结构产生较大的损伤，甚至出现倒塌。因此，研究地震作用下桥梁结构的碰撞问题显得尤为重要。

Tseng 等[27]人对圣费尔南多地震中一座非规则曲线桥梁的落梁原因进行了分析，研究了碰撞对桥梁结构动力响应的影响。Kawashima 等[28]人以完全弹性碰撞理论为前提，利用碰撞弹簧对一座曲线桥梁进行了地震响应分析，得出了一些有价值的结论。Malhotra 等[29]人对一座多跨混凝土箱梁桥运用一个两自由度集中质量模型进行碰撞分析，得出碰撞使结构内部产生很大的碰撞力，但不会增加两桥跨间的相对位移的结论。

Sanghyd 等[30]人对一座简支梁桥采用多自由度系统进行了地震碰撞响应研究，结果表明，地震作用对相邻桥跨间的相对位移是一个不确定的影响因素，可能增大也可能减小相邻跨间的相对位移。

Athanassiadou 等[31]人以相邻结构的自振特性不相同为前提，在弹性阶段内研究了多个相邻结构的碰撞。Anagnostopoulos[32]在 Athanassiadou 结论的基础上，研究多个相邻结构的塑性碰撞反应，为结构塑性碰撞反应的研究奠定了基础。此后，Athanassiadou 等[33]人又研究了非一致地震效应对桥梁碰撞的影响，结果表明，非一致激励下自振特性相同的相邻结构也可能发生碰撞。

Jankowski 等[34-35]人对连续梁间的伸缩缝处碰撞进行了研究，结果表明，随相邻梁间距减小，下部结构最大剪力也由小逐渐增加并达到最大值，随后再减小。Tsai[36]应用接触单元法，研究了抗震挡块的刚度、强度，以及碰撞间隙大小对结构地震碰撞响应的影响。Praveen 等[37]人针对两共轴直杆建立了碰撞分析模型，对碰撞过程的力学机理和能量损失等进行了分析。

王东升等[38-39]人基于直杆共轴碰撞理论建立了桥梁结构地震反应邻梁碰撞问题的分析模型，分析过程中引入碰撞弹簧，为利用有限元法研究该问题提供了便利的建模途径；结合动量守恒定律和能量守恒定律，给出了与之等效的刚体碰撞模型，所定义的等效恢复系数 r 由邻梁长度比 l_2/l_1 和碰撞弹簧刚度比 α 唯一决定。周艳等[40]人建立了基于广义函数的单元混合铰模型，描述倒塌过程中的不连续位移场，参照当前无应力构形建立控制方程，引入拉格朗日乘子来分析倒塌过程中的接触碰撞。

李建中等[41-42]人对非规则桥梁伸缩缝处的碰撞进行了研究，结果表明，当梁式桥相邻联周期相差较大时，纵向地震作用下，会导致伸缩缝处相邻梁体较大的相对位移和碰撞，碰撞导致低墩地震反应增大，对结构抗震不利，同时提出了减小相邻联非同向振动和伸缩缝处碰撞效应的措施和方法。

综上所述，学者们从碰撞基本理论、碰撞计算方法、碰撞单元选取和碰撞参数等方面对桥梁结构碰撞进行了较深入的理论研究。但同时不难发现，针对多维地震激励下桥梁结构的地震模拟振动台碰撞试验还少有涉猎。因此，开展多维激励下结构的碰撞研究，在工程实践中具有很大的必要性。

1.4.3 多维地震激励研究

以往地震记录表明，强烈地震作用下，地震动是多维的随机振动。

结构抗震分析能否被准确反映,不仅取决于一个合理的简化结构模型和高精度的反映分析方法,更重要的在于地震波,以及地震动输入方向的选择是否为结构最不利地震输入。

1980年,土耳其学者Cakiroglu最早提出了基于最不利地震输入的结构抗震设计方法[43-44]。Wilson和Button[45]利用多分量反应谱对结构进行了三维地震反应分析,给出了最不利地震动输入方向的公式,但该结论仅对于单一振型成立。Lopez[46]和Smeby[47]基于随机振动法和振型叠加法推导出一致的三维地震激励计算公式。此后,Menun等[48]人提出了CQC3方法,用于对结构的多维地震分析。冯云田等[49]人以弹性反应谱为基础,计算了结构的最大变形,推导了结构最不利地震输入方向。李宏男等[50]人利用振型叠加法对高层建筑结构进行了多维地震反应分析。

非规则桥梁结构由于质量与刚度中心不重合,水平输入会引起结构发生空间扭转耦联振动,竖向输入会导致桥墩混凝土破碎和钢筋屈服、支座构件损伤等震害[51-52]。范立础等[53]人利用反应谱法推导了考虑静载效应时最不利地震动输入方向。朱东生等[54]人利用两次谱分析获得了非规则桥梁的最不利地震动输入方向的确定方法。

以上研究结果表明,桥梁结构在仅考虑水平地震作用时的地震响应偏小,计算结果偏于不安全[55]。目前,关于结构多维抗震研究常用的方法有多维反应谱法、多维时程分析法和多维随机振动法。

反应谱方法作为一种简便有效的方法,适用于近似分析线性结构体系,已成为各国抗震设计中常用的方法。反应谱法是通过线性迭代原理来实现的,将其应用于多维抗震分析时,若考虑结构的扭转作用,则会产生柯氏耦合效应,此时,叠加原理是失效的。目前的研究方法中,一般不考虑柯氏耦合效应,因而多维地震响应的求解仍运用反应谱方法。由于反应谱方法求得的结构动力响应结果是一个最大值,因此需要寻求一种方法,将这些不同情况的动力响应进行组合。

针对组合问题,学者们进行了一系列有意义的研究。国外方面:Wilson等[56]人采用主轴模型推导出经典的SRSS法;Reed和Kennedy[57]对文献 *A Replacement for the 30%, 40%, and SRSS Rules for Multi*

Component Seismic Analysis 的方法进行了修正；Smeby 和 Kiureghian，Menun 和 Kiureghian[48]，以及 Anastassiadis 等[58]先后推导了目前常用的 CQC，CQC3 和 CQC-θ 组合法。国内方面：李宏男[59]、王君杰[60]也相继推导出了多重多维组合公式。在弹性反应谱法的基础上，学者们对弹塑性反应谱也进行了一定的研究。

时程分析法是一种直接积分的方法，常用的积分方法有线性加速度法 Wilson-θ 法和 Newmark 法。相比反应谱方法，该方法更具有广泛的适用性。地震作用下，进行结构时程分析方法时，不同的地震输入方向对应着不同的地震响应，因而，该方法涉及一个主方向问题，只有在某一特定方向输入地震动记录时，结构的某一响应才能达到最大值。在求解地震最不利方向时，不少学者沿着多个可能的方向输入地震记录，通过对各个结果的比较来确定结构的最不利地震输入方向[61]。这种方法用于多维地震反应计算的关键是地震动的模拟问题，而如何建立符合实际场地条件的多维地震动模型是计算的关键。选用真实的密集台阵记录作为多维激励是较为可靠的方法，但是密集台阵记录仅仅适用于台阵场址，且实际结构所处场地条件各异，难以保证处于不同工程场址的结构都有合适的台阵记录。另外，这种方法的工作量巨大，计算耗时，数据处理也相当烦琐。

随机振动法研究结构抗震目前已有半个多世纪的时间，国内外学者在该领域进行了广泛的研究，在地震动输入模型、结构在地震作用下的随机反应分析方法等方面取得了丰硕的研究成果。

1947 年，Housner[62]首先提出将地震动看作一个随机过程，之后 Williams[63]提出了振型加速度法的概念，Kirurghian[64]提出了计算高层建筑结构的随机地震反应的振型位移法。王虎栓、江近仁[65]提出了均值反应谱随机振型加速度法。贾宏宇[66]利用随机振动理论来对山区高墩桥梁进行多维抗震分析，使得随机振动法可以在实际工程中得到应用。

综上所述，国内外对于桥梁结构进行多维激励的动力响应分析已有一些较准确的计算方法。但不难发现，这些研究主要集中于桥梁结构的多维理论分析方面，对于非规则人字形桥梁在多维地震激励下考虑支座摩擦滑移及结构碰撞的地震模拟振动台试验研究还鲜见。因此，开展多维激励的非规则人字形桥梁地震模拟振动台试验对于我国非规则桥梁抗震研究具有深远的意义。

1.4.4 多点激励研究

桥梁结构建造过程中，其桥墩有可能处于不同的场地土上，由此导致各支撑点输入的地震波不尽相同[67-69]。地震波具有 3 个典型特性，即频谱特性、幅值特性和持时特性，在进行结构动力分析时，结构不同支撑处输入的地震波的 3 个特性中有一个或者多个不同时，均可称为多点激励。非规则桥梁由于其空间受力的复杂性，在多点激励下结构的动力特性计算更趋复杂。国外学者对于该领域的研究起步较早，欧洲规范率先考虑了地震动空间变化性的规范。

Bongdanoff 等[70]，于 1965 年研究了平面展布尺寸较大的结构在行波效应作用下结构的动力响应规律，其研究结果表明大跨度结构在进行地震响应分析时有必要对其进行考虑行波效应的多点激励模式。Betti[71]采用随机振动方法研究了多点激励条件下结构的地震反应，结果表明，多点激励与一致激励的结构地震反应有明显变化。

Perotti[72]研究了地震激励由于距离和频率不同而对结构地震反应产生的影响。Soyluk[73]于 2004 年利用随机振动方法，研究了大跨度桥梁多点激励效应，表明多点激励对大跨度桥梁抗震性能影响较大。Burdette[74]等人建立了一座曲率半径为 200m 的曲线桥梁有限元模型，从地震波的相干效应和行波效应等方面对其进行了分析。

我国学者对于多点激励的研究相对起步较晚，但也有了相当一部分有意义的研究成果。项海帆[75]通过对天津永和桥的研究表明行波效应对漂浮体系斜拉桥是有利的。范立础等[53]人以南京长江大桥为例，采用虚拟激励法研究了结构不同位置的动力响应，结果表明局部场地土对结构的动力响应影响较大；与一致激励相比，地震动的空间变化可以使斜拉桥的地震响应改变多达 40%。

史志利等[76]人对香港昂船洲大桥进行了多点激励下的地震响应分析，认为多点激励下斜拉桥地震响应分析与具体的跨径布置、质量和刚度分布，以及节点连接方式等多种因素有关。

综上所述，多点激励目前主要的研究方法有确定性动力分析法、随机振动虚拟激励法和多点激励的反应谱法。不同的方法各有优缺点。虽然各国学者均对不同的实际结构进行了分析研究，但是还没有统一的量化结论：一方面，地震动空间差动场自身的复杂性使得量化并制定相应的多点激励抗震规范异常困难；另一方面，综合考虑行波效应、支座摩擦滑移、结构碰撞效应等其他非线性因素时非规则桥梁抗震性能的研究还未全面开展。因此，对于综合考虑行波效应、支座摩擦滑移、结构碰撞时的非规则桥梁进行空间动力作用效应下的分析研究目前处于国际研究的前沿。

第2章　考虑支座摩擦滑移的非规则曲线桥梁地震模拟振动台试验研究

迄今为止，国内外学者进行了一些隔震桥梁振动台试验研究，但这些试验大多针对的是构造复杂的减隔震装置，且针对非规则曲线桥梁的振动台试验研究相对较少。基于此，本书分别对不考虑支座摩擦滑移隔震（本书称作抗震模型）和考虑支座摩擦滑移隔震（本书称作隔震模型）的两座 S 形模型曲线桥梁进行地震模拟振动台对比试验，研究板式橡胶支座摩擦滑移对非规则曲线桥梁抗震性能的影响。

2.1　试验设计

振动台试验可以直接并较准确地再现地震过程，目前，已作为结构抗震研究的主要手段被广泛应用。本节就抗震和隔震型 S 形曲线桥梁的模型设计、制作、模型材料选取、地震波选取及加载工况的确定等方面进行了详细的分析研究。

2.1.1 相似比设计

在进行结构振动台试验相似设计时，除了考虑长度 l 和力 f 这两个基本物理量之外，还需考虑时间 t 这一基本物理量，并且结构的惯性力常常是作用在结构上的主要荷载。结构振动的基本方程为

$$m[\ddot{x}(t) + \ddot{x}_g(t)] + c\dot{x}(t) + kx(t) = 0 \qquad (2.1)$$

可以看出，动力问题中要模拟惯性力、阻尼力和恢复力三种力，因而振动台试验中对模型材料的弹性模量、密度的要求相当严格。由方程式分析法的要求可知，动力方程各物理量的相似关系满足：

$$S_m(S_{\ddot{x}} + S_g) + S_c S_{\dot{x}} + S_k S_x = 0 \qquad (2.2)$$

根据量纲协调原理，式(2.2)可以用弹性模量、密度、长度、加速度相似常数表达成式(2.3)的形式。

$$S_\rho S_l^3 (S_a + S_a) + S_E \sqrt{\frac{S_l^3}{S_a}} \sqrt{S_l S_a} + S_E S_l^2 = 0 \qquad (2.3)$$

式(2.3)可以表达为

$$\frac{S_E}{S_\rho S_a S_l} = 1 \qquad (2.4)$$

式(2.4)即结构模型振动台试验动力学问题中相似常数需满足的相似要求。

振动台试验相似设计的基本方法有：首先，确定式(2.4)中的3个可控相似常数；其次，由式(2.4)推导出第4个相似常数；最后，由似量纲分析法确定其余全部的相似常数。

第 2 章 考虑支座摩擦滑移的非规则曲线桥梁地震模拟振动台试验研究

根据动力试验理论并结合西安建筑科技大学结构抗震实验室振动台具体情况，确定模型桥梁的几何相似比为 1/20，通过几何相似比推导出其他主要相似常数，表 2.1 所示。

表 2.1 相似常数

物理性能	物理量	相似常数符号	关系式	相似比
几何性能	长度	S_l	S_l	0.05(控制尺寸)
	面积	S_A	S_l^2	2.50×10^{-3}
	线位移	S_l	S_l	5.00×10^{-2}
	角位移	1	S_σ/S_E	1
材料性能	应变	1	S_σ/S_E	1
	弹性模量	S_E	$S_E=S_\sigma$	0.618
	应力	S_σ	S_σ	0.638
	质量密度	S_ρ	$S_\sigma/(S_a \cdot S_l)$	5.10
	质量	S_m	$S_\sigma \cdot S_l^2/S_a$	6.38×10^{-4}
荷载性能	集中力	S_F	$S_\sigma \cdot S_l^2$	1.59×10^{-3}
	线荷载	S_q	$S_\sigma \cdot S_l$	3.19×10^{-2}
	面荷载	S_p	S_σ	0.638
	力矩	S_M	$S_\sigma S_l^3$	7.97×10^{-5}
动力性能	阻尼	S_c	$S_\sigma \cdot S_l^{1.5} S_a^{-0.5}$	5.474×10^{-3}
	周期	S_T	$S_l^{0.5} S_a^{-0.5}$	0.1414
	频率	S_f	$S_l^{-0.5} S_a^{0.5}$	7.071
	速度	S_v	$(S_l S_a)^{0.5}$	0.3536
	加速度	S_a	S_a	2.5
	重力加速度	S_g	S_g	1

2.1.2 模型设计

目前,因地形需要,城市立交及山区公路已建造了许多非规则曲线桥梁,比如,C形、S形和人字形桥梁。基于此,本章以西南山区一座S形非规则曲线桥梁为研究对象,分析其在地震作用下的抗震性能。该非规则曲线桥梁由"圆曲线"+"缓和曲线"+"缓和曲线"+"圆曲线"四部分组成,各段长度分别为18.65,20,20,18.65m。全桥跨径组合为2×35.7m,桥梁直线长度为71.4m,曲线长度为77.3m,墩高为30m,上部结构为等截面箱梁,桥墩为矩形单墩截面,墩底、墩顶均设有2.5m的实心段。

比较美国加州地区与我国中小跨径桥梁的墩梁常用连接方式,不难发现,加州地区中小跨径桥梁结构形式中基本采用墩梁固结的形式,类似于我国的钢构桥,而我国大多数中小跨径桥梁均直接将板式橡胶支座放置于墩顶,不做任何。为研究两种结构体系在地震作用下抗震性能的差异,本章以该S形非规则曲线桥梁为基础,制作相似比为1/20的两座模型桥梁,称为抗震和隔震模型,其定义如下所示。

抗震模型:模型结构设计成墩梁刚结,不考虑板式橡胶支座摩擦滑移隔震作用。

隔震模型:模型结构全桥均采用普通板式橡胶支座且直接放置于桥墩顶部,考虑板式橡胶支座摩擦滑移作用。

模型桥的主要设计尺寸及截面配筋,如图2.1和图2.2所示。

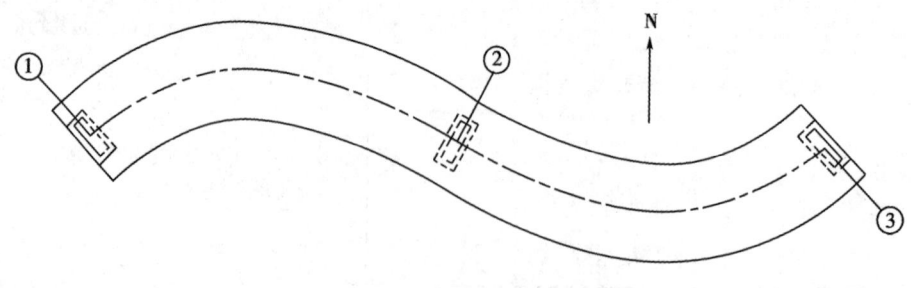

(a)模型平面

第2章 考虑支座摩擦滑移的非规则曲线桥梁地震模拟振动台试验研究

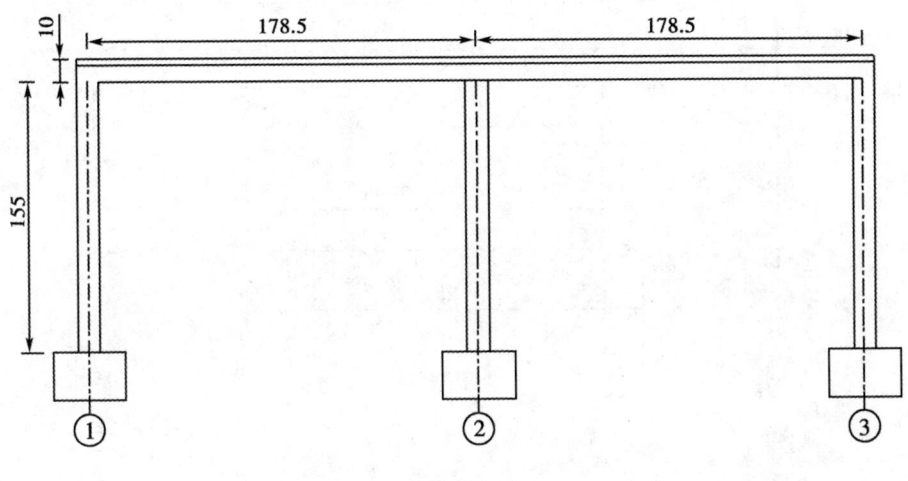

(b) 抗震模型立面

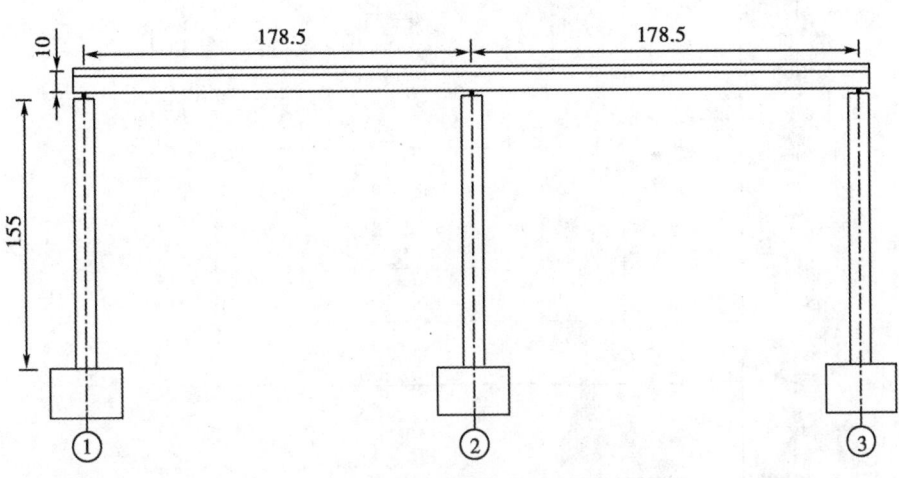

(c) 隔震模型立面

图 2.1 模型设计(单位:cm)

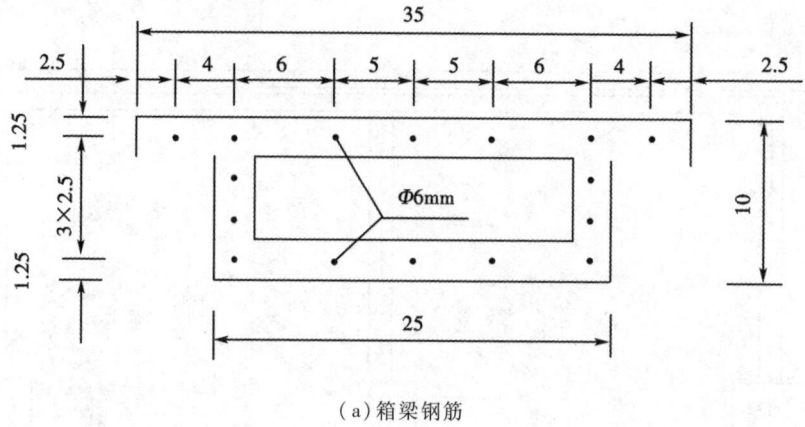

(a) 箱梁钢筋

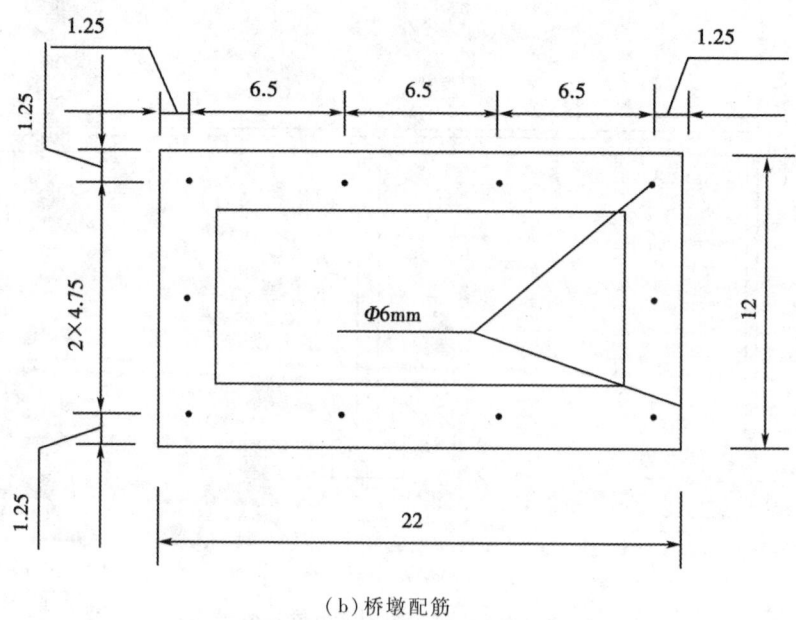

(b) 桥墩配筋

图 2.2　截面配筋(单位: cm)

2.1.3 模型材料

振动台试验中模型材料直接影响试验结果的可视性及准确性，因此，模型材料的选择至关重要。用来制造模型的材料有很多种，然而实际情况中却没有任何一种材料能绝对地达到试验所需要的理想状态。故而在选择材料时，必须充分并深刻理解所选材料的各项性能指标，然后针对试验目的权衡试验的侧重点后选择最适合本试验的材料。

笔者经过大量阅读有关试验材料选取的文献，总结认为模型材料在选取时应该遵守的原则有以下几点。

首先，要保证模拟的要求。在结构试验中所选材料必须能满足模型设计中的相似准则，这样就可以将模型上测得的物理量换算成原型结构上相应的物理量。

其次，保证量测要求。所选材料在试验中要能够产生足够的变形，要保证使量测仪表有足够的读数，因此，模型材料的弹性模量要适当低些，这样就能保证仪表上有数据可读。

最后，保证制作方便。考虑经济性及可加工性，在选择材料时所选材料不仅要易于加工还要价格便宜。

由于本试验目的旨在研究 S 形抗震和隔震非规则曲线桥梁在地震激励下的抗震性能及结构损伤模式，因此，对于模型材料的要求更加严格。考虑各方面的因素，本试验主要从材料的弹性模量、泊松比、徐变和可加工性等方面考虑，由于本试验缩尺模型尺寸较小，普通混凝土及桥梁上常规使用的钢筋型号已无法满足模型施工要求，因此，本试验选用陶粒混凝土和细直径钢筋作为模型主要材料。

两模型墩、梁纵筋均采用 $\Phi 6mm$ 的 HRB335 级带肋钢筋，箍筋均采用 $\Phi 6mm$ HPB300 级光圆钢筋；箍筋间距均按照 6cm 设计，墩、梁钢筋骨架，如图 2.3 所示。两模型采用陶粒混凝土模拟实际结构的混凝土，其配合比（水：水泥：砂：陶粒：石子）为 0.435：1：1.127：0.173：2.72，微粒混凝土参数测试，如图 2.4 所示。经试验确定，陶粒混凝土的弹性模量为 $2.2 \times 10^4 N/mm^2$，强度等级为 C25，满足试验要求。隔震模型桥每个桥墩上方均设置两个尺寸为 6cm×6cm×1.5cm 的普通板式橡胶支座,经试验测得所用橡胶支座的水平剪切刚度 $k_x = k_y = 2.88×10^5$ N/m,竖向刚度 $k_z = 5.61×10^7$ N/m,支座与混凝土之间的摩擦系数为 0.15。

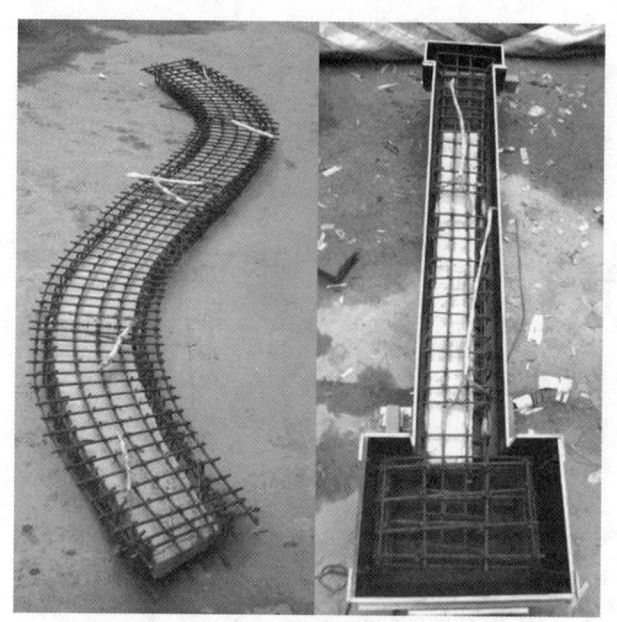

图 2.3 钢筋骨架

图 2.4 试块加载、量测

第 2 章 考虑支座摩擦滑移的非规则曲线桥梁地震模拟振动台试验研究

2.1.4 模型配重

结构模型振动台试验必须满足动力质量相似，经计算共需配重1321.4kg，实际配重1040kg，配重率达到80%，满足振动台试验要求，施加配重后的两模型，如图2.5所示。

(a) 抗震模型

(b) 隔震模型

图 2.5 模型配重

2.1.5 测点布置

本章试验中,两模型的测点布置均相同,其中,加速度传感器测点共 9 个,分别布置在振动台面、1#墩、2#墩、3#墩墩底和墩顶的切向方向,以及 3#墩墩底和墩顶的径向方向,如图 2.6 中 A-1~A-9 所示;位移传感器共布置 4 个,分别布置在 2#墩墩顶及其上部桥面的径、切向,如图 2.7 中 D-1~D-4 所示;应变传感器共布置 12 个,分别布置在 1#墩、2#墩、3#墩底角部的 4 个受力主筋上,如图 2.8 中 Y1~Y4 所示。

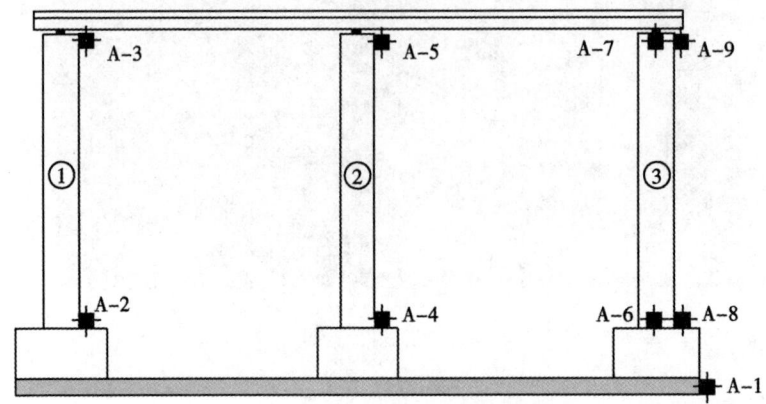

图 2.6 加速度传感器布置

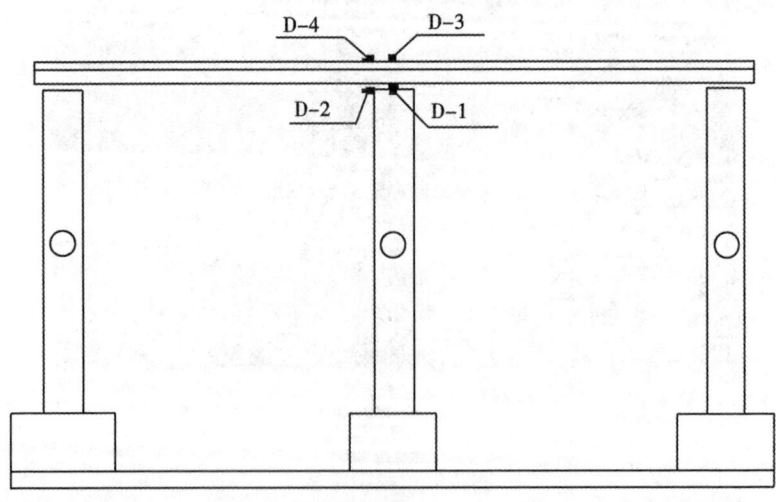

图 2.7 位移传感器布置

第 2 章　考虑支座摩擦滑移的非规则曲线桥梁地震模拟振动台试验研究

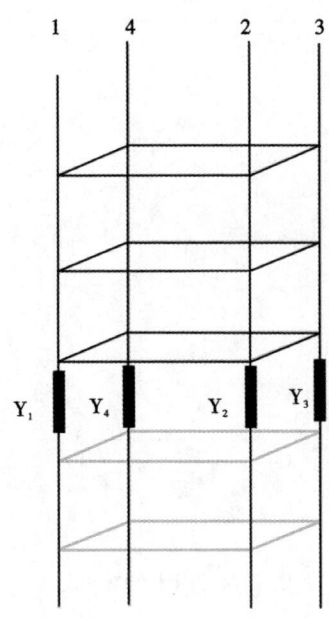

图 2.8　应变片布置

2.1.6　地震波的选取

本章以 El-Centro 波(如图 2.9 所示)沿振动台长边($1^{\#}$，$3^{\#}$桥墩中心线连线方向)方向激振。输入台面的地震波按照时间相似比原则压缩至原波的 14.14% 倍。原型地震波加速度峰值采用 7 度 $0.1g$，8 度 $0.2g$，8 度 $0.3g$，9 度 $0.4g$。振动台台面输入值为原地震波峰值的 2.5 倍，故实际输入地震波峰值分别调整为 $0.25g$，$0.375g$，$0.5g$，$0.75g$，$1g$。两个模型结构分别在振动台上进行逐个、逐级加载，工况 1~5 进行抗震模型加载，工况 6~10 进行隔震模型加载。

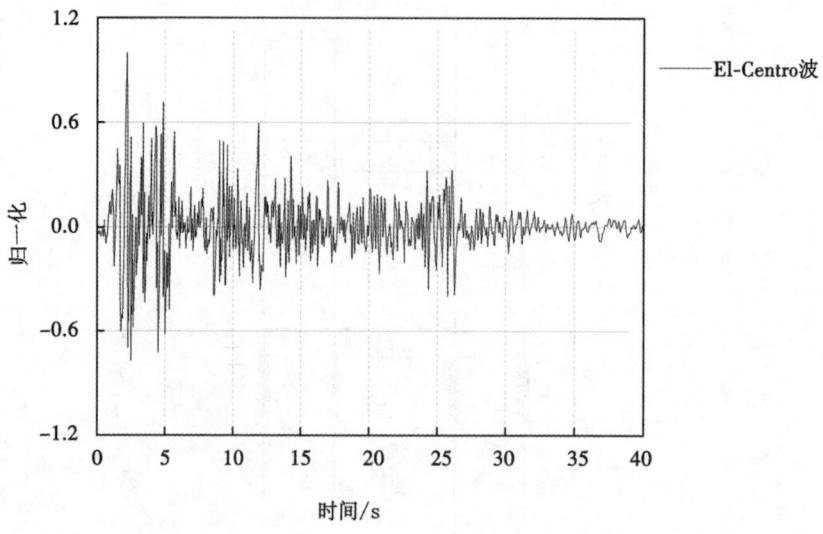

图 2.9 El-Centro 波

2.1.7 试验工况

根据以上地震波烈度的选择，选择试验工况，如表 2.2 所示。从表 2.2 台面实测峰值可以发现，其与地震波输入峰值相比基本误差较小，满足试验要求。

表 2.2　　　　　　　　　试验工况

工况	模型	输入峰值	地震烈度	台面实测峰值
1	抗震模型	0.250g	7 度 0.1g	0.246g
2		0.375g	7 度 0.15g	0.346g
3		0.5g	8 度 0.2g	0.486g
4		0.75g	8 度 0.3g	0.736g
5		1g	9 度 0.4g	0.973g
6	隔震模型	0.25g	7 度 0.1g	0.237g
7		0.375g	7 度 0.15g	0.33g5
8		0.5g	8 度 0.2g	0.472g
9		0.7g	8 度 0.3g	0.717g
10		1g	9 度 0.4g	0.998g

2.2 试验结果分析

2.2.1 试验现象及损伤分析

2.2.1.1 抗震模型试验现象及损伤分析

抗震模型在地震作用下的损伤情况主要表现为桥墩出现裂缝，裂缝分布情况如图2.10所示。当地震波加载至0.375g时，1#墩墩底东侧首先出现一条水平裂缝；1#墩的裂缝主要分布在墩底和墩顶附近，且大部分裂缝均为水平弯曲裂缝。当地震波加载至0.25g时，2#墩墩底西侧首先出现一条水平弯曲裂缝；2#墩裂缝同样主要分布在桥墩底部和顶部，但墩中也出现了一些水平及斜向裂缝。当地震波加载至0.375g时，3#墩墩底东侧首先出现一条水平弯曲裂缝，3#墩裂缝同样主要分布在桥墩底部和顶部。在整个试验过程中，随着地震烈度的增加，各桥墩裂缝长度和宽度也逐渐增加。

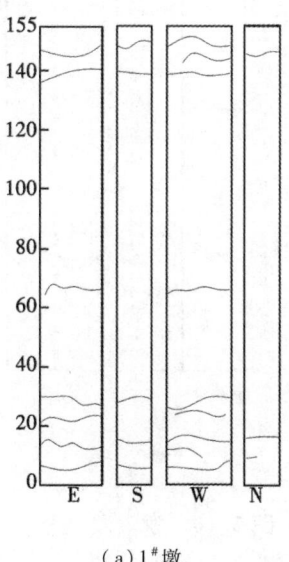

(a) 1#墩

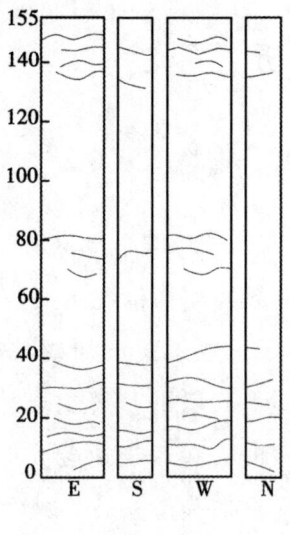

(b)2#墩

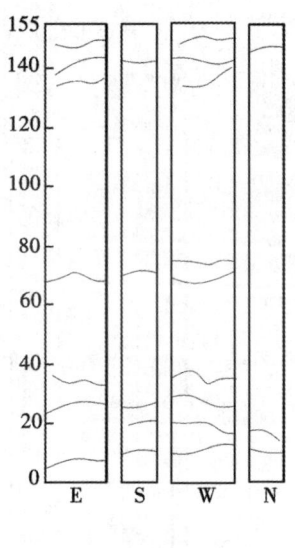

(c)3#墩

图 2.10　桥墩裂缝分布

从以上分析可知：抗震模型主要震害为桥墩底部及墩梁连接处因受力过大而导致裂缝分布较多且宽度较大，中墩的裂缝数量多于两边墩。

2.2.1.2 隔震模型试验现象及损伤分析

隔震模型相比抗震模型，其桥墩损伤较小。在整个试验过程中，桥梁支座在未做任何处理的情况下被直接放置在桥墩上。当地震波加载至 0.375g 时，1#墩外弧侧支座有径向滑动现象，滑动 3mm；3#墩外弧侧支座沿桥切向及径向均有滑动，切向滑动 2mm，径向滑动 2mm。当地震波加载至 0.5g 时，1#墩、3#墩外弧侧支座在原有滑动基础上分别有 6mm 和 7mm 的滑动；1#墩内弧侧支座向径向滑动 2mm，切向滑动 3mm；3#墩内弧侧支座切向滑动 2mm，径向滑动 4mm。当地震波加载至 0.75g 时，1#墩外弧侧支座有部分脱出梁体，其余支座均有较大滑动。当地震波加载至 1g 时，1#墩外弧侧支座完全掉落；2#墩北侧支座脱出梁体 1/2；3#墩外弧侧支座脱出梁底 2/3。支座典型震害，如图 2.11 所示。

(a) 支座滑动

(b) 支座掉落

图 2.11　支座损伤

从以上分析可知：地震作用下，考虑支座摩擦滑移隔震的非规则曲线桥梁支座与墩顶和梁底的接触面之间可能会产生滑动，仅通过接触面的摩擦作用传递水平地震力，支座的摩擦不仅会消耗一部分地震能量，同时，也起到减轻地震作用下上部结构惯性力向下部结构传递的作用，因而有效减小了结构的地震响应。在整个试验过程中，隔震模型桥墩损伤较小，因此，证明了采用考虑支座摩擦滑移隔震进行抗震设计的曲线桥梁具有良好的抗震性能，可以应用于高烈度地区的抗震设计。

2.2.2　动力特性分析

为了获得模型结构在不同阶段的动力特性，试验中对每个模型在各个试验工况前后均采用锤击的方式测试结构的基频，同时，运用结构动力学中对数衰减率的方法，求出模型结构的基频所对应的阻尼比，用以反映各模型桥梁在整个试验过程中的刚度退化特性。模型在不同工况加载前后的动力特性如表2.3所示。

表2.3　　　　　　　　　模型结构动力特性

模型桥梁	抗震模型		隔震模型	
	基频/Hz	阻尼比/%	基频/Hz	阻尼比/%
加载前	5.675	3.64	5.078	2.79
0.25g	4.697	4.04	3.951	4.19
0.375g	4.305	4.47	3.315	7.04
0.5g	4.011	7.94	3.204	9.30
0.75g	2.739	14.37	2.703	11.83
1g	2.642	20.93	2.116	20.52

从表2.3可以得出：由于隔震模型支座的剪切刚度较小，因而隔震模型的初始基频小于抗震结构。随着地震动输入强度的逐步增大，模型结构在不同状态时的基频减小，阻尼比增大。分析其原因，对于抗震模型，其主要因为桥墩混凝土开裂、墩梁连接处损伤严重而导致模型结构刚度退化较严重后出现基频降低；对于隔震模型，则主要因为地震中板式橡胶支座出现较大滑动，使得模型结构的边界条件发生改变，因而，模型结构的刚度降低，基频减小。

2.2.3　加速度响应分析

表2.4为El-Centro波不同加速度峰值输入时，抗震模型及隔震模型结构墩顶和墩底相应测点的加速度响应峰值。

由表2.4分析可知，抗震模型由于加速度沿墩高方向的放大效应，桥墩相应位置的墩顶加速度峰值相比墩底均有放大。随着地震烈度的增加，隔震模型由于支座在桥墩上方开始出现滑动，支座的滑动减小了梁体地震惯性力向桥墩的传递，起到了一个有效的隔震作用，因而，隔震模型出现墩顶加速度峰值小于墩底的现象。

表 2.4　测点加速度峰值

测点	工况 1 抗震模型	工况 6 隔震模型	工况 2 抗震模型	工况 7 隔震模型	工况 3 抗震模型	工况 8 隔震模型	工况 4 抗震模型	工况 9 隔震模型	工况 5 抗震模型	工况 10 隔震模型
A-2	0.256g	0.242g	0.379g	0.319g	0.397g	0.460g	0.764g	0.694g	0.800g	0.962g
A-3	0.520g	0.372g	0.415g	0.371g	0.486g	0.453g	1.243g	0.905g	1.872g	1.623g
A-4	0.210g	0.262g	0.341g	0.413g	0.440g	0.483g	0.612g	0.790g	0.867g	1.133g
A-5	0.479g	0.275g	0.353g	0.340g	0.472g	0.371g	0.753g	0.669g	1.986g	1.345g
A-6	0.128g	0.175g	0.205g	0.277g	0.284g	0.352g	0.452g	0.654g	0.598g	0.906g
A-7	0.446g	0.411g	0.501g	0.385g	0.594g	0.415g	0.660g	0.604g	1.473g	0.776g
A-8	0.206g	0.198g	0.241g	0.275g	0.311g	0.357g	0.490g	0.552g	0.713g	0.395g
A-9	0.391g	0.265g	0.391g	0.272g	0.442g	0.315g	0.569g	0.416g	1.041g	0.463g

第2章 考虑支座摩擦滑移的非规则曲线桥梁地震模拟振动台试验研究

如图 2.12~图 2.31 所示为抗震模型和隔震模型结构墩顶加速度时程曲线对比图。

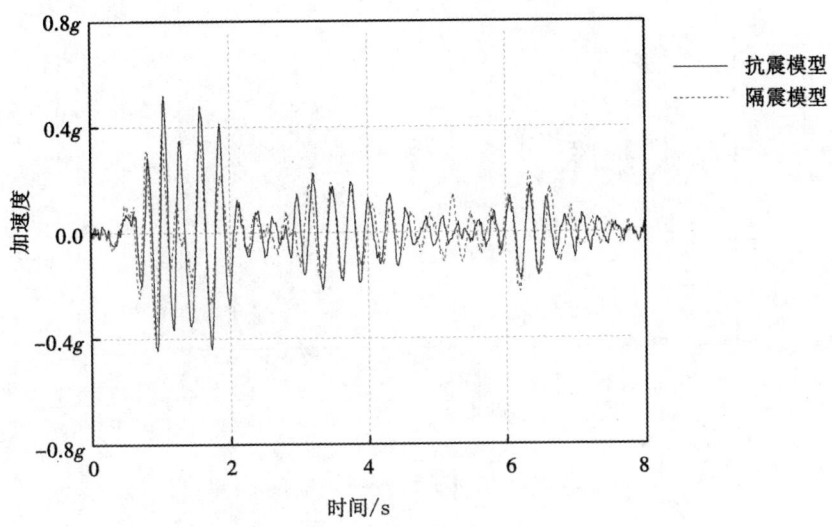

图 2.12　0.25g 1#墩顶切向

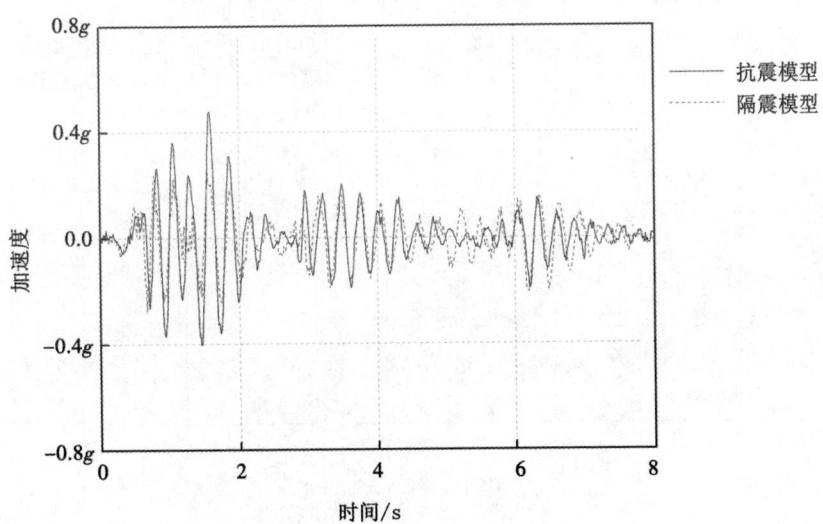

图 2.13　0.25g 2#墩顶切向

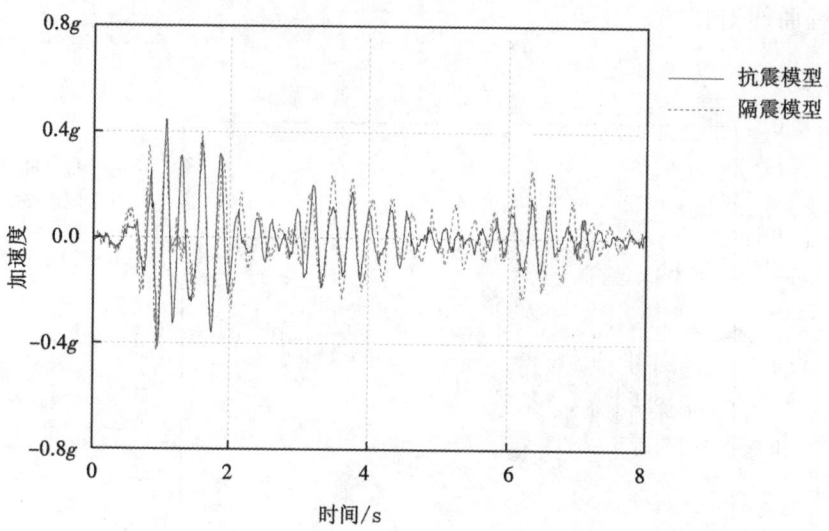

图 2.14　0.25g 3#墩顶径向

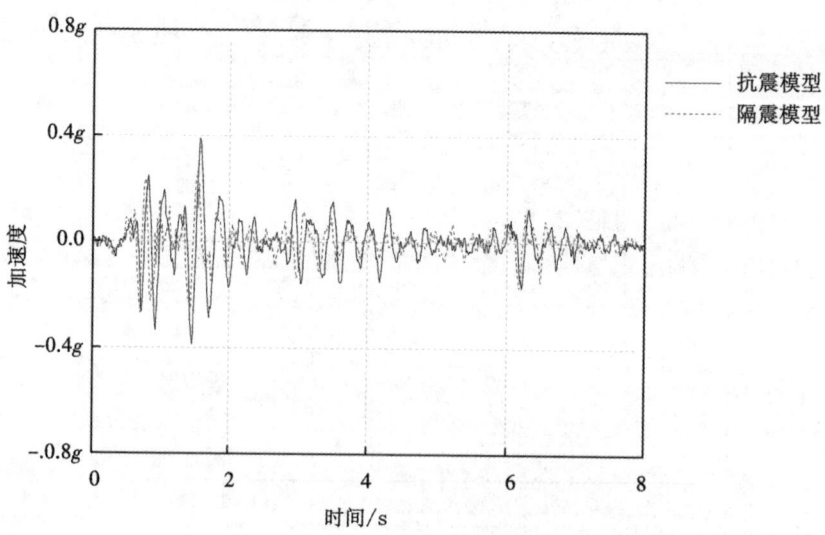

图 2.15　0.25g 3#墩顶切向

第 2 章　考虑支座摩擦滑移的非规则曲线桥梁地震模拟振动台试验研究

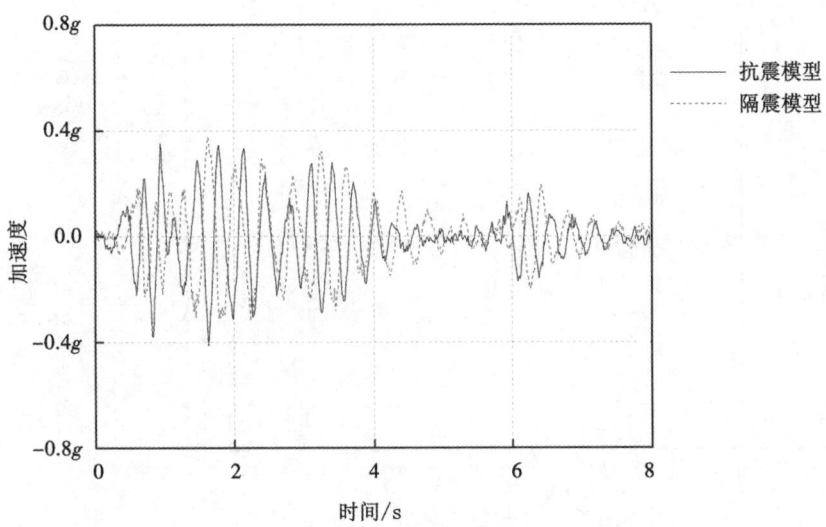

图 2.16　0.375g 1#墩顶切向

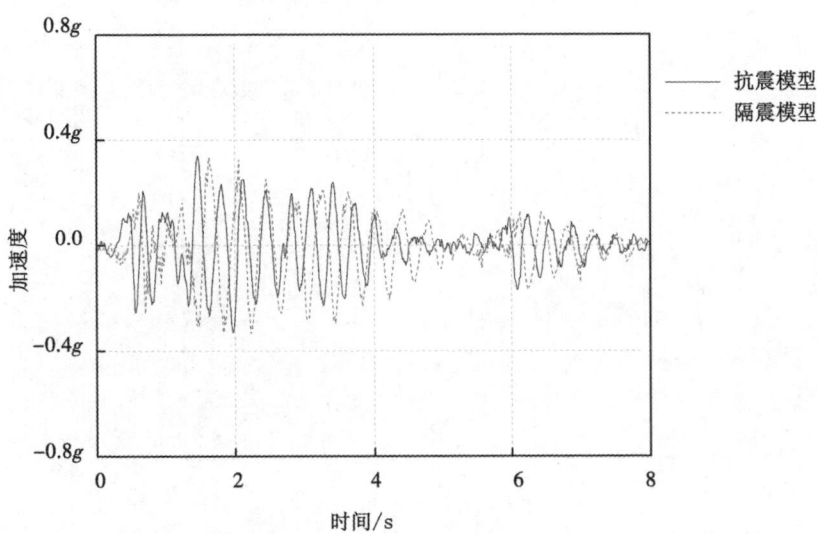

图 2.17　0.375g 2#墩顶切向

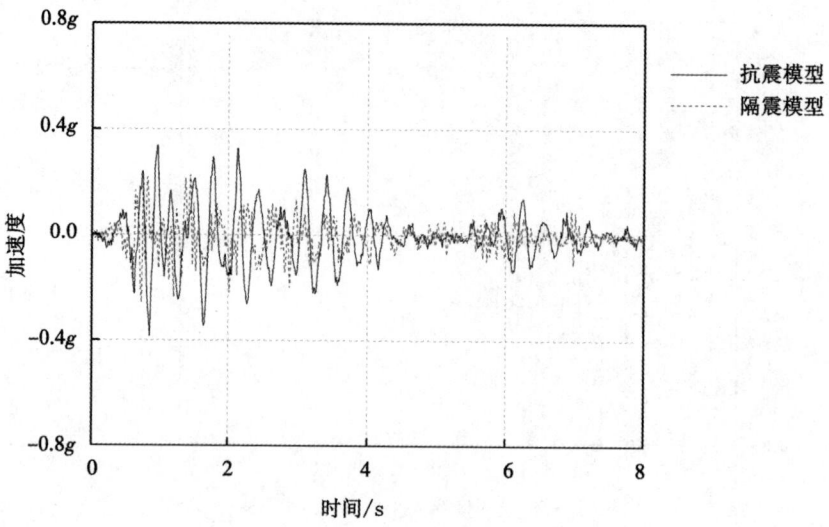

图 2.18　0.375g 3#墩顶径向

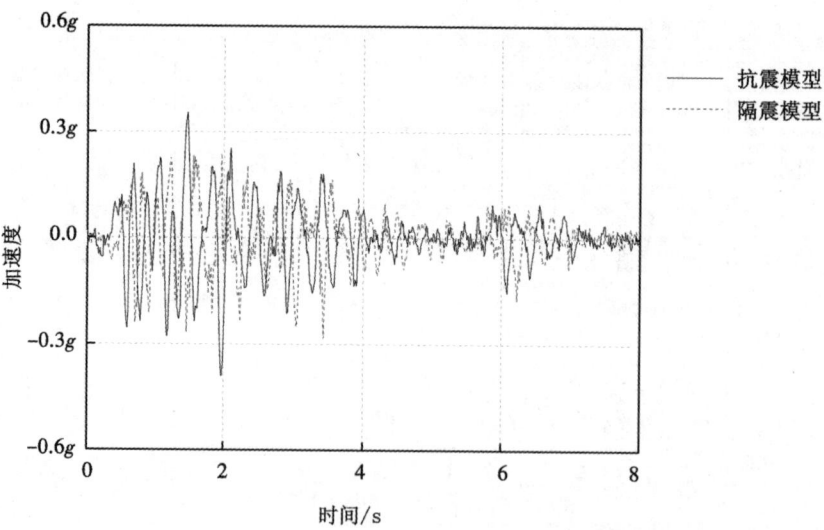

图 2.19　0.375g 3#墩顶切向

第 2 章　考虑支座摩擦滑移的非规则曲线桥梁地震模拟振动台试验研究

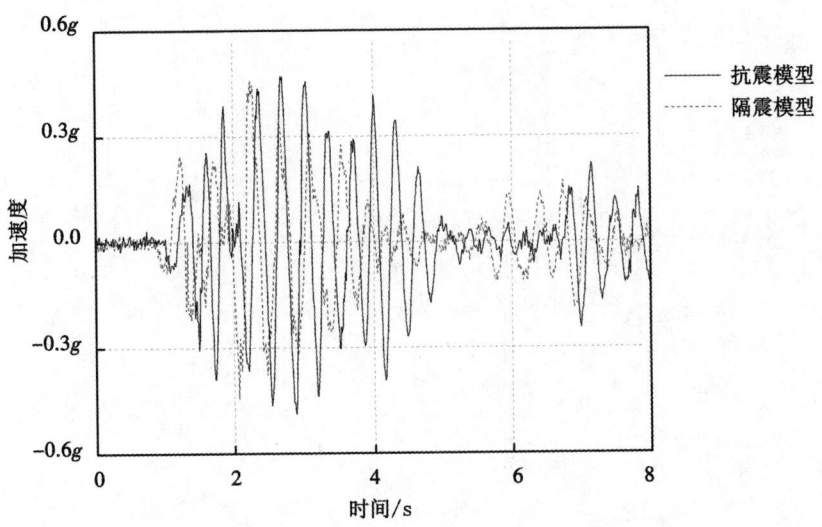

图 2.20　0.5g 1#墩顶切向

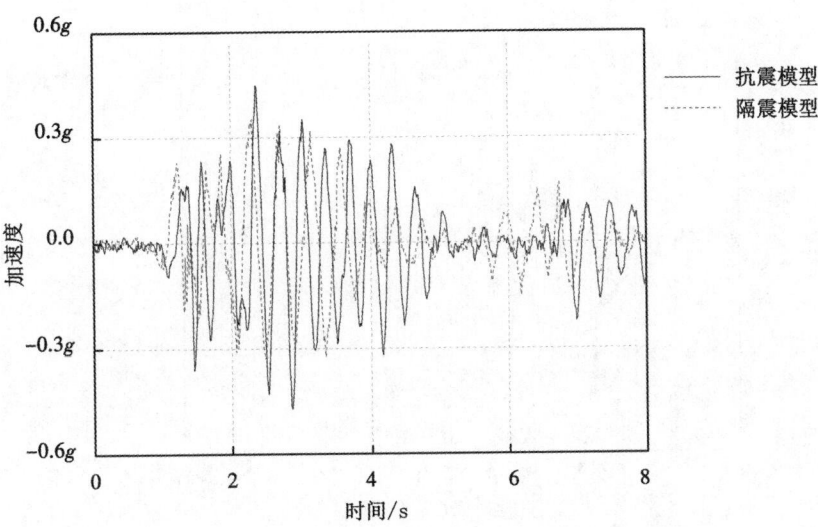

图 2.21　0.5g 2#墩顶切向

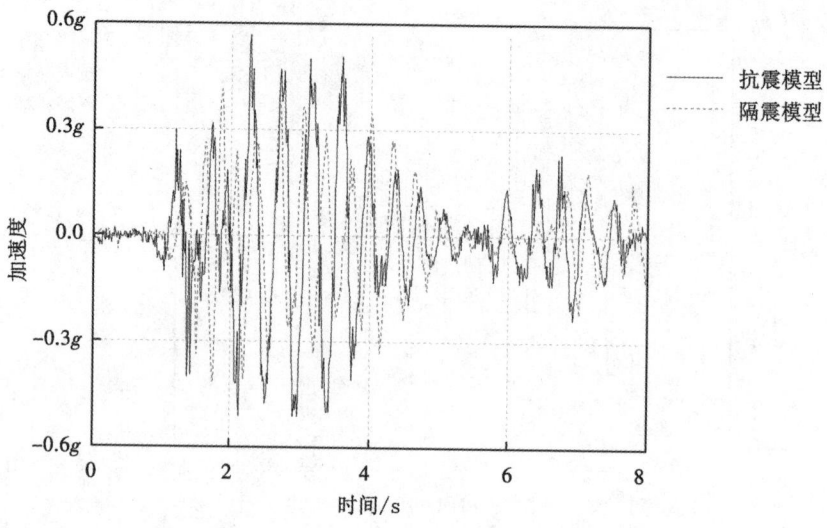

图 2.22　0.5g 3#墩顶径向

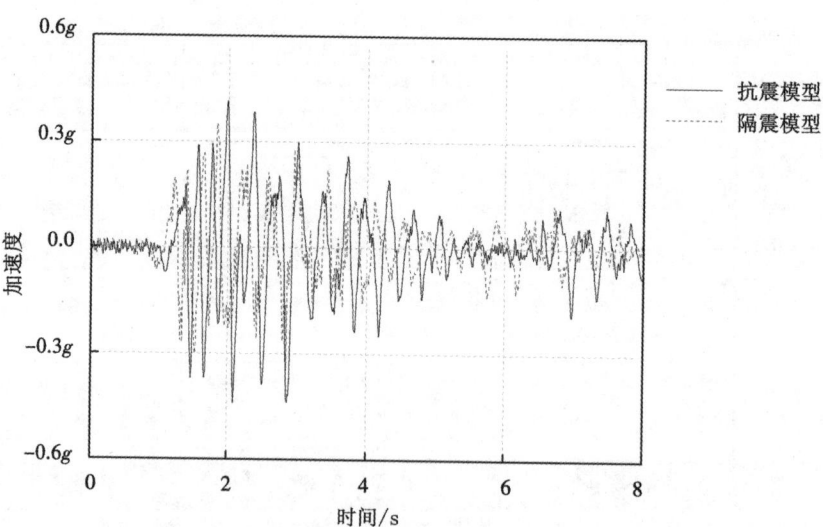

图 2.23　0.5g 3#墩顶切向

第 2 章 考虑支座摩擦滑移的非规则曲线桥梁地震模拟振动台试验研究

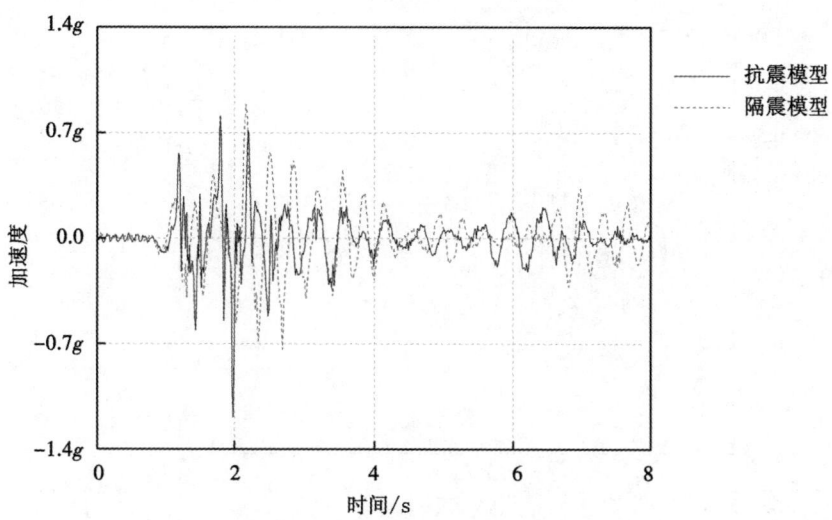

图 2.24 0.75g 1#墩顶切向

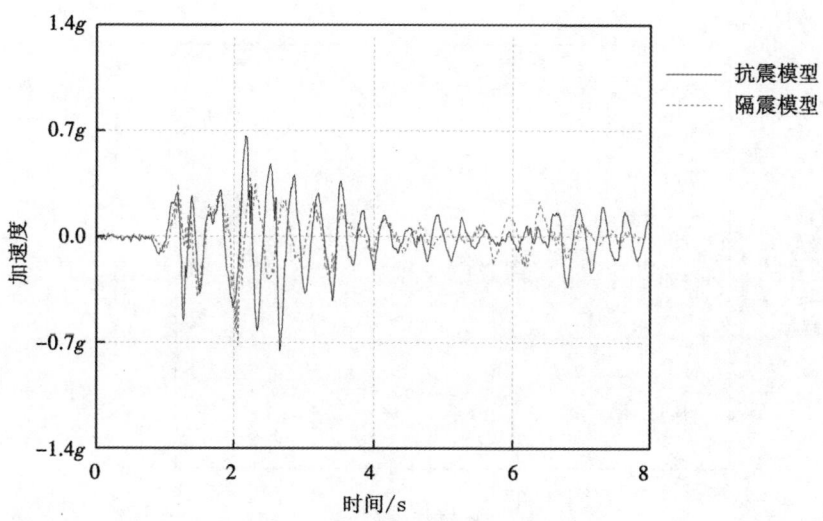

图 2.25 0.75g 2#墩顶切向

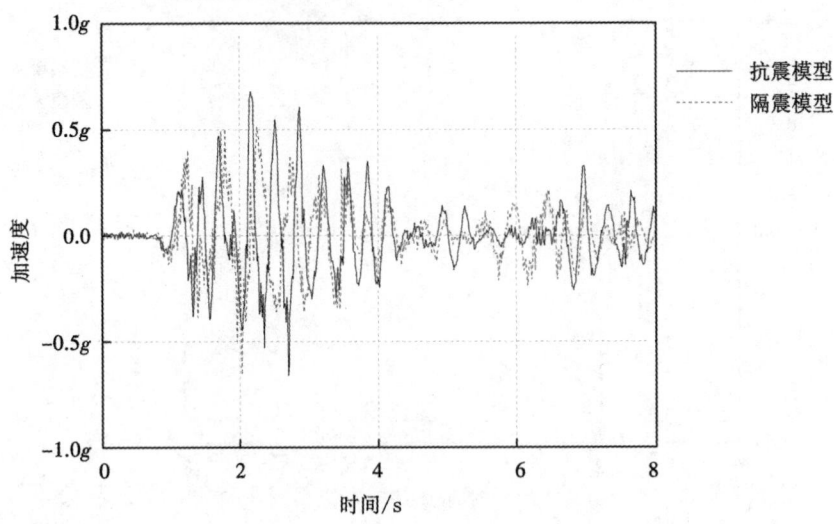

图 2.26　0.75g 3#墩顶径向

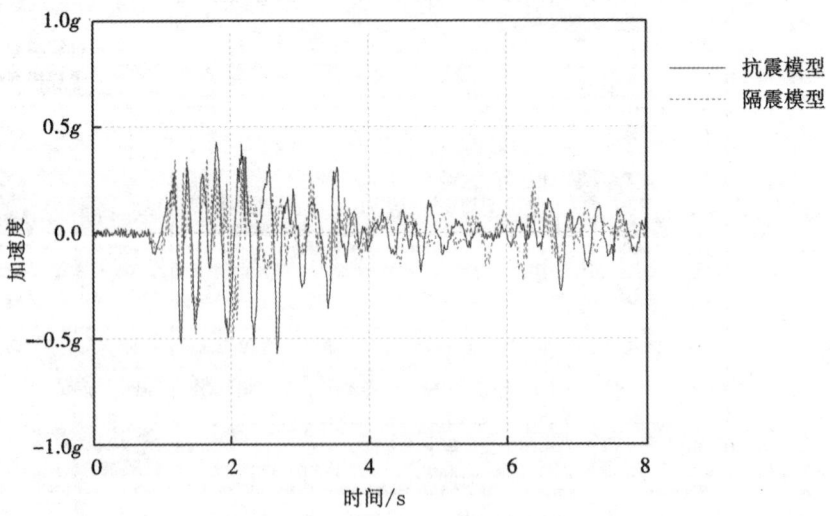

图 2.27　0.75g 3#墩顶切向

第 2 章 考虑支座摩擦滑移的非规则曲线桥梁地震模拟振动台试验研究

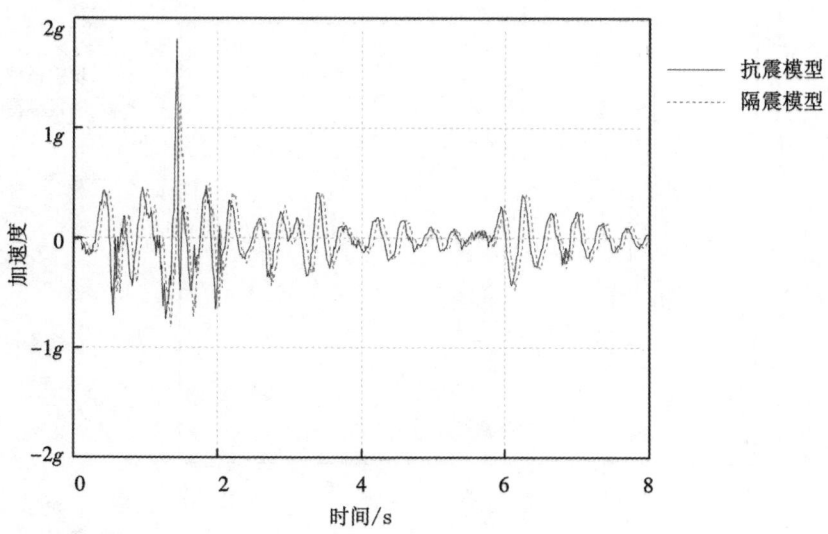

图 2.28　1g 1#墩顶切向

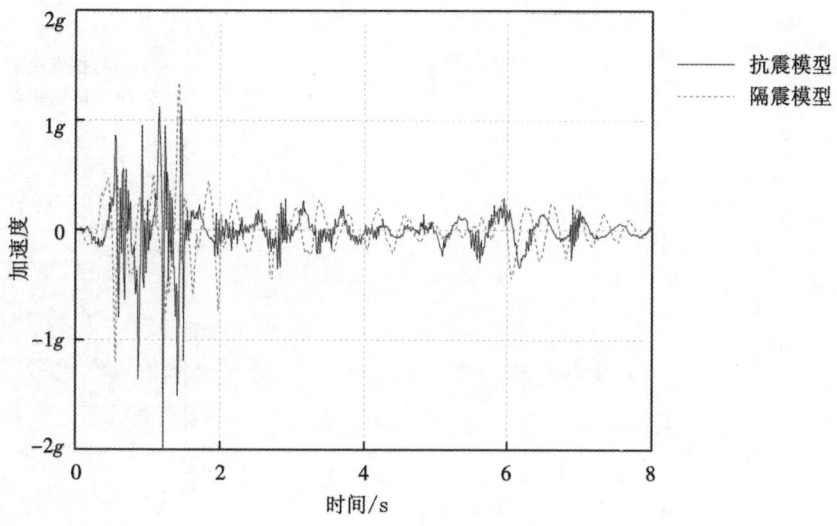

图 2.29　1g 2#墩顶切向

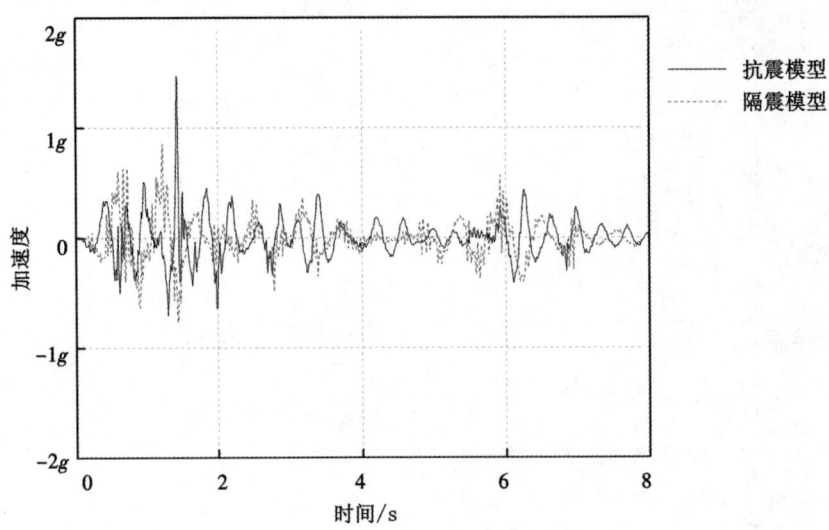

图 2.30　1g 3#墩顶径向

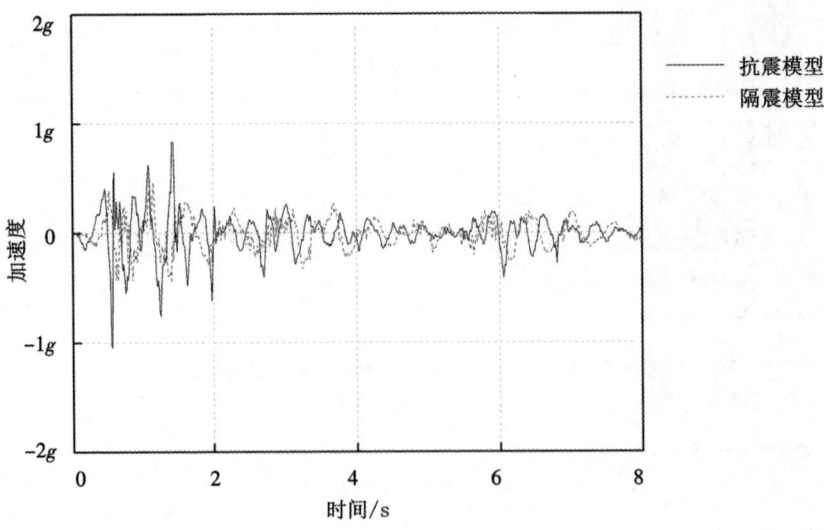

图 2.31　1g 3#墩顶切向

从图中分析可以发现,在不同地震烈度作用下,隔震模型墩顶加速度峰值相比抗震模型均有不同程度的降低。此处,定义加速度峰值降低率

$$\gamma_a = \frac{a_k - a_g}{a_k} \times 100\% \tag{2.5}$$

式中:γ_a——隔震模型的墩顶加速度降低率;
　　a_k——抗震模型的墩顶加速度峰值;
　　a_g——隔震模型的墩顶加速度峰值。

加速度输入峰值为 0.25g 时,1#墩、2#墩、3#墩墩顶切向加速度峰值降低率为 28.5%,42.6%,32.2%;3#墩墩顶径向加速度峰值降低率为 7.8%。加速度输入峰值为 0.375g 时,1#墩、2#墩、3#墩墩顶切向加速度峰值降低率为 10.6%,3.7%,30.4%;3#墩墩顶径向加速度峰值降低率为 23.2%。加速度输入峰值为 0.5g 时,1#墩、2#墩、3#墩墩顶切向加速度峰值降低率为 6.7%,21.4%,28.7%;3#墩墩顶径向加速度峰值降低率为 30.1%。输入加速度峰值为 0.75g 时,1#墩、2#墩、3#墩墩顶切向加速度峰值降低率为 27.2%,11.1%,26.9%;3#墩墩顶径向加速度峰值降低率为 8.5%。加速度输入峰值为 1g 时,1#墩、2#墩、3#墩墩顶切向加速度峰值降低率为 13.3%,32.3%,55.5%;3#墩墩顶径向加速度峰值降低率为 47.3%。

综上所述,采用考虑支座摩擦滑移隔震进行设计的非规则曲线桥梁,随着地震烈度的增强,其隔震效果越来越明显,支座滑动后,径向加速度峰值最大降低率达 47.3%,切向加速度峰值最大降低率达 55.5%。

2.2.4 位移响应分析

通过对以往的研究结果分析可知,进行隔震设计的结构存在隔震层以上相对隔震层底部位移放大的现象,为研究采用隔震设计的曲线

桥梁梁体相对于墩顶位移的放大情况，本书比较不同地震烈度下 El-Centro 波作用下隔震曲线桥梁 2#墩墩顶及其上部桥面的位移时程曲线，如图 2.32～图 2.41 所示。

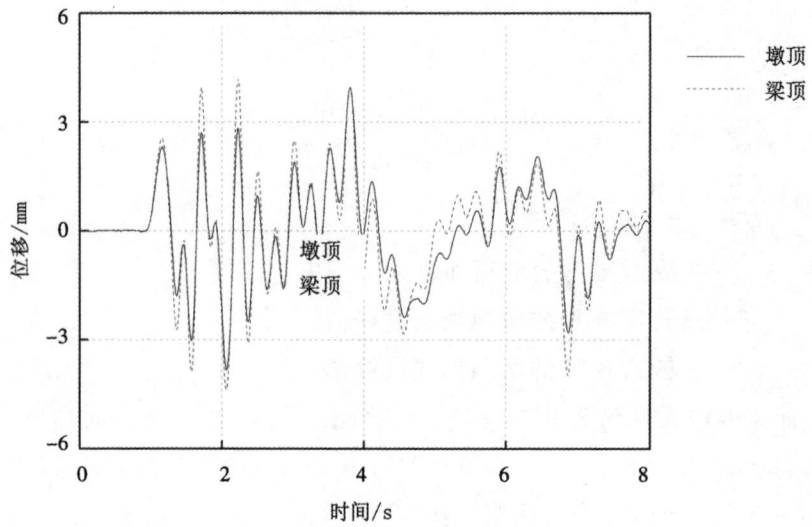

图 2.32　0.25g 径向

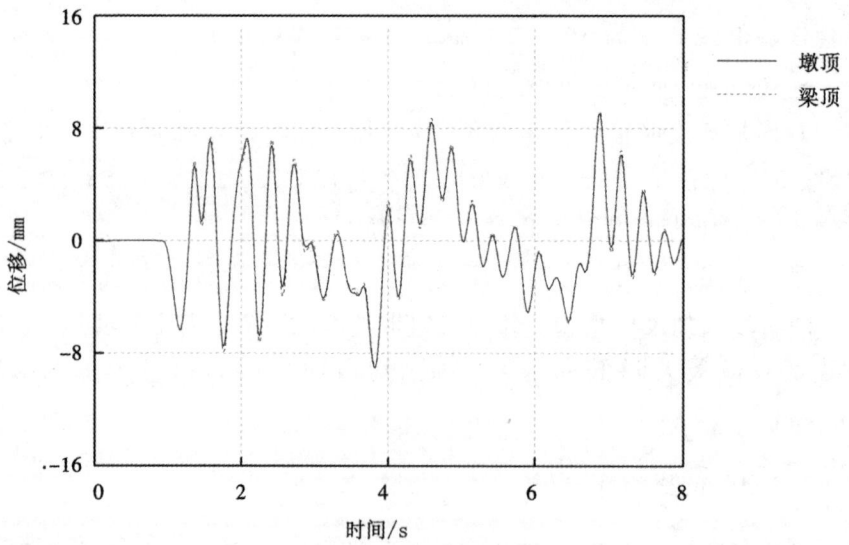

图 2.33　0.25g 切向

第 2 章 考虑支座摩擦滑移的非规则曲线桥梁地震模拟振动台试验研究

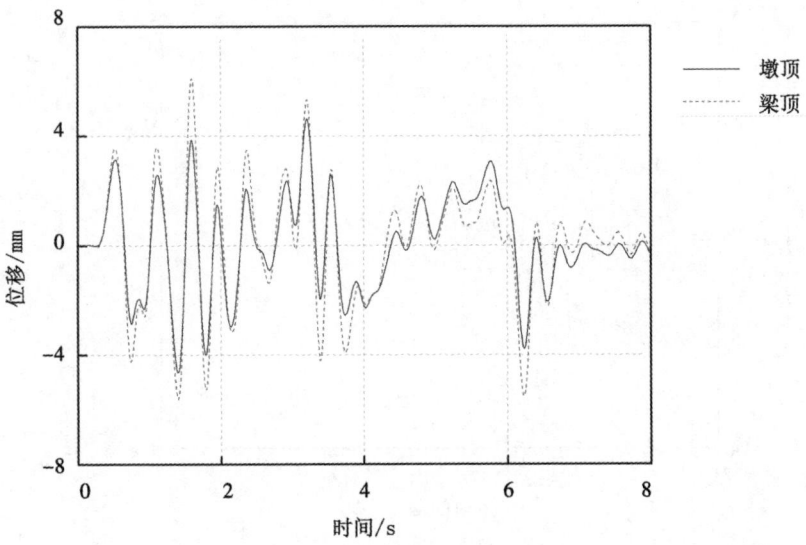

图 2.34 0.375g 径向

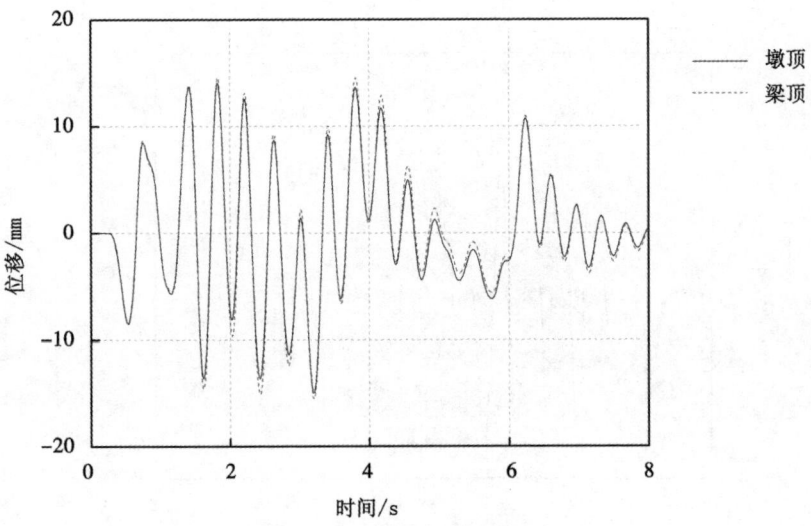

图 2.35 0.375g 切向

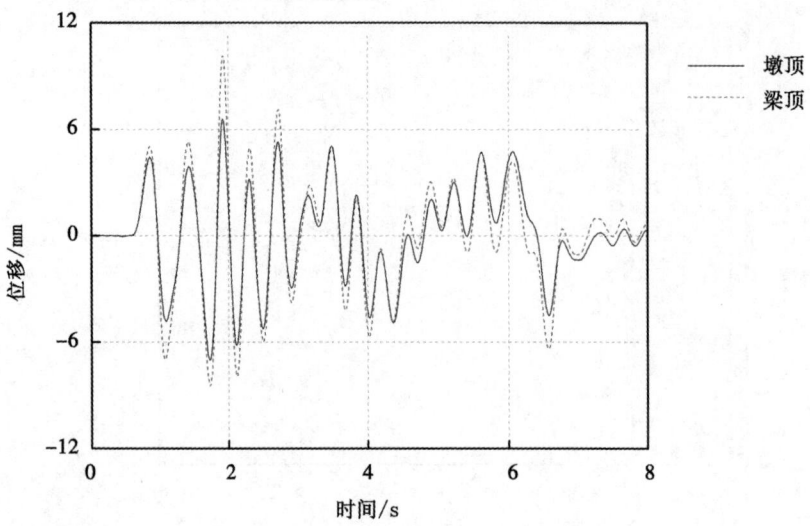

图 2.36 0.5g 径向

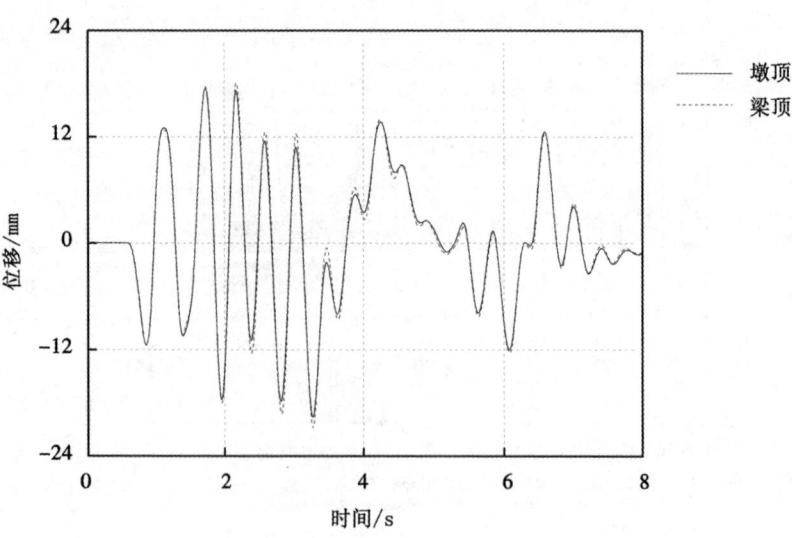

图 2.37 0.5g 切向

第 2 章 考虑支座摩擦滑移的非规则曲线桥梁地震模拟振动台试验研究

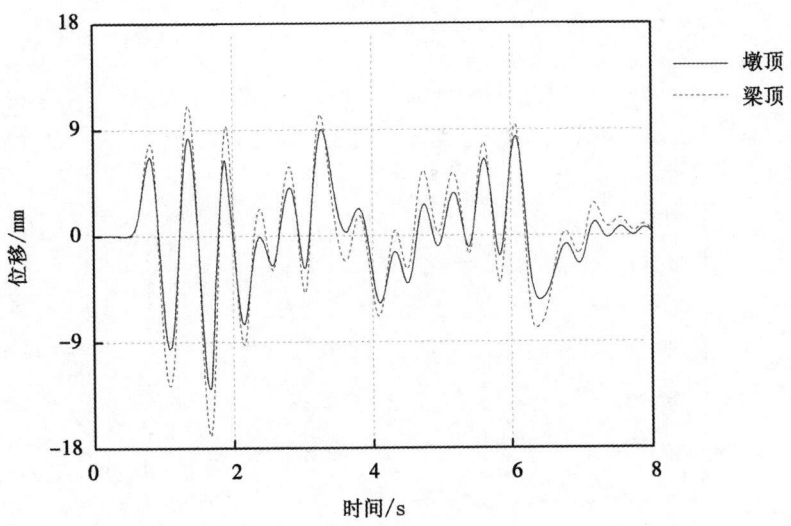

图 2.38 0.75g 径向

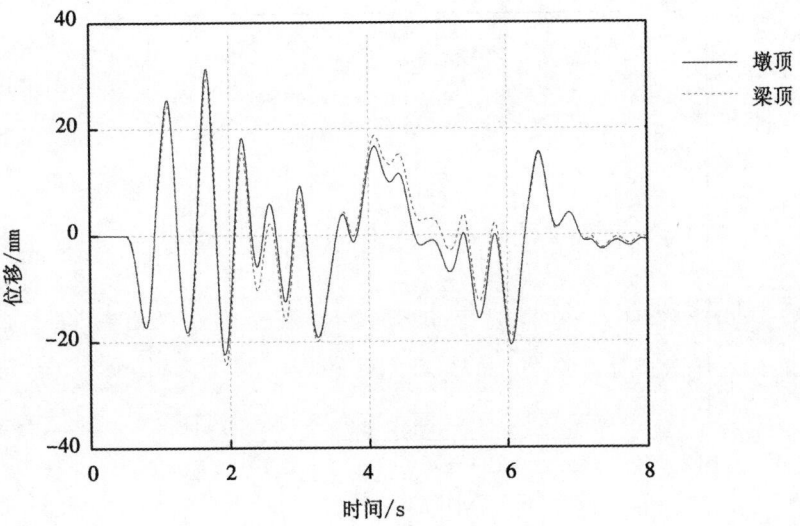

图 2.39 0.75g 切向

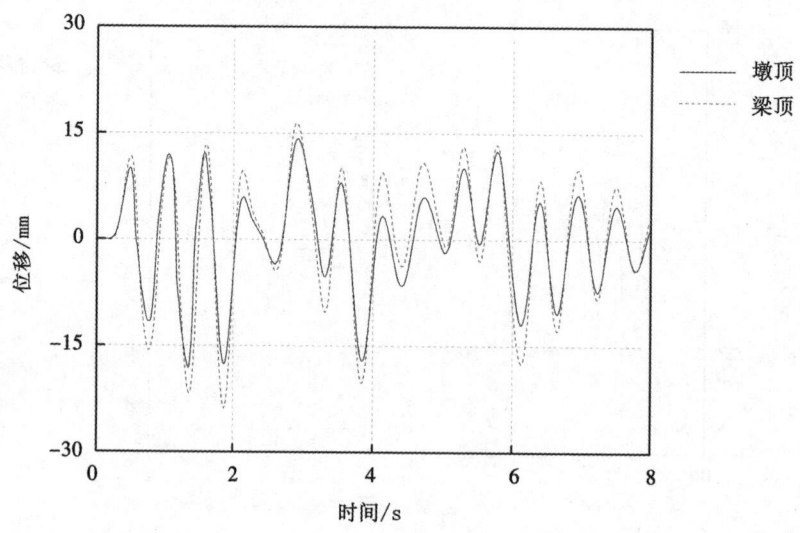

图 2.40　1g 径向

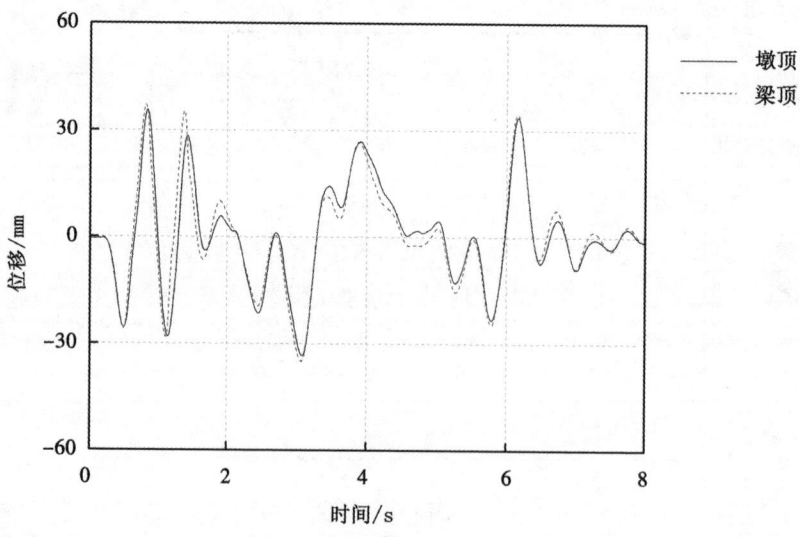

图 2.41　1g 切向

从图中分析可以发现，小震时，桥面和桥墩位移较小，模型结构的稳定性较好；随着地震烈度增加，结构位移反应显著增加。通过比较梁体与桥墩径向位移可知，桥面相对于墩顶有显著的增大，当地震加速度峰值为 $1g$ 时，桥面径向位移相比墩顶最大增加 13.7mm。通过桥面切向位移与墩顶切向位移时程曲线对比可知，采用考虑支座滑移隔震设计的曲线桥梁梁体，在小震输入时，切向位移与桥墩相比基本一致；大震输入时，梁体位移相比桥墩增大明显，当地震加速度峰值为 $1g$ 时，桥面切向位移相比墩顶最大增加 18.5mm。因此，把桥面径、切向位移值控制在合理范围内是非规则曲线桥梁隔震设计要考虑的一个重要指标。

2.2.5 应变响应分析

非规则曲线桥梁因桥墩底部受力过大而破坏是其在强烈地震中的主要震害表现之一，故本书对模型曲线桥梁墩底的应变进行研究。图 2.42~图 2.56 为抗震模型和隔震模型桥墩在不同地震烈度下墩底应变时程曲线对比图。采用同样的方法定义隔震模型的墩底峰值应变降低率：

$$\gamma_\varepsilon = \frac{\varepsilon_k - \varepsilon_g}{\varepsilon_k} \times 100\% \qquad (2.6)$$

式中：ε_k，ε_g —— 抗震、隔震模型的墩底应变。

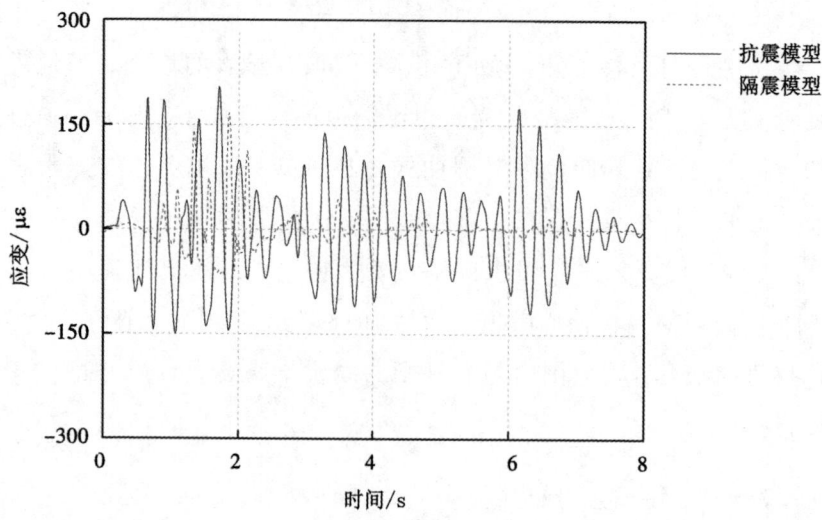

图 2.42　0.25g 1#墩

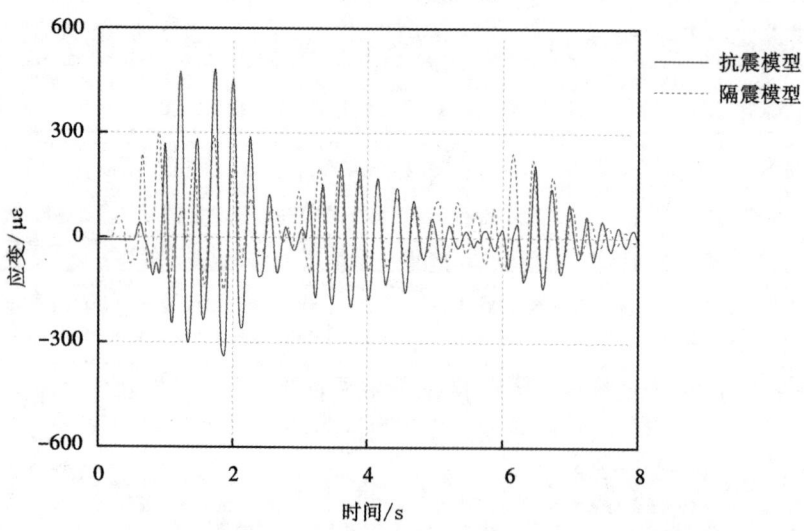

图 2.43　0.25g 2#墩

第2章 考虑支座摩擦滑移的非规则曲线桥梁地震模拟振动台试验研究

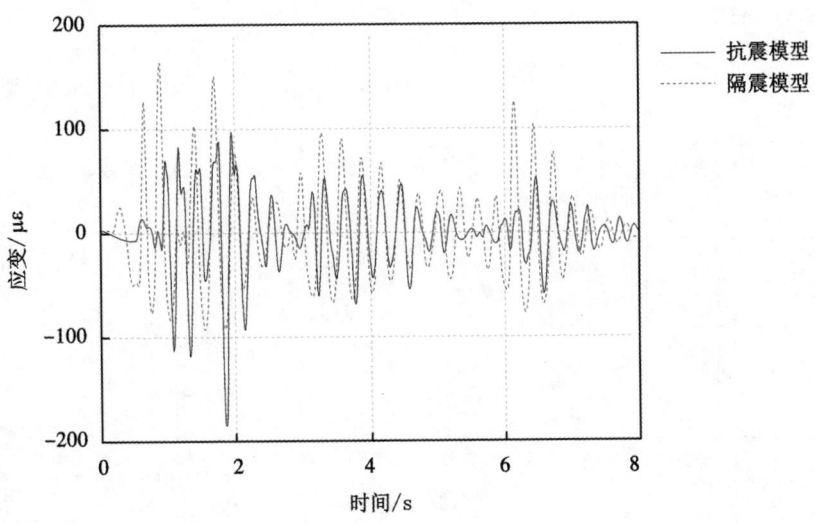

图 2.44 0.25g 3#墩

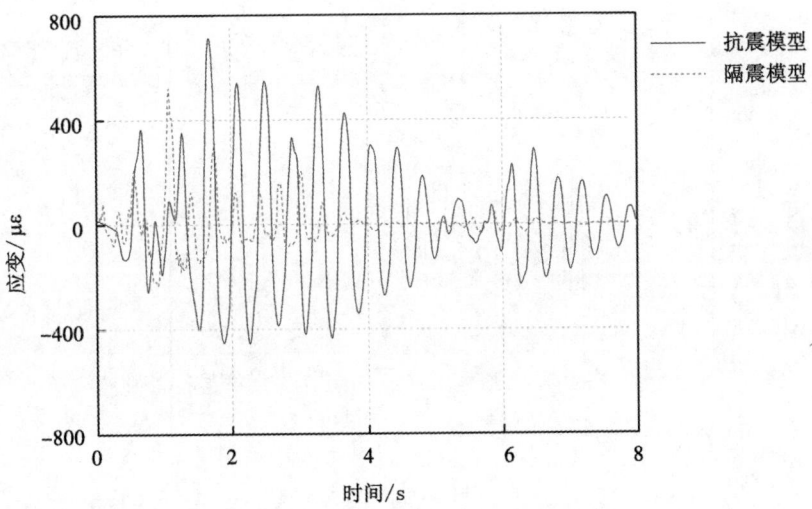

图 2.45 0.375g 1#墩

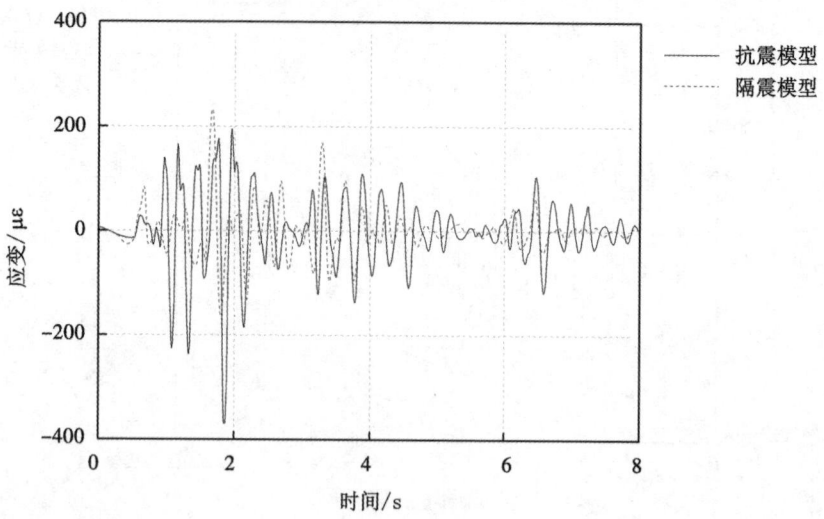

图 2.46　0.375g 2#墩

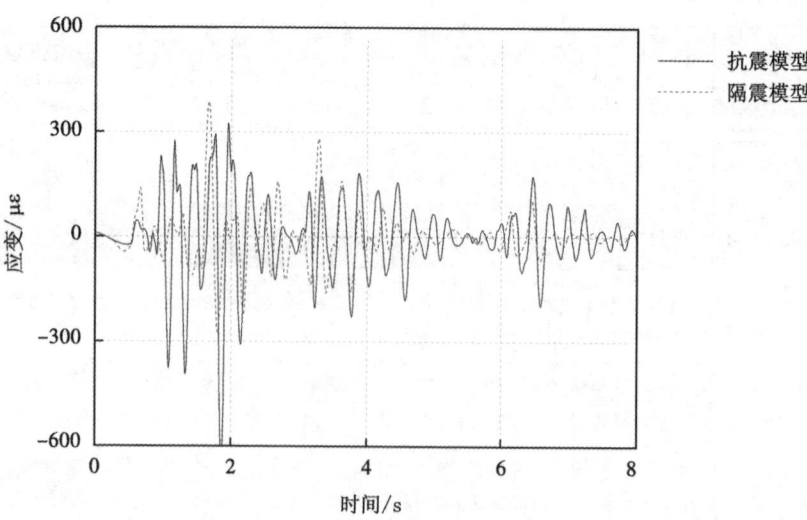

图 2.47　0.375g 3#墩

第2章 考虑支座摩擦滑移的非规则曲线桥梁地震模拟振动台试验研究

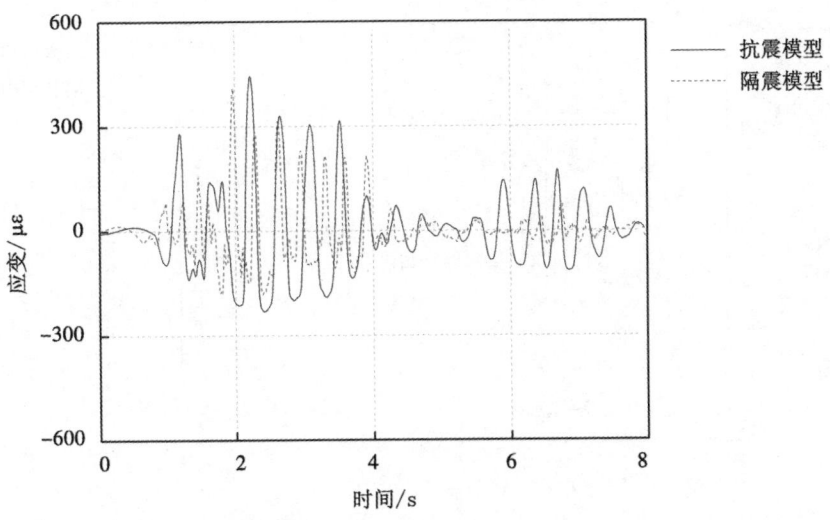

图 2.48　0.5g 1#墩

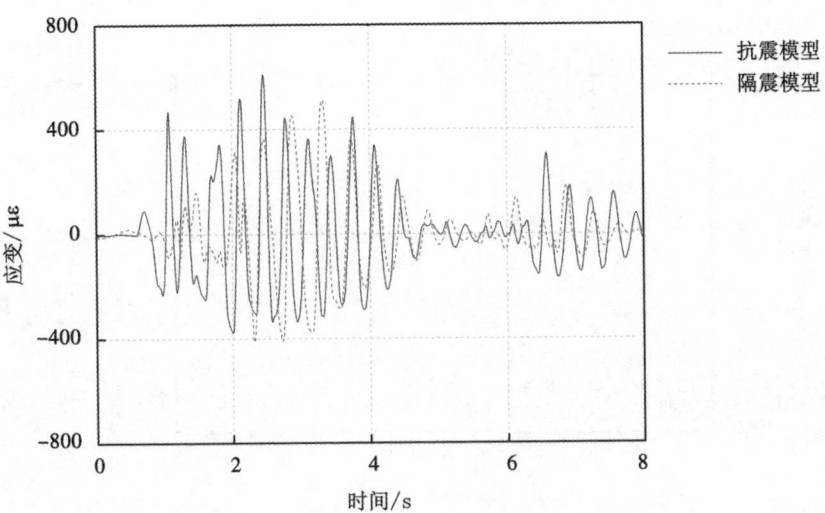

图 2.49　0.5g 2#墩

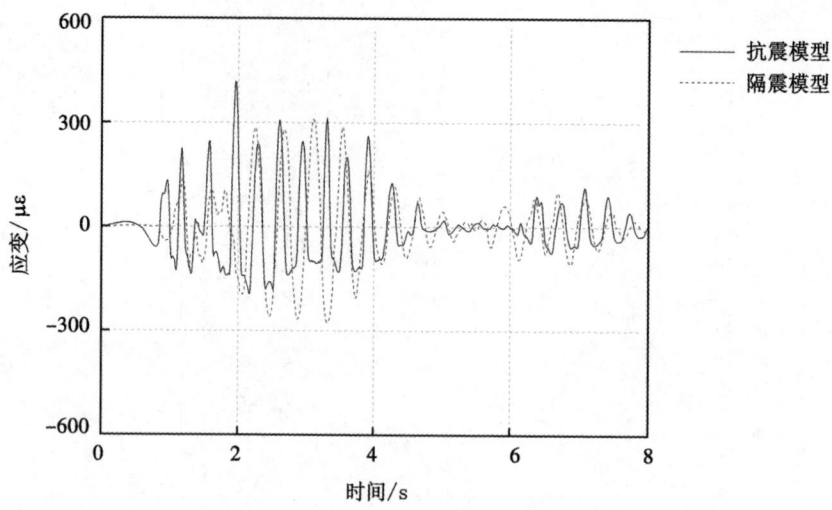

图 2.50　0.5g 3#墩

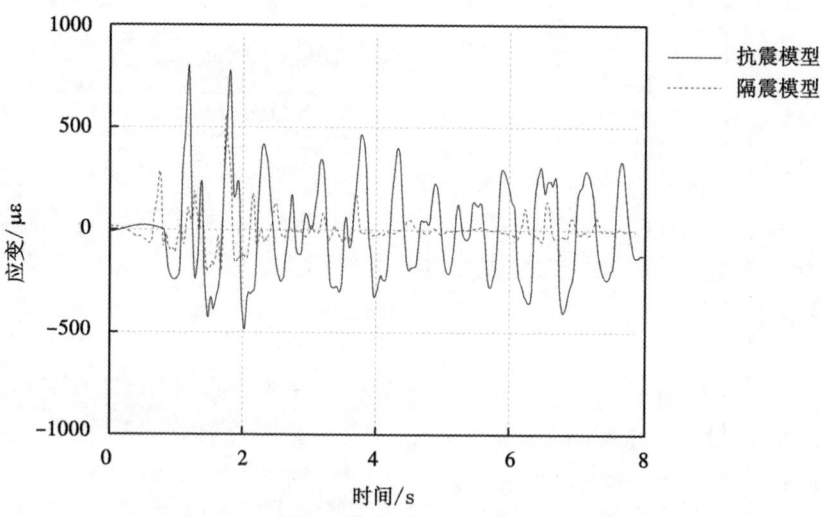

图 2.51　0.75g 1#墩

第 2 章 考虑支座摩擦滑移的非规则曲线桥梁地震模拟振动台试验研究

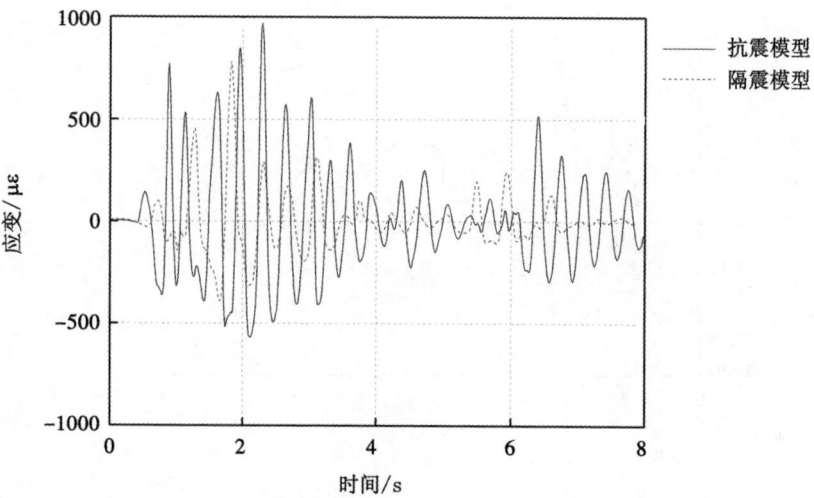

图 2.52 0.75g 2#墩

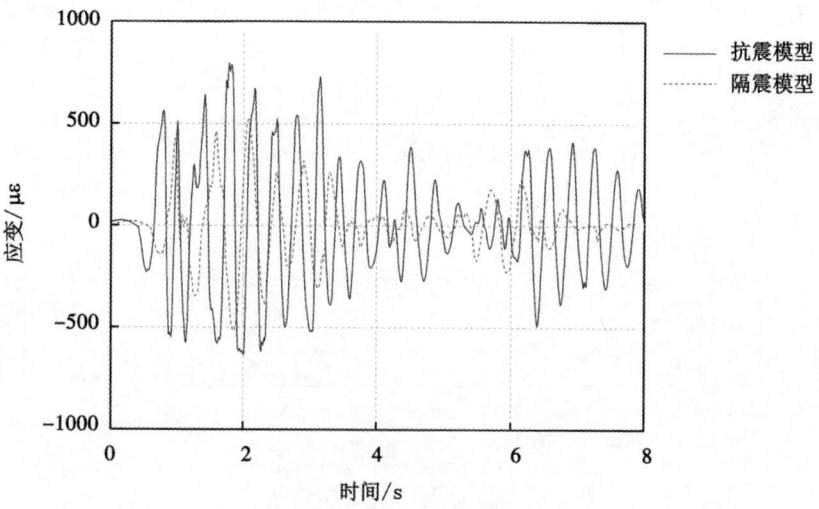

图 2.53 0.75g 3#墩

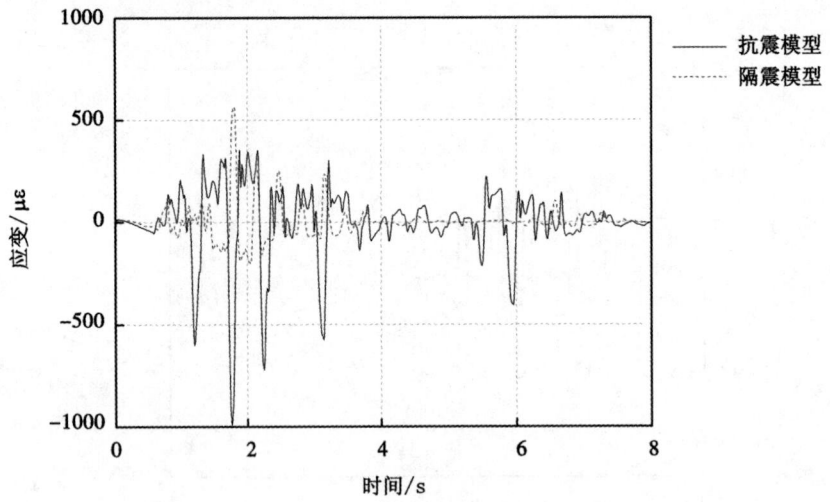

图 2.54　1g 1#墩

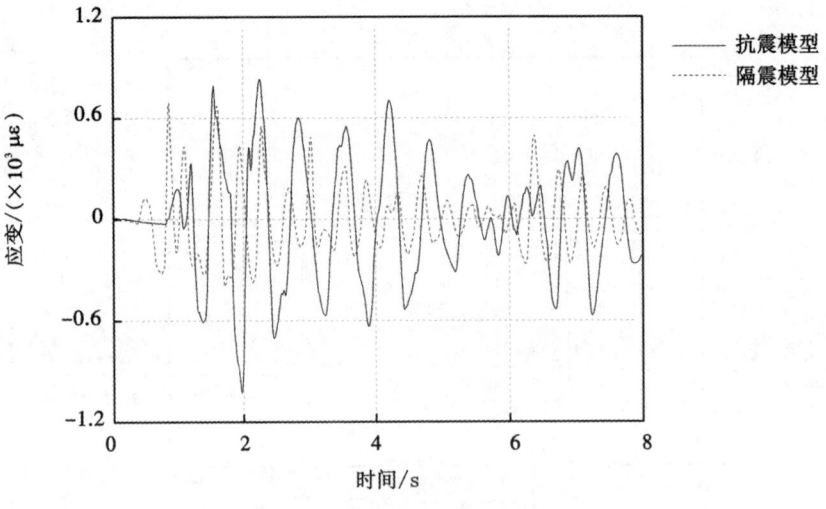

图 2.55　1g 2#墩

第2章 考虑支座摩擦滑移的非规则曲线桥梁地震模拟振动台试验研究

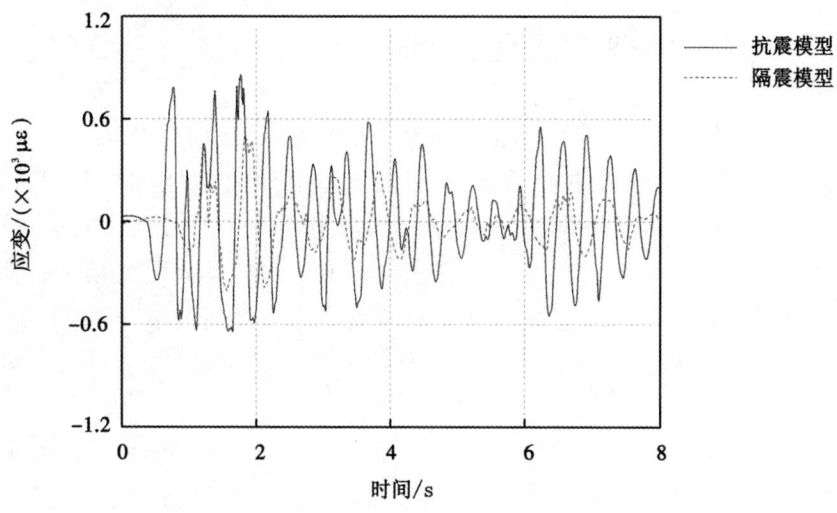

图 2.56 1g 3#墩

从图中分析可以得出的结论有以下几点。当地震输入加速度峰值从 0.25g~1g 变化时，抗震模型 1#墩墩底峰值应变分别为 205με，358με，445με，846με，1013με；隔震模型 1#墩墩底峰值应变分别为 168με，339με，416με，563με，582με；峰值降低率依次为 18%，5.3%，6.5%，33.5%，42.5%。抗震模型 2#墩墩底峰值应变分别为 483με，490με，612με，969με，1234με；隔震模型 2#墩墩底峰值应变分别为 298με，456με，513με，894με，798με；峰值降低率依次为 38.3%，6.9%，16.2%，19.1%，43.4%。抗震模型 3#墩墩底峰值应变分别为 176με，369με，418με，797με，859με；隔震模型 3#墩墩底峰值应变分别为 164με，232με，310με，525με，503με；峰值降低率依次为 6.8%，37.1%，25.8%，34.1%，41.4%。

综上所述，采用考虑支座摩擦滑移隔震进行设计的曲线桥梁，通过支座把梁体从桥梁下部结构中隔离出来，合理延长桥梁结构体系的周期并通过支座耗散部分地震能量减小桥梁上部结构传递到桥墩的力，避免或减小桥墩的非弹性变形；隔震模型墩底峰值应变相比抗震模型有较大降低，且基本上呈现出地震烈度越大，隔震效果越明显的特点。

2.3 隔震模型有限元分析

目前，有限元方法作为结构分析的便捷手段已被广泛应用于各种复杂结构的数值分析中。通过对建立的有限元模型施加地震往复荷载，可以对模型进行不同需求的地震响应分析。本节以本章中的隔震模型为原型，采用通用有限元软件 Ansys14.5 建立其有限元模型，对比试验结果，验证有限元建模方法的正确性，为后续研究奠定基础。

2.3.1 支座模型

本节采用竖向受压为线弹性，水平方向具有双向同性的空间滑动支座单元模拟板式橡胶支座。如图 2.57 所示为水平方向的恢复力模

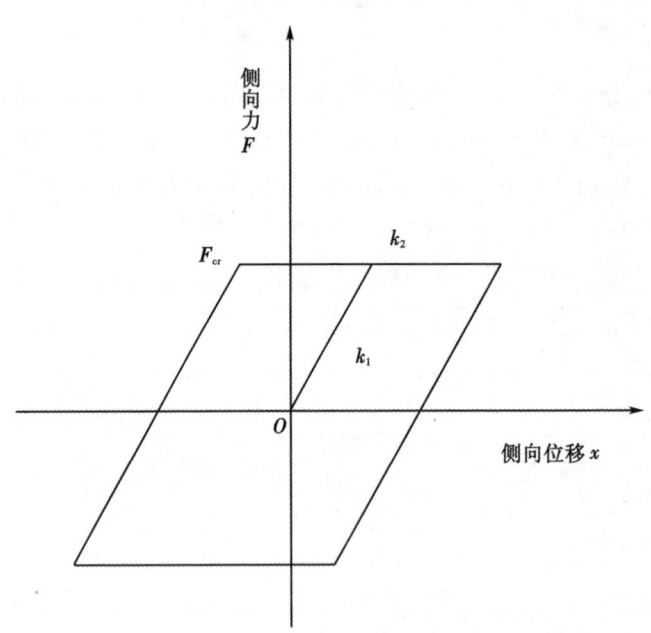

图 2.57 板式橡胶支座恢复力模型

型，其中，k_1 和 k_2 分别为支座发生滑动前、后的刚度，计算模型中支座的水平剪切刚度、竖向刚度均严格按照试验实测数据进行输入，$k_x = k_y = k_1 = 2.88 \times 10^5 \mathrm{N/m}$，竖向刚度 $k_z = 5.61 \times 10^7 \mathrm{N/m}$，当支座与墩顶、梁底接触面出现滑动后，$k_x = k_y = k_2$ 近似取 0；F_{cr} 为支座的临界滑动摩

擦力，其由支座承受的竖向反力和摩擦因数共同决定，本书采用库伦摩擦假定，即摩擦因数在整个滑动过程中保持恒定，不受滑动速度和接触反力的影响，板式橡胶支座接触面的摩擦因数取 0.15。Ansys 模型中，板式橡胶支座采用 combin40 单元模拟。

2.3.2 碰撞单元模型

计算模型中横向碰撞单元采用 Kelvin-Voigt 模型（线性弹簧-阻尼模型），其是由线性弹簧和阻尼器并联后与一个间隙单元串联而成的。该模型中线性弹簧模拟碰撞力，阻尼器模拟碰撞中的能量耗损，间隙模拟梁体与挡块之间的初始间距。Kelvin-Voigt 碰撞单元模型，如图 2.58 所示，其中，k_k，c_k，g_p 分别指碰撞刚度、黏滞阻尼系数和碰撞间隙。本章中碰撞单元刚度 k_k 取挡块抗弯刚度 5.16×10^7 N/m，c_k 按照 0.5 取用，碰撞间隙 g_p 取 2cm。本节碰撞单元采用 Ansys 中的 combin40 单元模拟。

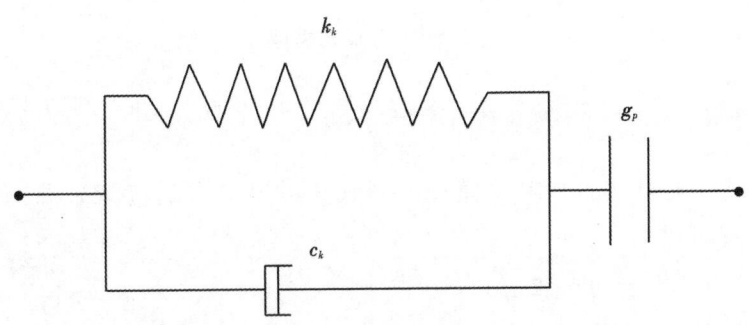

图 2.58 碰撞单元模型

2.3.3 其他假定

模型不考虑桩土相互作用，桥墩底部固结；桥墩、箱梁采用 beam188 单元模拟。

根据以上建模原则，建立隔振模型的有限元计算模型，如图 2.59 所示。

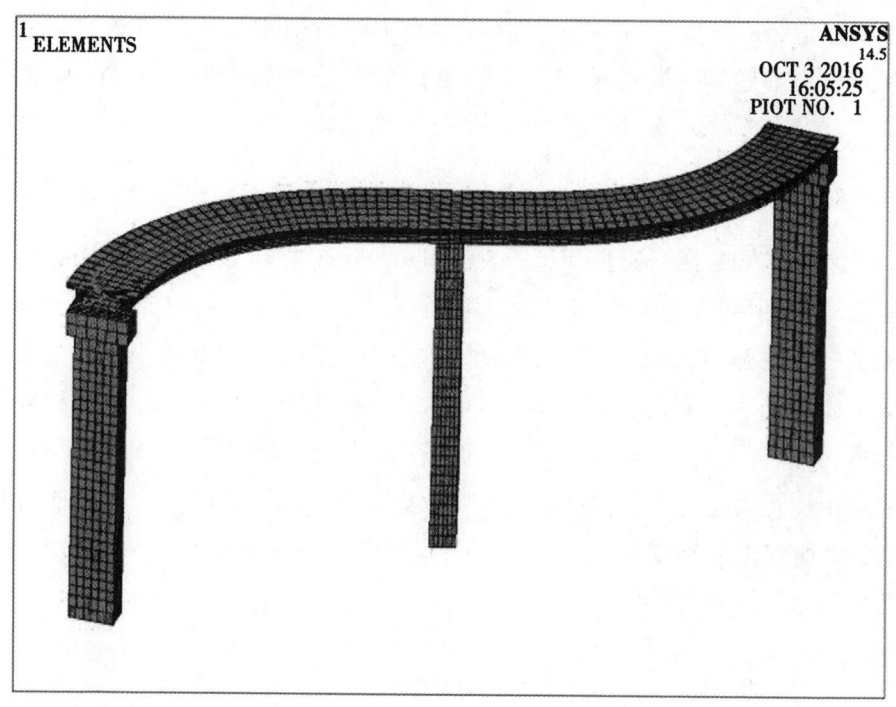

图 2.59 有限元模型

2.3.4 有限元与试验结果对比分析

通过以上建立的有限元模型,提取其主要动力响应结果并与试验结果进行对比。

2.3.4.1 动力特性对比

有限元分析计算模型结构的加载前的基频为 4.51Hz,与试验实测频率 5.08Hz 相差 11.2%。引起此差别的原因主要有以下 3 点:① 实际模型制作中由于尺寸较小可能存在制作误差,导致实际模型与有限元模型存在一定差异;② 有限元模型的配重均匀的施加于模型上,但是实际试验由于各方面条件的限制,使得配重在施加过程中存在少部分不均匀的现象;③ 测试过程中仪器精度及自振频率的计算方法也可能引起一定的误差。

2.3.4.2 加速度对比

将不同工况下加速度的有限元分析与试验测试结果进行了对比，如表2.5所示为试验及有限元计算的各测点加速度峰值。

表 2.5　　　　　　　　各测点加速度峰值

测点位置	类型	工况				
		6	7	8	9	10
A-1	振动台台面	0.237g	0.335g	0.472g	0.717g	0.998g
	有限元	0.250g	0.375g	0.500g	0.750g	1.000g
A-2	试验	0.242g	0.319g	0.460g	0.694g	0.962g
	有限元	0.219g	0.334g	0.432g	0.660g	1.069g
A-3	试验	0.372g	0.371g	0.499g	1.243g	1.872g
	有限元	0.342g	0.400g	0.521g	1.108g	1.598g
A-4	试验	0.262g	0.413g	0.483g	0.790g	1.133g
	有限元	0.236g	0.395g	0.456g	0.847g	1.009g
A-5	试验	0.242g	0.340g	0.371g	0.669g	1.319g
	有限元	0.261g	0.365g	0.401g	0.721g	1.206g
A-6	试验	0.175g	0.277g	0.352g	0.654g	0.906g
	有限元	0.164g	0.302g	0.389g	0.596g	0.831g
A-7	试验	0.411g	0.501g	0.594g	0.604g	0.776g
	有限元	0.372g	0.532g	0.513g	0.645g	0.700g
A-8	试验	0.198g	0.275g	0.357g	0.552g	0.395g
	有限元	0.180g	0.292g	0.391g	0.589g	0.427g
A-9	试验	0.265g	0.272g	0.315g	0.416g	0.463g
	有限元	0.241g	0.261g	0.334g	0.446g	0.406g

由表2.5可知：通过将有限元计算结果与试验结果进行对比，发现有限元与试验结果最大相差14.6%，计算结果在误差可接受范围内。

此外，通过墩顶和墩底加速速响应分析，可以反映出支座摩擦滑移的隔震效果。工况 6 输入时，支座尚无滑移，梁体基本上与桥墩同步振动，桥梁结构处于弹性阶段，地震能量由支座的剪切变形及结构本身的塑性变形耗散，故各桥墩基本表现为墩顶加速度峰值大于墩底。支座滑动后对桥梁起到了有效的隔震作用，使得桥梁墩顶的加速度峰值相比墩底有所降低，本节对桥墩墩顶加速度峰值相对墩底的降低率进行了统计分析。工况 7 加载时，2#墩实测加速度峰值降低率为 17.7%；工况 8 加载时，2#墩实测加速度峰值降低率为 23.2%；3#墩墩底切向加速度峰值降低率为 11.8%。工况 9 加载时，2#墩墩顶加速度峰值降低率为 15.4%；3#墩切向实测加速度峰值降低率为 7.6%；3#墩径向实测加速度峰值降低率为 24.6%。

总体上讲，随着地震波输入峰值的增大，桥墩的加速度峰值降低率明显增大。出现此结果是因为随着地震波输入峰值的增加，梁体在桥墩上方滑动作用明显，梁体振动与桥墩振动不一致加强，故减震效果明显。综上所述，由于采用了考虑支座摩擦滑移设计的非规则曲线桥梁，桥墩的加速度峰值最大降低率达到 24.6%，因此，该体系具有良好的抗震性能。

2.3.4.3 位移对比

将不同工况下墩梁相对位移有限元分析结果与试验测试结果进行对比，表 2.6 为试验及有限元计算的墩梁相对位移峰值。

表 2.6   墩梁相对位移峰值   mm

方向	类型	工况				
		6	7	8	9	10
径向(D1～D3)	试验	1.41	2.29	3.75	4.05	13.70
	有限元	1.28	2.22	3.52	4.63	14.75
切向(D2～D4)	试验	0.80	1.90	2.16	6.25	18.50
	有限元	0.75	1.99	2.30	5.90	16.50

由表 2.6 可知：有限元与试验结果最大相差 14.32%，误差在动力

第2章 考虑支座摩擦滑移的非规则曲线桥梁地震模拟振动台试验研究

试验的允许范围之内,证明该建模方法的正确性。

  随着加速度峰值输入的增加,墩梁相对位移逐渐增大;工况6输入时,墩梁相对位移较小,这主要来自于支座的剪切变形。工况6,7和8输入时,墩梁径向相对位移大于切向相对位移,是因为梁体自身因支座变形及滑动不一致而产生的平面内扭转产生。工况9输入时,梁体径、切向位移增大幅度明显,证明支座有滑动现象;由于梁体在径向与耗能减震挡块碰撞,故径向相对位移小于切向相对位移。工况10输入时,墩梁相对位移较工况9明显增加,证明梁体有明显漂浮。综上所述,当地震波沿曲线桥梁桥墩连线方向输入时,会引起桥梁在其他方向的振动,在设计时应予以考虑;通过支座变形耗能、梁体大位移后与耗能减震材料发生接触碰撞耗散了地震能量;梁体在桥墩上部成漂浮状态减小了地震作用下梁体惯性力向桥墩的传递,减小了桥墩的受力,因而桥墩损伤较小。

第 3 章 考虑支座摩擦滑移的非规则曲线桥梁地震响应分析

目前,学者们在规则桥梁结构或者竖向非规则的直桥结构考虑支座摩擦滑移时结构的抗震性能研究方面已取得了一些成果。然而,非规则曲线桥梁是否可以采用考虑支座摩擦滑移的设计方法来避免或减少其在地震作用下的损伤问题尚未有深入涉猎。本章以第 2 章振动台试验及其有限元模型的建模方法为基础,建立 4 种非规则曲线桥梁计算模型,通过对其进行变参数分析,研究考虑支座摩擦滑移的非规则曲线桥梁非线性地震响应。

3.1 滑动支座摩擦滑移单元模型

3.1.1 空间滑动单元模型

根据以往的研究结果,板式橡胶支座可以用水平方向具有各向同性的空间滑动单元来模拟,该模型具有水平双向和竖向 3 个自由度。竖向受压为线弹性,水平向为双线性。空间滑动单元及其恢复力模型,如图 3.1 和图 3.2 所示。

第 3 章 考虑支座摩擦滑移的非规则曲线桥梁地震响应分析

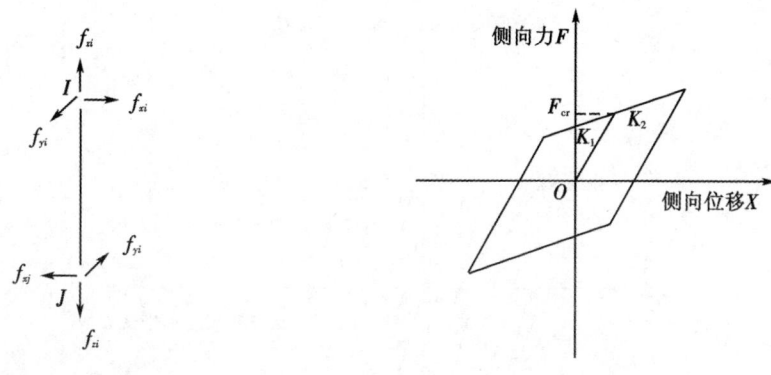

图 3.1 支座单元 　　　　图 3.2 支座恢复力模型

图 3.2 中，K_1 为支座滑动前的刚度，K_2 为支座滑动后的刚度，F 为支座所受的水平侧向力，F_{cr} 为支座的临界滑动摩擦力，X 为支座在水平方向的侧向位移。

支座滑动摩擦力 F_{cr} 可根据库伦摩擦理论计算：

$$F_{cr} = \mu N \qquad (3.1)$$

式中：μ —— 板式橡胶支座与接触面间的滑动摩擦因数；
　　　N —— 支座所受正压力。

板式橡胶在地震作用下的刚度按照滑动前和滑动后分别考虑，支座滑动前的刚度按照支座剪切变形计算，支座滑动后普通板式橡胶支座的刚度近似取 0。聚四氟乙烯滑板支座滑动前的刚度近似取无穷大，滑动后的刚度近似取 0。

3.1.2　摩擦滑动准则

为判定非规则曲线桥梁在地震作用下支座是否滑动，本书采取文献[78-79]中的摩擦滑移准则，假设板式橡胶支座在地震作用过程中某一时刻所受摩擦力沿 X 和 Y 方向的分力为 F_x 和 F_y，地震作用下板式橡胶支座滑动准则如图 3.3 所示。

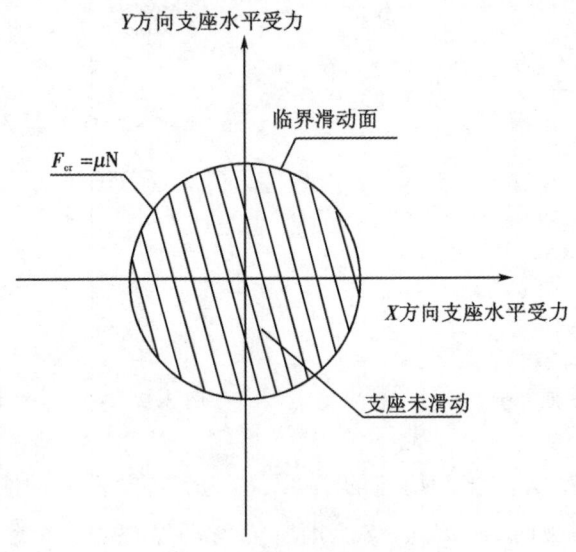

图 3.3 支座摩擦滑动准则

在进行考虑板式橡胶支座摩擦滑移的非规则曲线桥梁非线性地震响应分析时,支座有如下 3 种受力状态。

状态 1:支座所受水平向摩擦力的合力位于图 3.3 所示的圆边界内,支座所受水平合力满足 $\sqrt{F_x^2 + F_y^2} < F_{cr}$,此时,支座未出现滑动。

状态 2:支座所受水平向摩擦力的合力位于图 3.3 所示的圆边界上,支座所受水平合力满足 $\sqrt{F_x^2 + F_y^2} = F_{cr}$,支座处于临界滑动状态。

状态 3:支座所受水平向摩擦力的合力位于图 3.3 所示的圆边界外,支座所受水平合力满足 $\sqrt{F_x^2 + F_y^2} > F_{cr}$,支座进入滑动状态。

3.1.3 单元增量公式

分析滑动支座单元的受力状态,对应于图 3.1 的计算模型,该单元在有限元分析下的增量平衡方程可以表示为

$$\{\Delta f\} = [k]\{\Delta d\} \tag{3.2}$$

式中:$\{\Delta f\} = \{\Delta f_i, \Delta f_j, \Delta f_z\}$,表示滑动支座单元沿 x,y,z 三个方向的荷载的增量;$\{\Delta d\} = \{dx, dy, dz\}$ 表示滑动支座单元沿 x,y,z 三个方向的变形量;$[k]$ 为单元沿 x,y,z 三个方向的刚度,支座滑动前单元

的刚度矩阵可以表示为

$$[k] = \begin{bmatrix} k_1 & 0 & 0 \\ 0 & k_1 & 0 \\ 0 & 0 & k_s \end{bmatrix} \quad (3.3)$$

式中：k_1——支座滑动前的水平侧向刚度；

k_s——支座的竖向刚度。

3.2 有限元分析研究

迄今为止，国内外学者已经对非规则曲线桥梁地震响应进行了较深入的研究，但分析过程中一般仅考虑固定支座的作用，对板式橡胶支座摩擦滑移引起曲线桥梁的地震响应并没有进行深入分析，针对目前非规则曲线桥梁抗震分析的这种不足，本章之后的内容会从支座摩擦参数的选取、支座刚度，以及支座布置等方面对考虑支座摩擦滑移的非规则曲线桥梁非线性地震响应进行研究。

3.2.1 桥梁概况

本章以第 2 章振动台试验中模型桥梁的原型为研究对象，该原型桥实际为直线段+S 形曲线段+直线段中的一部分，由于本章的研究重点对象为非规则曲线桥梁的抗震，故本章选取 S 形曲线段进行重点研究。S 形曲线段跨径组合为 2×35.7m，其分别由圆曲线+缓和曲线+缓和曲线+圆曲线，共 4 部分组成。其中，各段曲线长度分别为 18.65，20，20，18.65m。桥梁主梁形式为单箱单室截面，桥墩截面形式为顶底端矩形实心，中间截面矩形空心，每个桥墩上方分别布置两个支座，桥梁布置及截面，如图 3.4~图 3.7 所示。

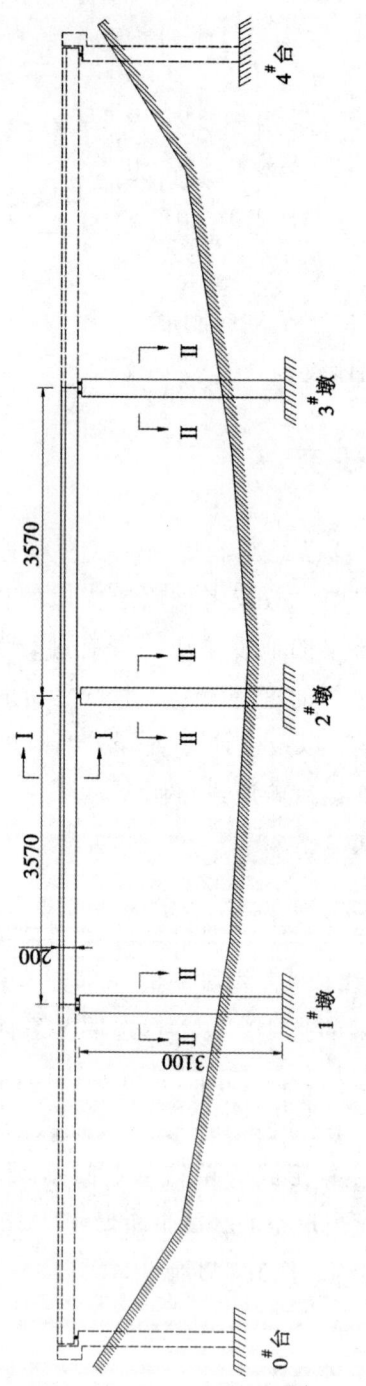

图3.4 桥梁立面图(单位：cm)

第 3 章 考虑支座摩擦滑移的非规则曲线桥梁地震响应分析

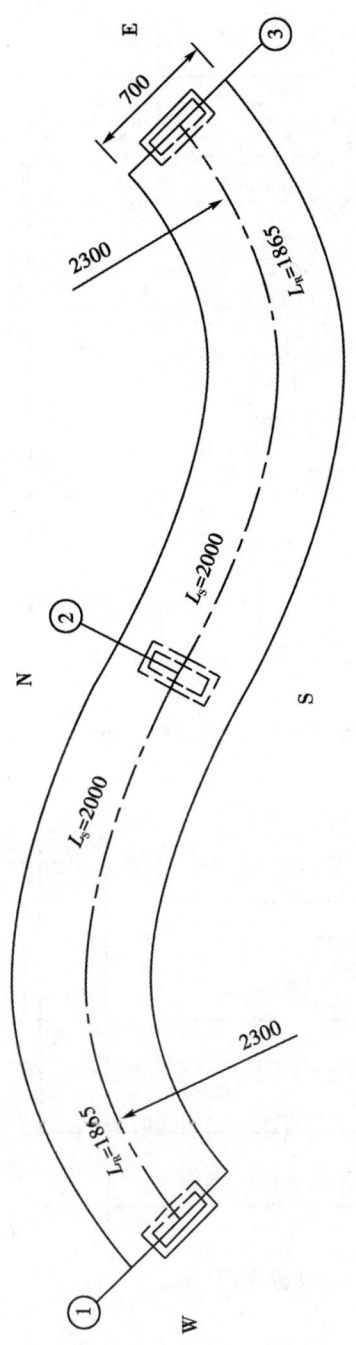

图3.5 桥梁平面图(单位：cm)

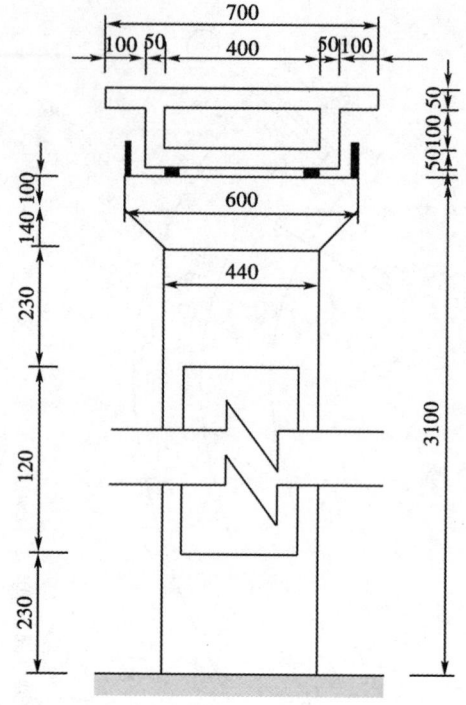

图 3.6　Ⅰ 截面图(单位:cm)

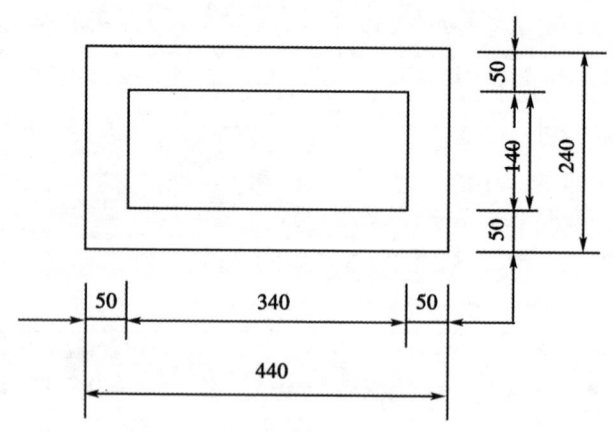

图 3.7　Ⅱ 截面图(单位:cm)

3.2.2 计算模型

考虑目前桥梁中常用的结构布置方式及本书的研究目的，本章共建立4种计算模型进行对比分析，4种计算模型如下所示。

模型1：考虑支座摩擦滑移作用，所有支座均可以在桥墩及盖梁上方自由滑动，支座按照板式橡胶支座模拟。计算模型如图3.8所示，以下简称完全隔震模型。

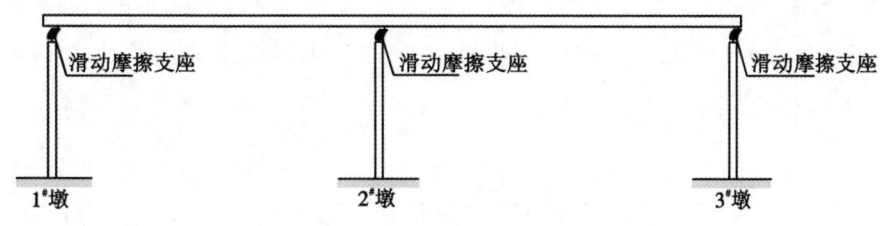

图3.8 模型1计算简图

模型2：考虑支座摩擦滑移作用，2#墩为固定墩，其与梁体耦合 X，Y，Z 三个方向自由度，其余可动支座按照板式橡胶支座模拟。计算模型如图3.9所示，以下简称部分隔震模型。

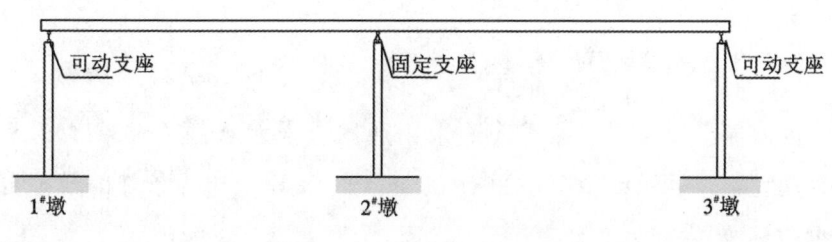

图3.9 模型2计算简图

模型3：不考虑支座的摩擦滑移作用，该模型假设连续梁桥所有桥跨上部结构的水平地震作用由固定墩即2#墩单独承受。计算模型如图3.10所示，以下简称不考虑支座摩擦模型。

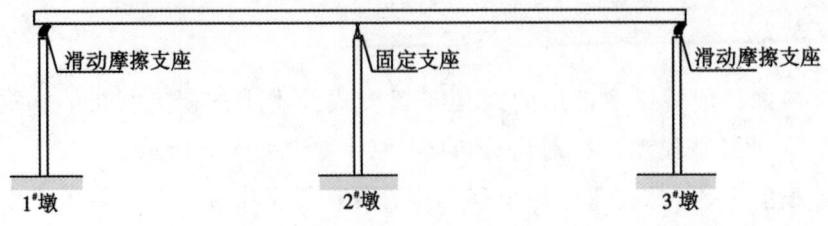

图 3.10　模型 3 计算简图

模型 4：不考虑支座的摩擦滑移作用，所有桥墩均与梁体通过固接（见图 3.3），模拟地震作用下非单墩受力。计算模型如图 3.11 所示，以下简称抗震模型。

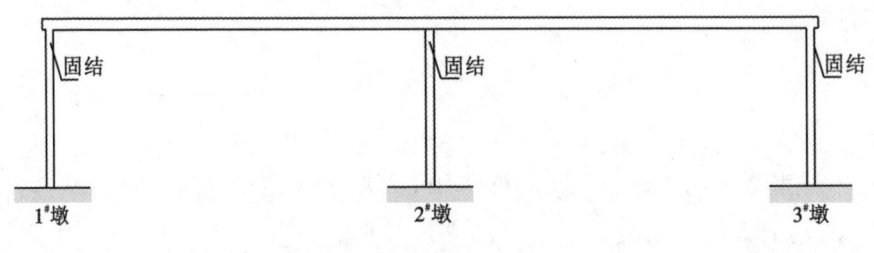

图 3.11　模型 4 计算简图

3.2.3　有限元模型的建立

根据 3.2.2 节的计算模型，采用通用有限元软件 Ansys 14.5 建立 4 种模型的有限元计算模型。箱梁、桥墩、支座及边界条件的模拟分别简要叙述如下。

① 箱梁、桥墩的模拟。箱梁和桥墩采用 C50 混凝土进行模拟，在 Ansys 中采用 beam188 单元模拟桥墩和梁体。

② 支座的模拟。由于 3 个模型支座形式存在不同，在模拟过程中，固定支座通过节点之间的耦合（释放三向扭转自由度）进行模拟，板式橡胶支座采用 combine40 单元进行模拟。

③ 边界条件的模拟。模型不考虑桩土相互作用,桥墩底部固结。

3.2.4 地震波的选取

为考虑支座摩擦滑移对非规则曲线桥梁抗震性能的影响,本章选取常用的 El-Centro 波作为输入地震波进行分析,地震输入加速度峰值调整为 $0.4g$。

3.3 数值模拟结果

为研究地震作用下活动支座对曲线桥梁地震响应的影响,本章针对不同参数的板式橡胶支座选取不同的剪切刚度和不同摩擦系数的支座参数,分析4种模型的数值模拟结果,并得出相关结论。

3.3.1 不同支座剪切刚度对非规则曲线桥梁中墩墩底减震率的影响

目前,图 3.10 模型 3 为桥梁结构抗震分析中常用的计算模型,其中,$2^\#$ 墩为固定墩,假定地震作用下梁体惯性力全部由固定墩承担,图 3.11 模型 4 也在一些曲线高架桥上有所应用。鉴于此,本节针对 3.3.2 节定义的 4 种计算模型,选取摩擦系数为 0.2,支座剪切刚度分别为 1×10^7,2×10^7,4×10^7,6×10^7,8×10^7,10×10^7N/m,通过有限元方法,对各个计算模型的 $2^\#$ 墩墩底切向和径向弯矩时程曲线进行研究。鉴于篇幅原因,文中仅给出支座刚度为 2×10^7N/m、摩擦系数为 0.2 时,模型 1(如图 3.8 所示)与模型 2(如图 3.9 所示)的 $2^\#$ 墩底弯矩时程曲线,如图 3.12 和图 3.13 所示。图 3.14 和图 3.15 为模型 3 及模型 4 的 $2^\#$ 墩底弯矩时程曲线。

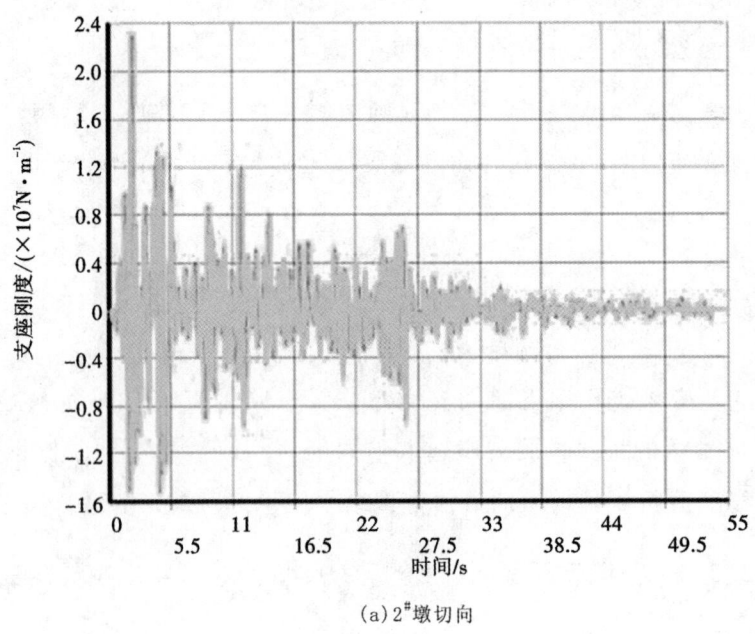

(a) 2#墩切向

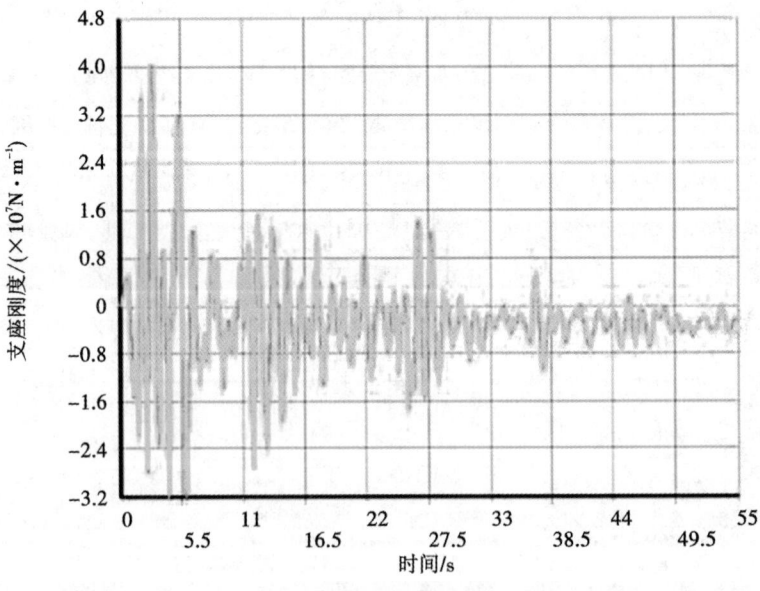

(b) 2#墩径向

图3.12　模型1墩底弯矩时程曲线

第3章 考虑支座摩擦滑移的非规则曲线桥梁地震响应分析

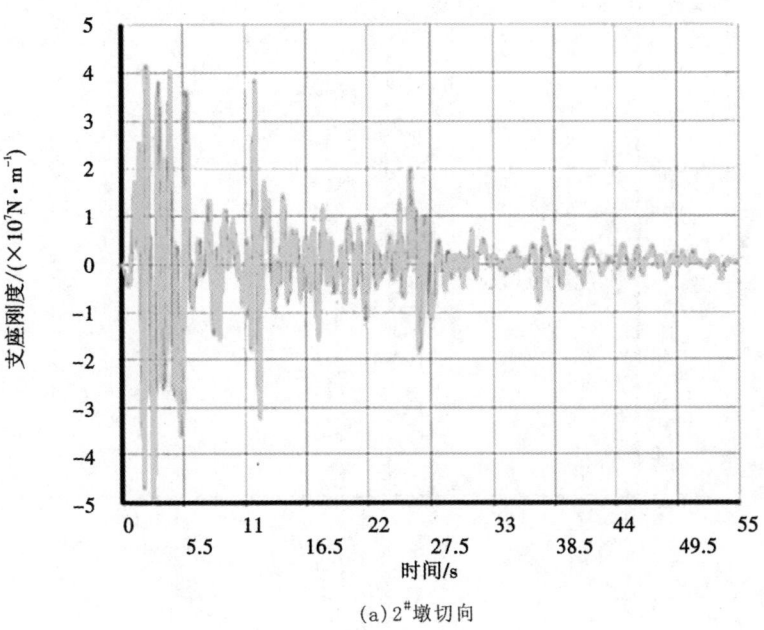

(a) 2#墩切向

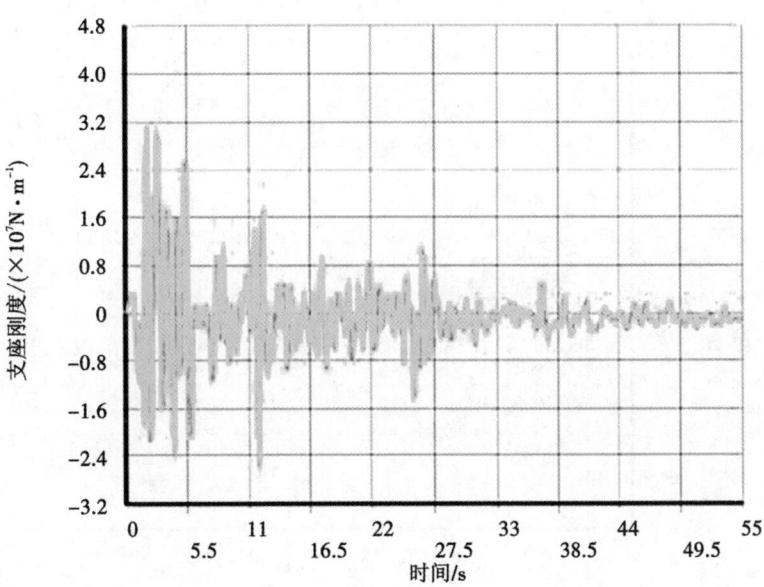

(b) 2#墩径向

图3.13 模型2墩底弯矩时程曲线

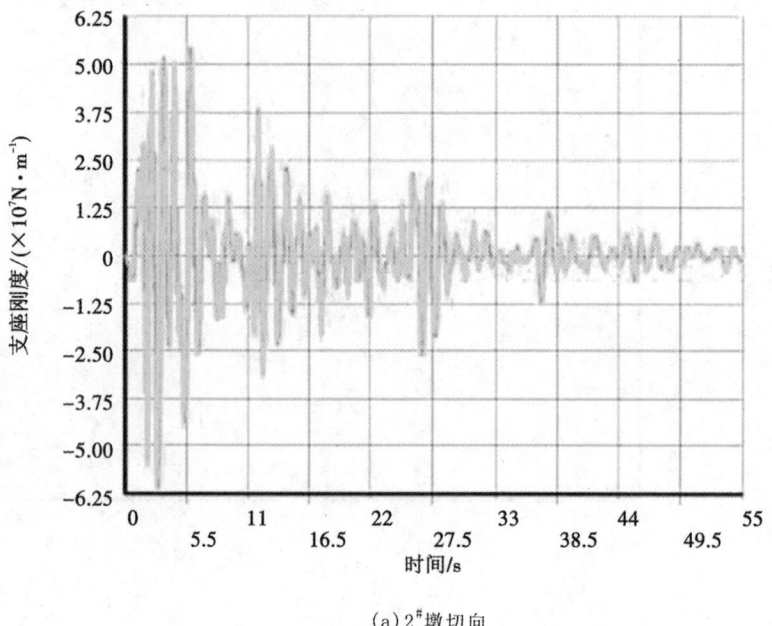

(a) 2#墩切向

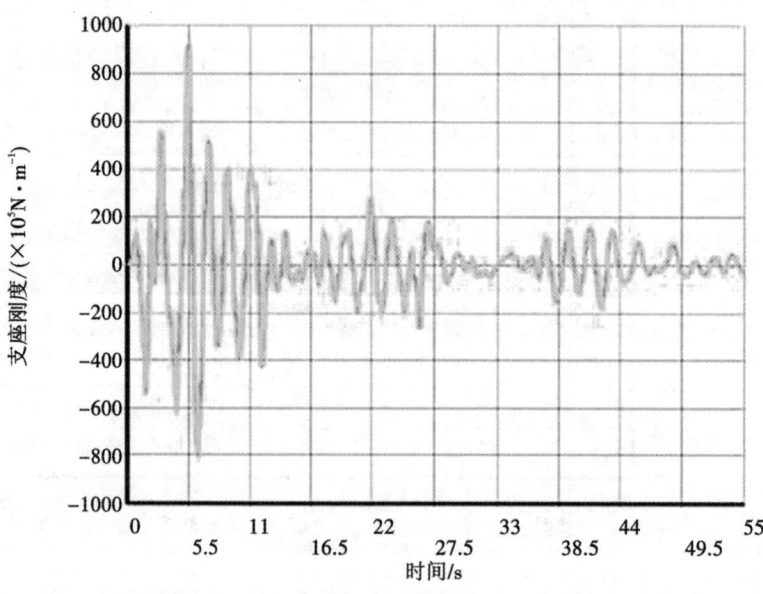

(b) 2#墩径向

图3.14 模型3墩底弯矩时程曲线

第 3 章 考虑支座摩擦滑移的非规则曲线桥梁地震响应分析

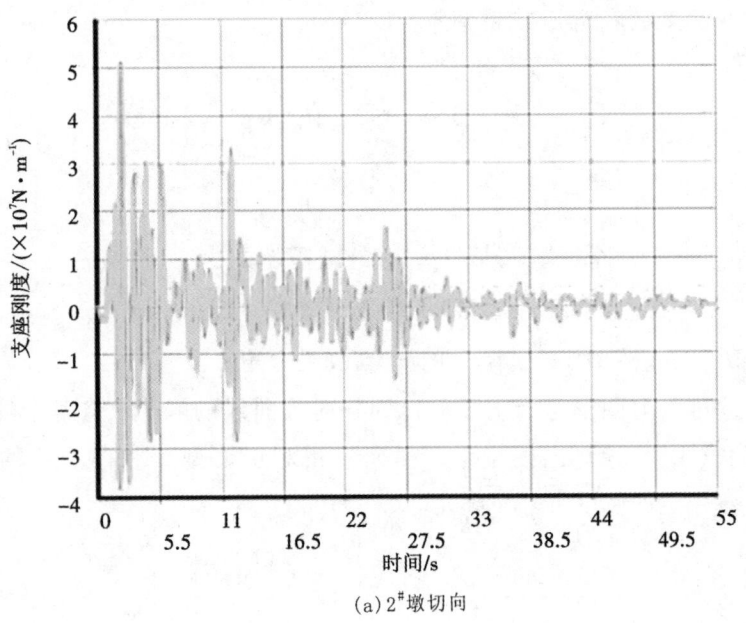

(a) 2#墩切向

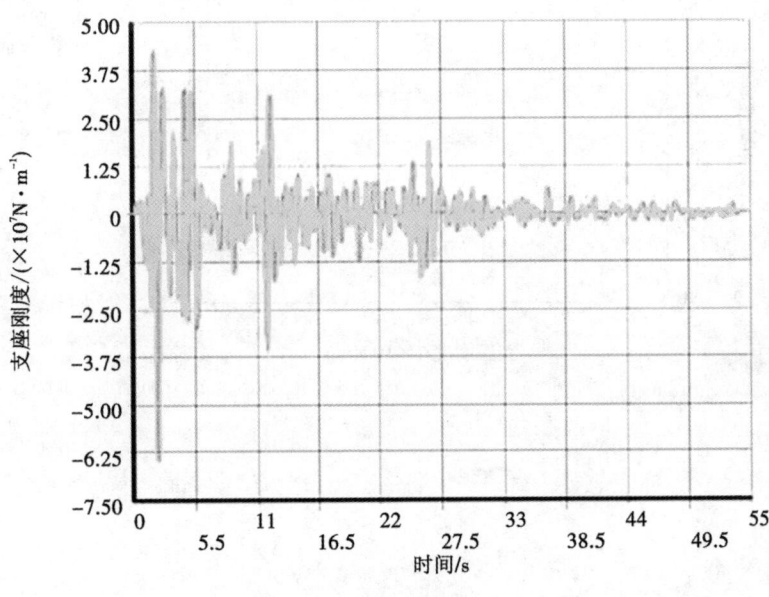

(b) 2#墩径向

图3.15 模型4墩底弯矩时程曲线

为研究不同支座剪切刚度对非规则曲线桥梁墩底弯矩的影响情况，本书定义墩底弯矩减震率 γ_M 为

$$\gamma_M = \frac{M_g - M_h}{M_g} \tag{3.4}$$

式中：γ_M ——表固定墩（2#墩）墩底的减震率；

M_g ——模型3、模型4的2#墩的墩底弯矩；

M_h ——模型1、模型2的2#墩墩底弯矩。

通过对以上图形进行分析，得到各时程曲线的峰值，将各个峰值分别运用式（3.4）计算出模型1和模型2相对于模型3和模型4的2#墩墩底减震率，如图3.16所示。

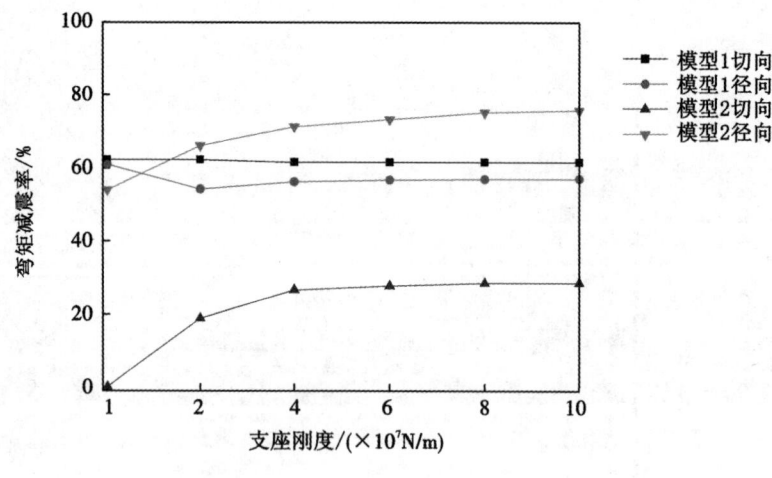

(a)模型1、模型2相对模型3

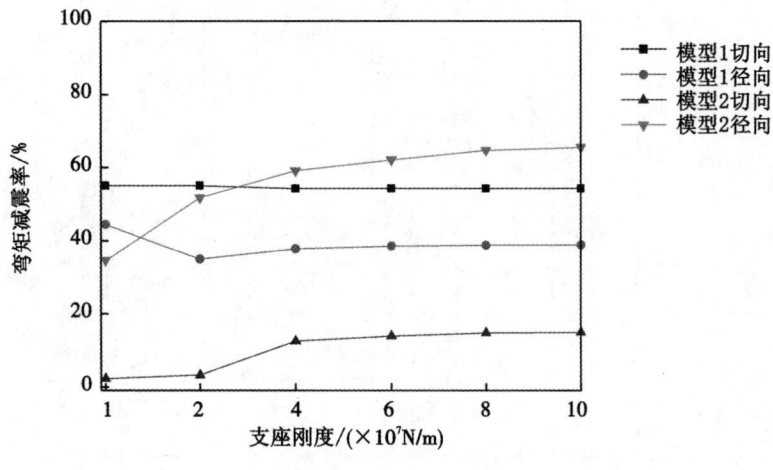

(b)模型1、模型2相对模型4

图3.16　2#墩墩底弯矩减震率

图 3.17~图 3.21 给出了支座的剪力时程曲线,通过对其分析可以确定支座在桥墩上方的运动状态。

通过对图 3.17~图 3.21 的分析可以得出以下结果。

① 图 3.17 表明,相同支座摩擦系数下,支座滑动引起 2#墩墩底减震率十分明显,模型 1 的切向减震率优于径向,模型 2 的径向减震率优于切向,模型 1 相对模型 3 和模型 4 的切向减震率最大值分别为 62.32% 和 55%,模型 2 相对模型 3 和模型 4 的径向减震率最大值分别为 75.77% 和 65.5%。

② 图 3.18 为支座剪切刚度取 $10 \times 10^7 \text{N/m}$ 时,2#墩支座的剪力时程曲线,其表明 2#墩支座一直处于弹性变形阶段,并未在桥墩上方产生滑动,仅靠支座的剪切变形向桥墩传递地震力。因此,随着支座刚度的增加,模型 1 相对模型 3 和模型 4 的 2#墩墩底弯矩减震率并没有出现较大变化,支座刚度增加,但减震率基本趋于不变。

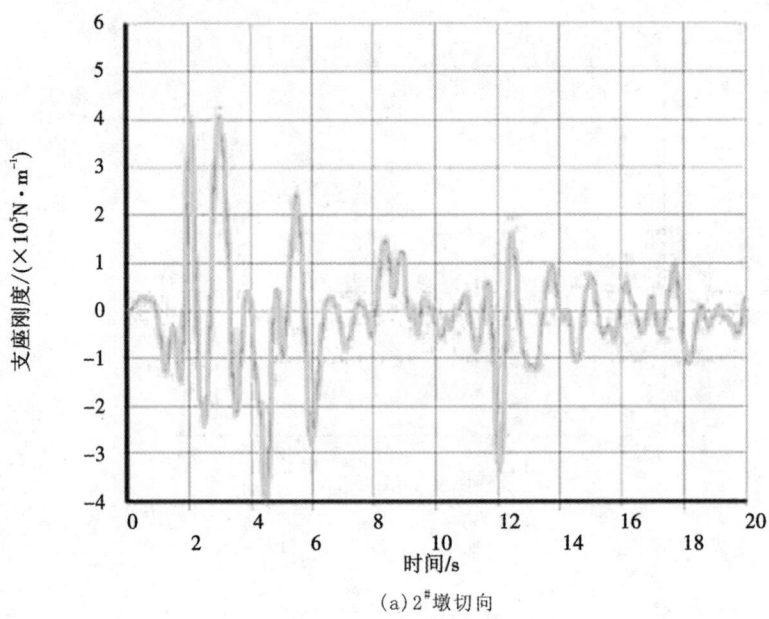

(a) 2#墩切向

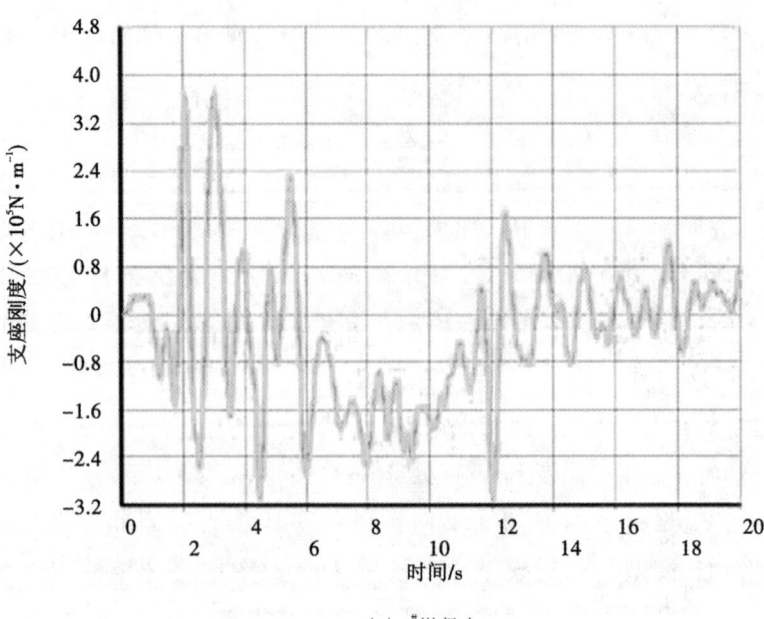

(b) 2#墩径向

图3.17 模型1 2#墩支座剪力时程曲线

第 3 章 考虑支座摩擦滑移的非规则曲线桥梁地震响应分析

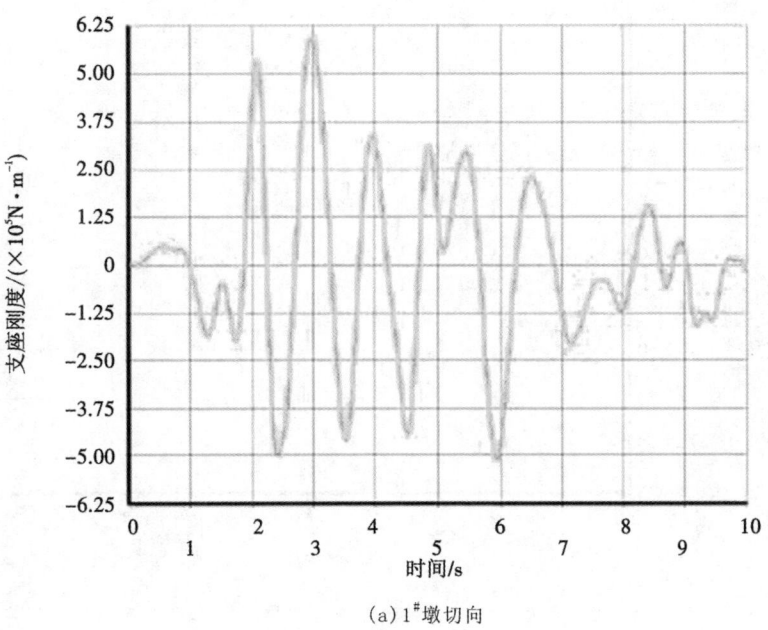

(a) 1#墩切向

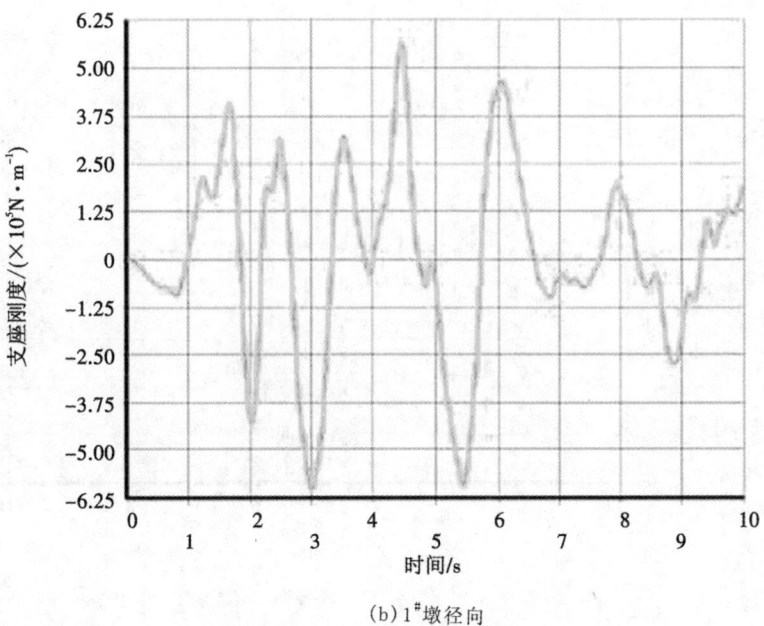

(b) 1#墩径向

图 3.18 模型 2 1#墩支座剪力时程曲线

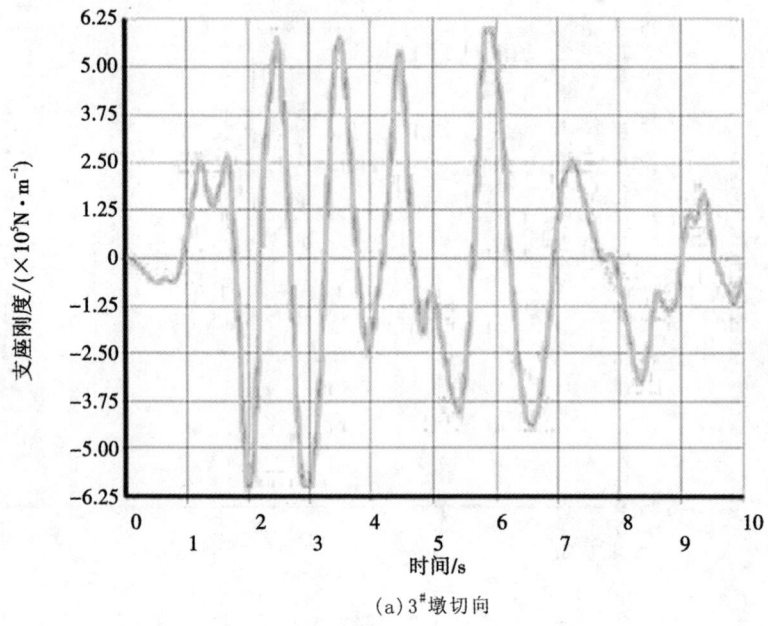

(a) 3#墩切向

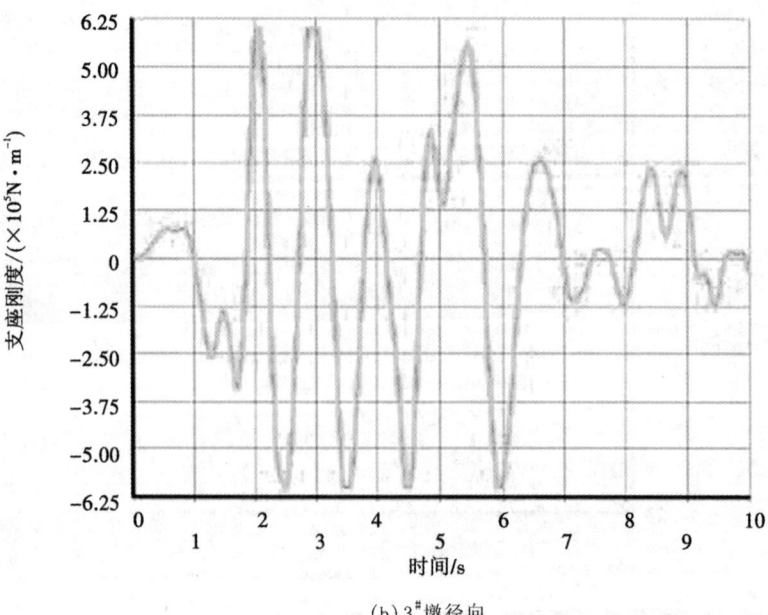

(b) 3#墩径向

图3.19 模型2 3#墩支座剪力时程曲线

第3章 考虑支座摩擦滑移的非规则曲线桥梁地震响应分析

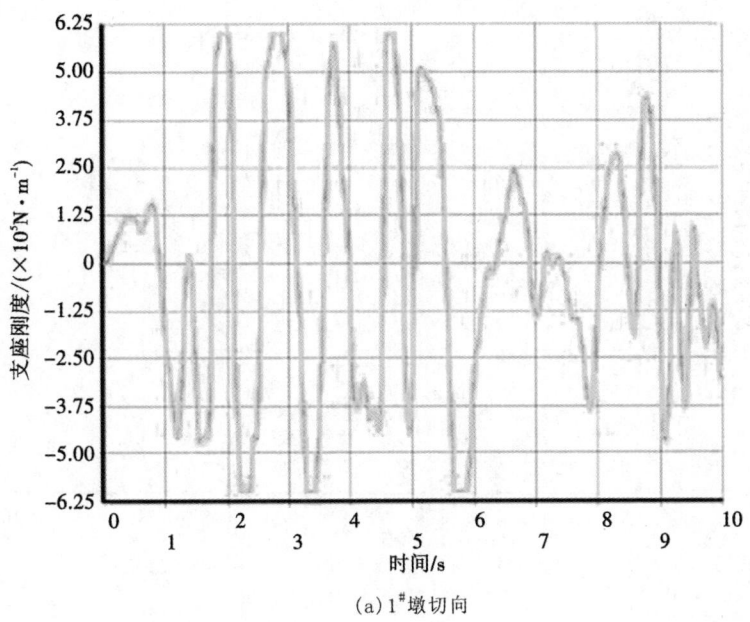

(a) 1#墩切向

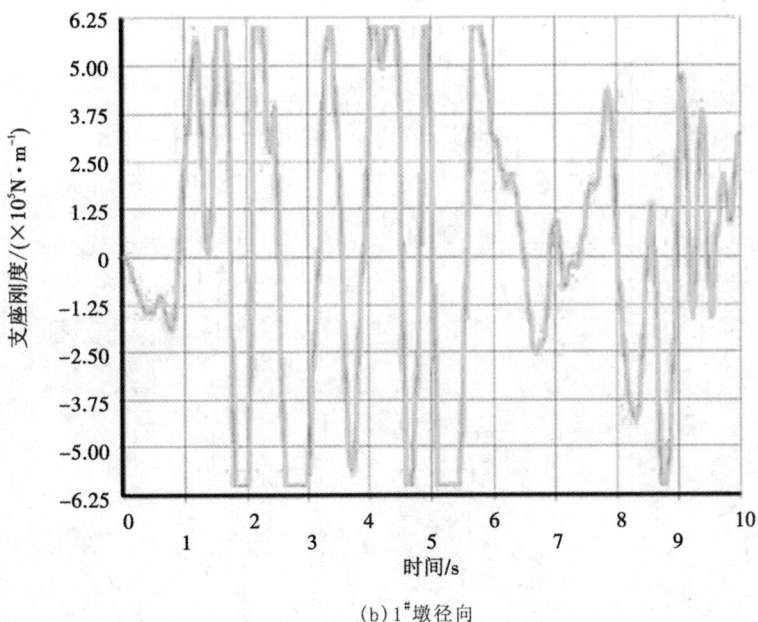

(b) 1#墩径向

图3.20 模型2 1#墩支座剪力时程曲线

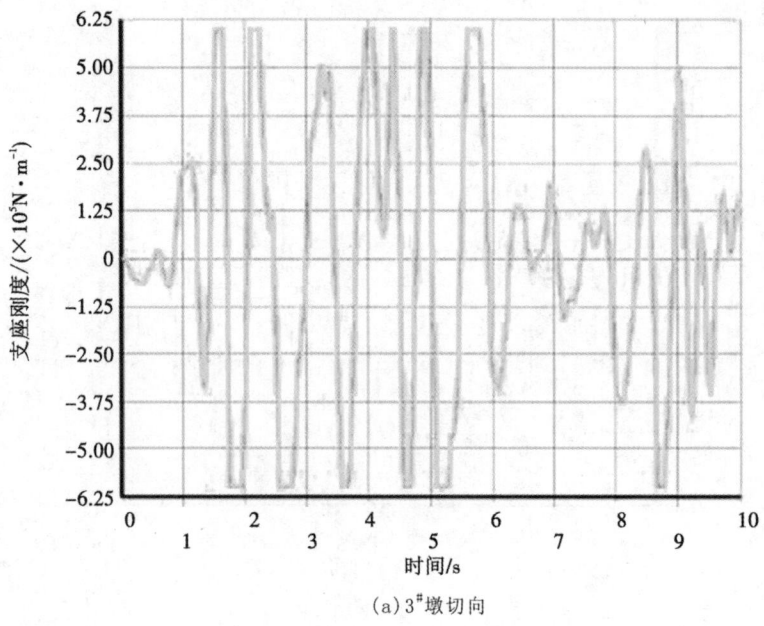

(a) 3#墩切向

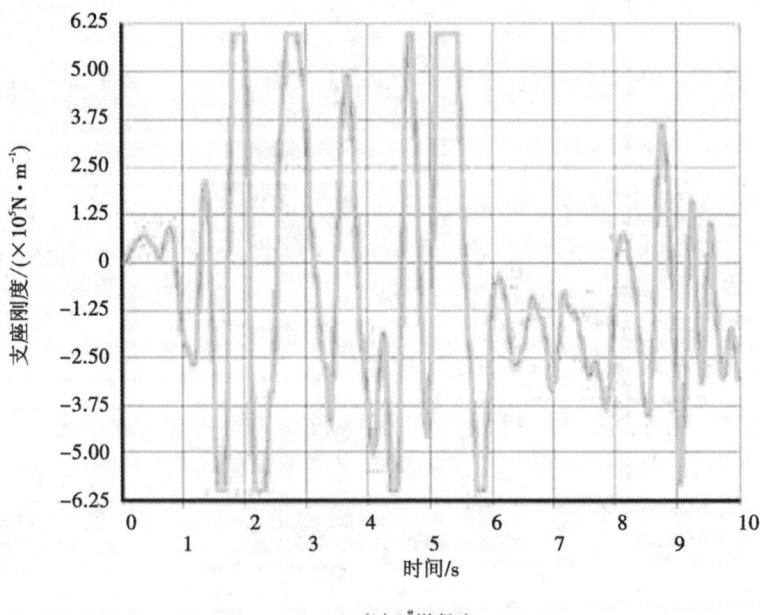

(b) 3#墩径向

图3.21 模型2 3#墩支座剪力时程曲线

③ 图 3.19 和图 3.20 是支座剪切刚度为 1×10^7 N/m 时 $1^\#$ 和 $3^\#$ 墩上的支座剪力时程曲线,可以发现支座刚度较小时,其基本处于弹性变形阶段,此时支座尚未有明显滑动,仅靠剪切变形耗能,故墩底减震率较低。图 3.20 和图 3.21 是支座刚度为 10×10^7 N/m 时, $1^\#$ 和 $3^\#$ 墩上的支座剪力时程曲线,可以发现此时支座已经出现较明显的滑动,事实上,这种支座滑动现象在支座剪切刚度为 4×10^7 N/m 时已经出现,支座滑动后便进入摩擦耗能阶段,从而降低了结构的反应,故墩底减震率增大后趋于稳定。

④ 若支座的初始剪切刚度较大,支座的临界滑动位移较小,当处于相同地震力、相同支座摩擦系数时,支座刚度越大,支座就越早进入滑动状态,支座一旦滑动后便进入滑动耗能阶段,可以明显消耗地震能量。因此,在考虑支座摩擦滑移的非规则曲线桥梁结构中应尽量采用刚度较大的支座。

⑤ 模型 4 为全刚接模式,目前应用于一些高架曲线桥中。从桥墩弯矩减震率来分析,模型 1 和模型 2 的弯矩减震效果较明显。然而,模型 4 完全通过桥墩的塑性变形消耗地震能量,在实际地震中桥墩及墩梁连接处损伤较严重,设计中应尽量避免。

3.3.2 不同支座剪切刚度对非规则曲线桥梁边墩墩底减震率的影响

在对不同计算模型的中墩墩底减震率进行分析后,本节对模型 1、模型 2 的边墩墩底减震率进行研究。有限元计算过程中,支座刚度仍选择:1×10^7,2×10^7,4×10^7,6×10^7,8×10^7,10×10^7 N/m。

图 3.22 是支座刚度为 2×10^7 N/m,摩擦系数为 0.2 时模型 1 的 $1^\#$ 墩底弯矩时程曲线,鉴于篇幅原因,其他模型的时程曲线在文中就不一一列出了。根据有限元分析结果,分别对模型 1、模型 2 的 $1^\#$ 和 $3^\#$ 墩墩底弯矩相比模型 3、模型 4 的墩底弯矩采用式(3.4)进行减震率分析,如图 3.23~图 3.26 所示。

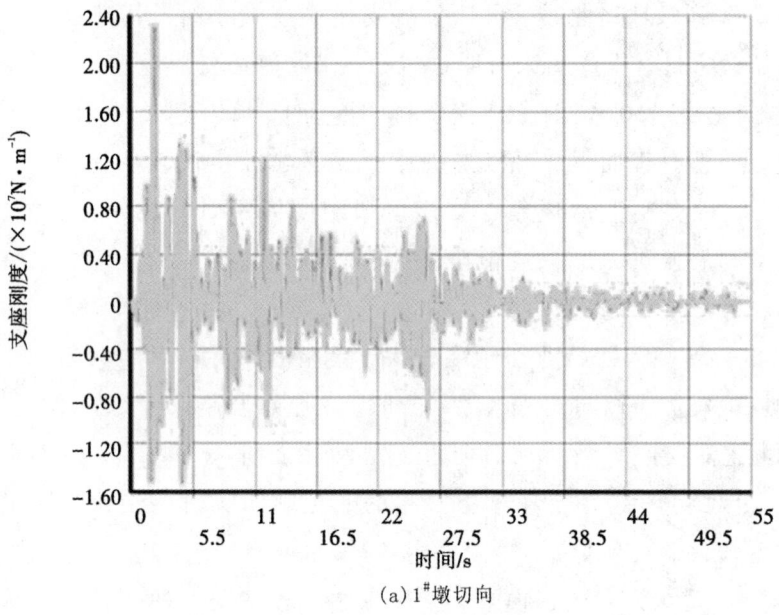

(a) 1#墩切向

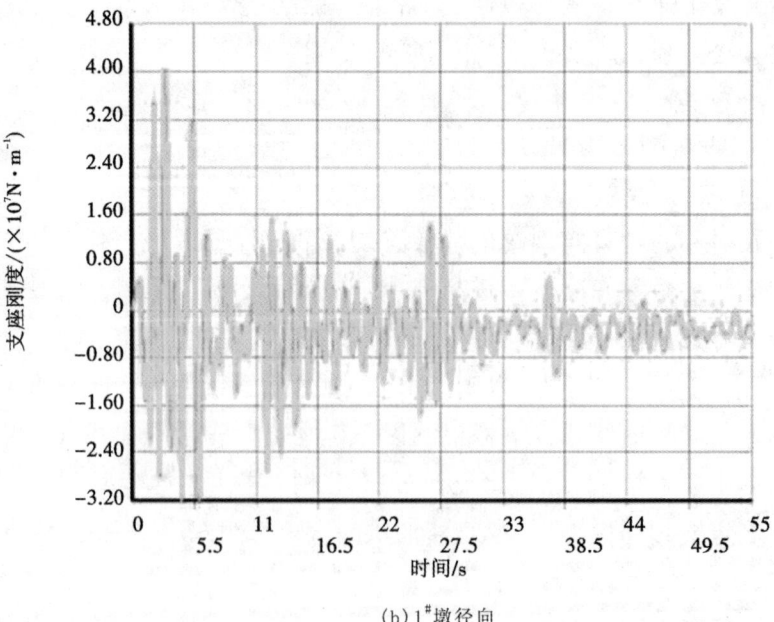

(b) 1#墩径向

图3.22 模型1墩底弯矩时程曲线

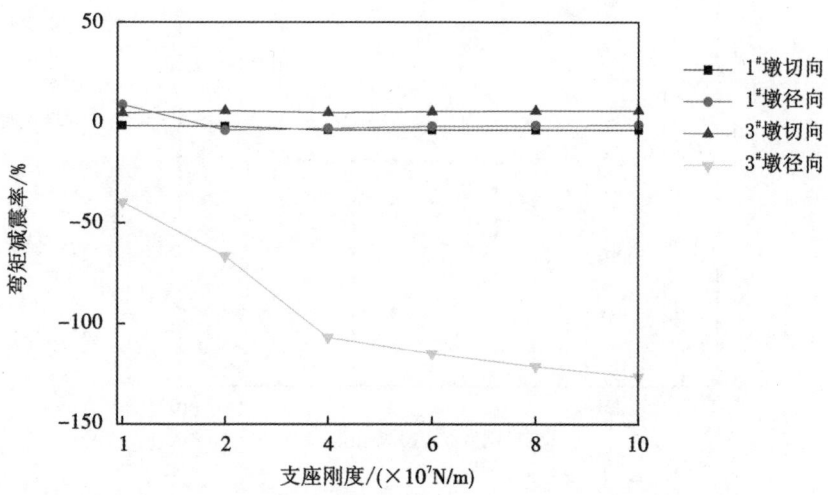

图 3.23 模型 1 相对模型 3 弯矩减震率

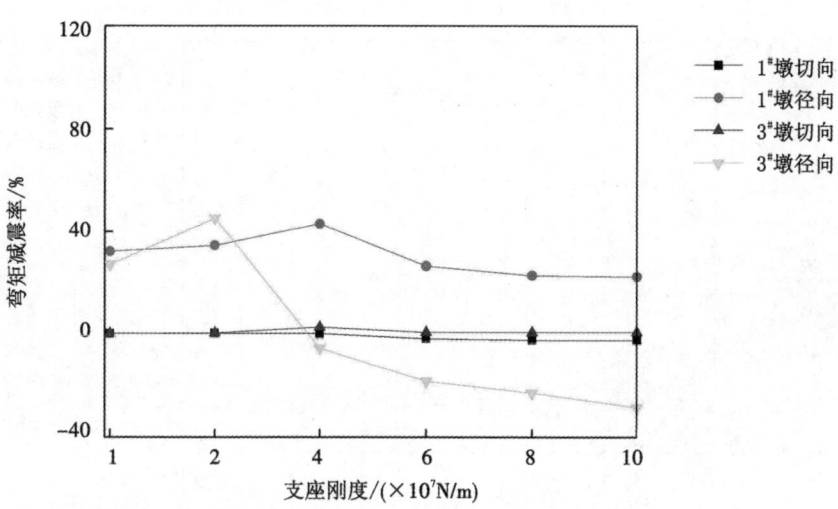

图 3.24 模型 2 相对模型 3 弯矩减震率

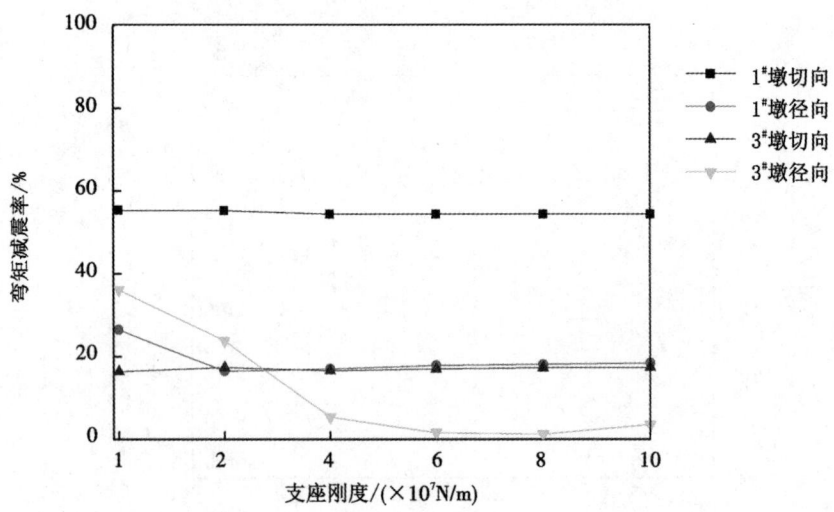

图 3.25　模型 1 相对模型 4 弯矩减震率

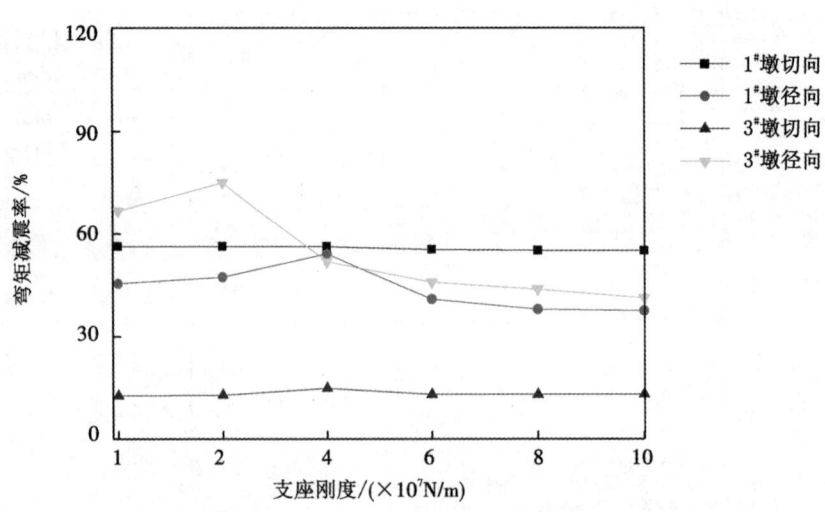

图 3.26　模型 2 相对模型 4 弯矩减震率

第3章 考虑支座摩擦滑移的非规则曲线桥梁地震响应分析

分析图 3.23~图 3.26，可以得到以下结果。

① 模型1、模型2相对模型3的3#墩径向弯矩减震率出现负值，且随着支座剪切刚度的增加弯矩减震率降低程度逐渐减缓，分析出现以上原因是因为模型1的支座基本处于弹性变形阶段，其增加了3#墩的地震力，故相比模型3墩底弯矩一直增大；模型2的3#墩支座在滑动前也通过支座变形增加了其下部桥墩的惯性力，故也出现了负减震率。

② 模型1、模型2相对模型4的减震率均表现为正值，说明考虑支座摩擦滑移时的曲线桥梁相比刚接桥梁各个桥墩的弯矩均有不同程度的降低，在进行抗震设计时应尽量避免全刚接曲线桥梁的出现。

3.3.3 不同摩擦系数对非规则曲线桥梁中墩墩底减震率的影响

为研究不同支座摩擦系数对曲线桥梁墩底弯矩的影响程度，本书对支座刚度取 1×10^7 N/m 时摩擦系数分别为 0.02，0.04，0.08，0.10，0.15，0.20，0.25，0.30 时桥墩的墩底弯矩减震率进行分析，模型1和模型2的2#墩弯矩减震率如图 3.27 所示。

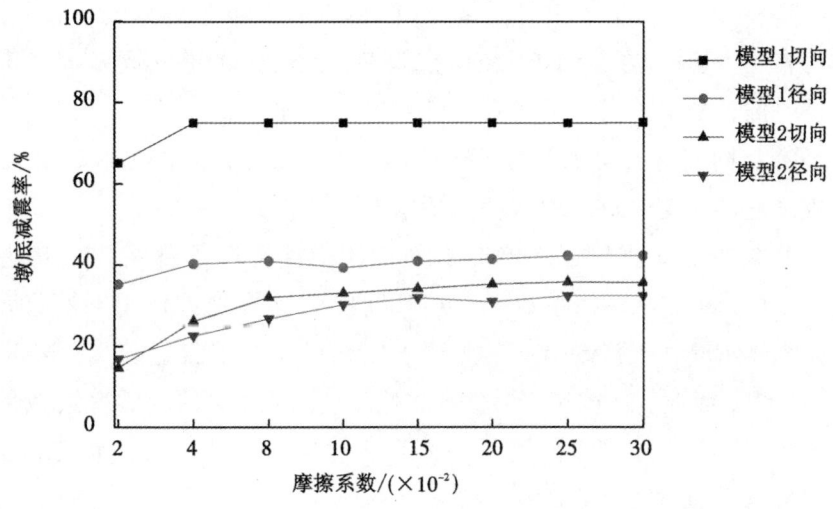

(a) 模型1、模型2相对于模型3

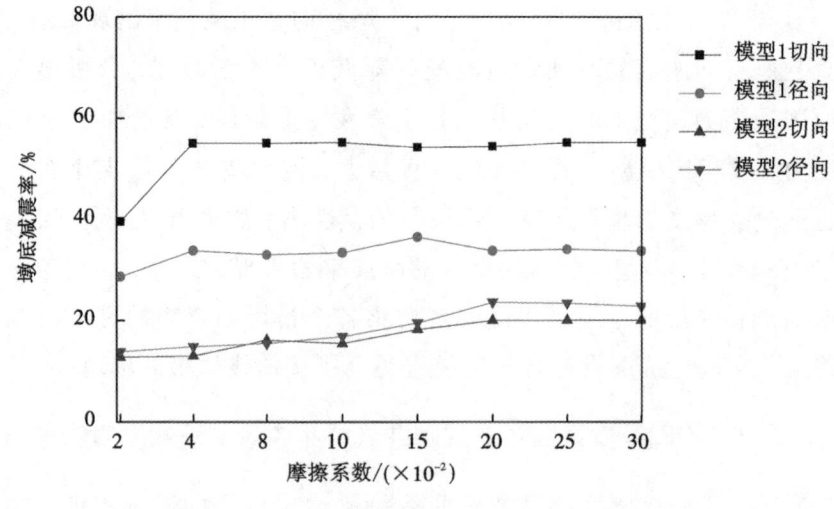

(b)模型1、模型2相对于模型4

图 3.27　2#墩墩底弯矩减震率

从图 3.27 分析可以得出以下结果。

① 模型1、模型2相对模型3、模型4的中墩弯矩减震率较明显，且均表现为切向减震率优于径向减震率，说明不考虑支座摩擦对于曲线桥的抗震是偏于安全的，但不利于节省材料。

② 相同支座剪切刚度时，模型1的中墩减震率优于模型2，说明在全桥设置可动支座对于曲线桥梁桥墩抗震是十分有益的。

③ 支座的滑动与否影响着上部梁体惯性力向下部结构的传递方式，模型1在支座摩擦系数为0.04以前，支座在地震作用下的剪力时程曲线显示其处于滑动状态，此后支座在梁体上部仅靠剪切力传递梁体惯性力，因此，从摩擦系数为0.04开始，模型1的减震率近似呈一条直线。模型2在支座摩擦系数为0.2之前支座处于滑动状态，故其减震率先增加，之后呈直线。

3.3.4 支座摩擦滑移对非规则曲线桥梁加速度响应的影响

地震波沿桥墩向上传递时，对加速度有一个明显的放大作用，对于刚接桥梁或者采用固定支座的桥梁，其墩顶的加速度响应与梁顶的加速度响应相同。当桥梁墩顶设置有滑动支座，支座出现滑动后有一个明显的滤波作用，梁体加速度响应发生明显变化。

本节主要研究不同支座摩擦系数、不同支座刚度对模型 1 墩顶及梁顶加速度响应的影响。图 3.28 仅列出支座刚度为 $4×10^7$ N/m、摩擦系数为 0.02 时 1# 墩墩顶和梁体的加速度时程曲线对比图，鉴于篇幅原因其他情况本节未一一列出。

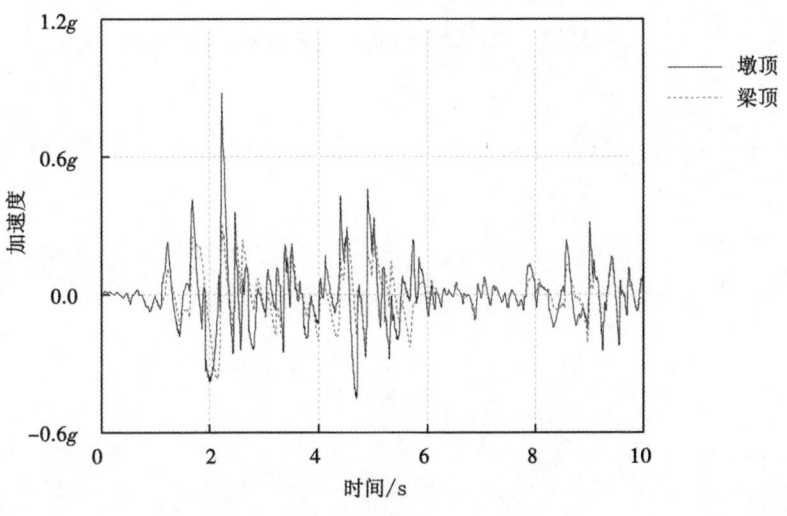

(a) 1# 墩切向

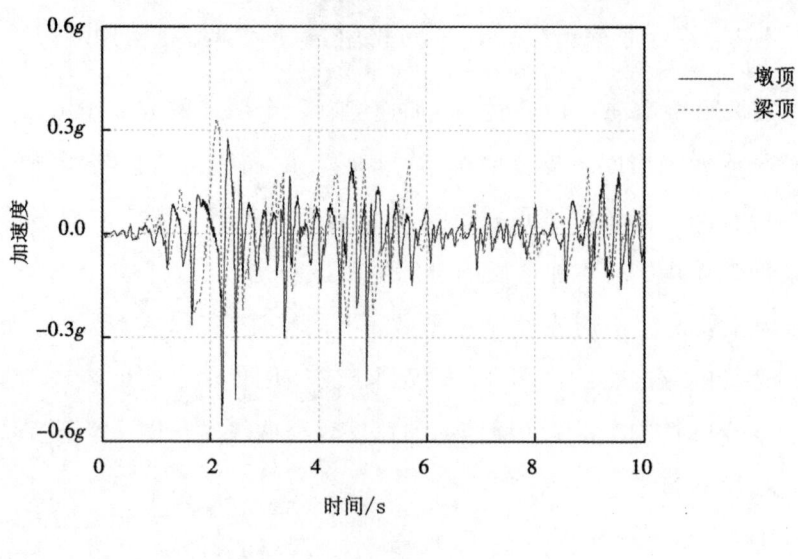

(b)1#墩径向

图3.28 墩、梁加速度时程曲线对比图

本书中将梁顶和墩顶的加速度峰值进行比较,定义梁顶加速度减震率

$$\gamma_A = \frac{A_{P\max} - A_{B\max}}{A_{P\max}} \quad (3.5)$$

式中:$A_{P\max}$——墩顶加速度响应最大值;

$A_{B\max}$——梁顶加速度响应最大值。

图3.29~图3.31为梁顶加速度减震率。

第3章 考虑支座摩擦滑移的非规则曲线桥梁地震响应分析

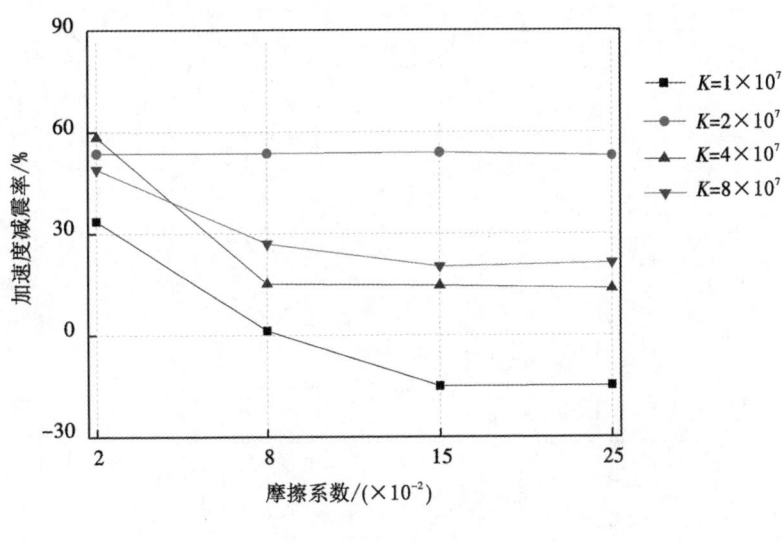

(a) 切向

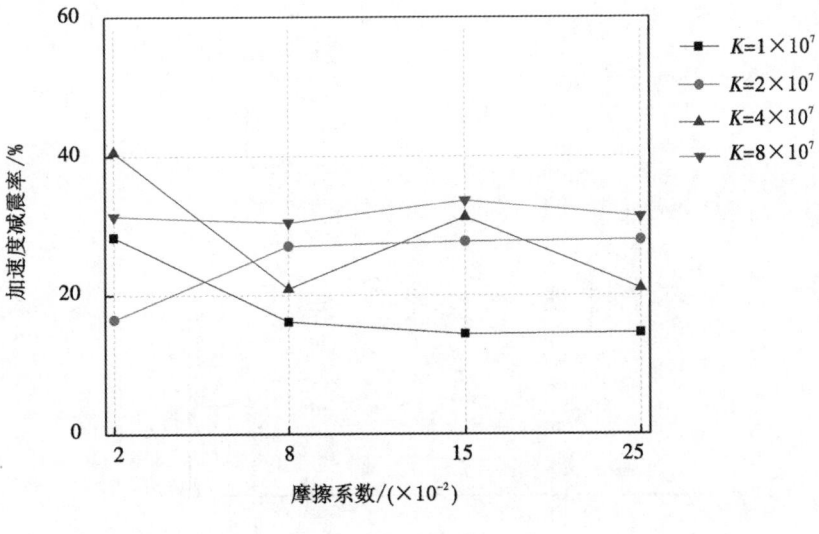

(b) 径向

图 3.29 1#墩加速度减震率

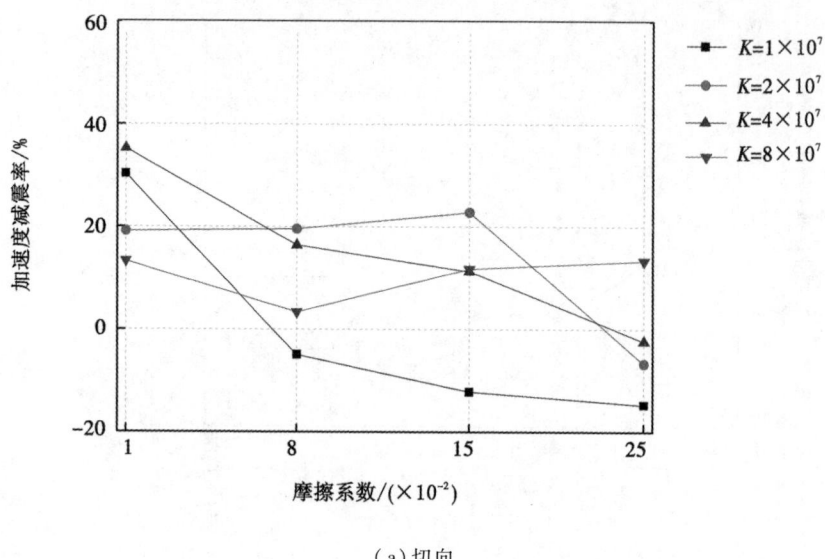

（a）切向

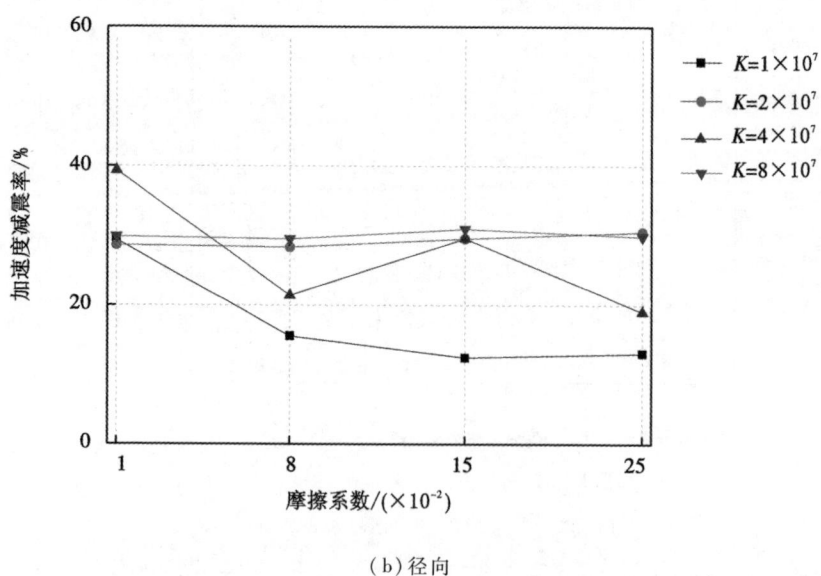

（b）径向

图 3.30　2#墩加速度减震率

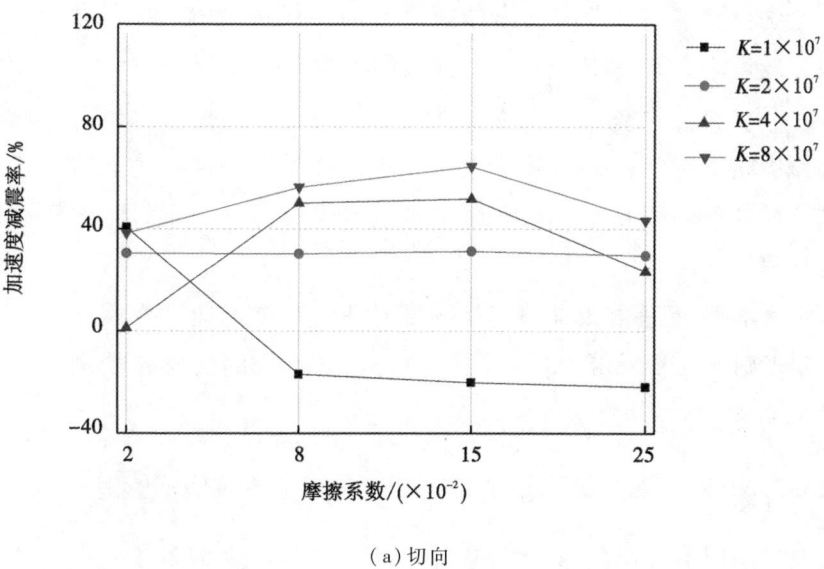

(a) 切向

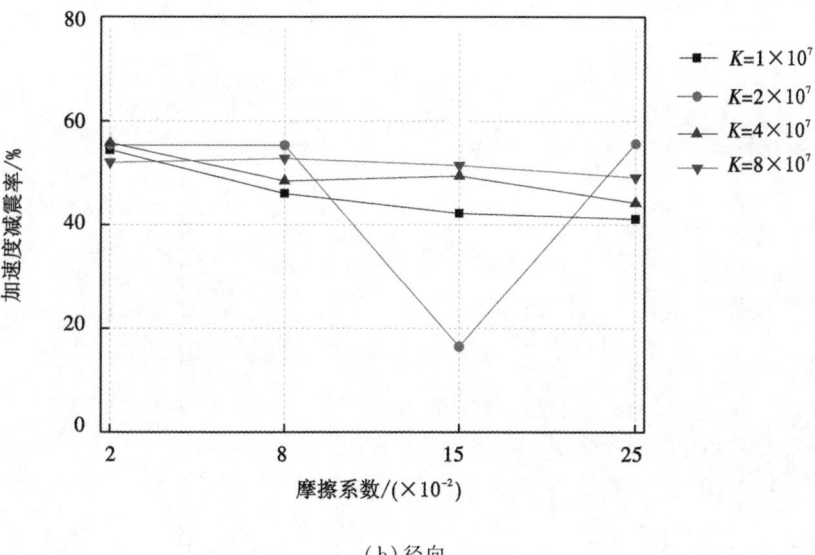

(b) 径向

图 3.31　$3^{\#}$ 墩加速度减震率

通过以上分析可以得出以下结果。

① 总体上来讲，考虑支座摩擦滑移的曲线桥梁隔震效果显著，切向最大减震率为58.5%，径向最大减震率为55.7%。

② 切向加速度减震率在支座摩擦系数为0.08时开始出现了负值，主要原因是支座摩擦系数较大时，支座的临界滑动摩擦力较大，且此时支座的初始刚度较小，支座在桥墩上方仅为弹性变形，此时没有出现滑移隔震。

③ 不同摩擦系数和支座初始刚度对曲线桥梁加速度减震率影响较大，非规则曲线桥梁应根据不同的结构选择不同的支座初始刚度与支座摩擦系数。

3.3.5 支座摩擦滑移对非规则曲线桥梁位移响应的影响

地震作用下梁体位移过大将会导致落梁等震害的发生，以往的震害表明：曲线桥梁在地震作用下不仅存在切向的位移，径向也将会产生较大的位移。本节主要分析不同支座刚度和摩擦系数对曲线桥梁梁体位移的影响，分析中以模型1为研究对象，选取3个桥墩中心处所对应上部梁体的位移进行分析，如图3.32~图3.34所示。

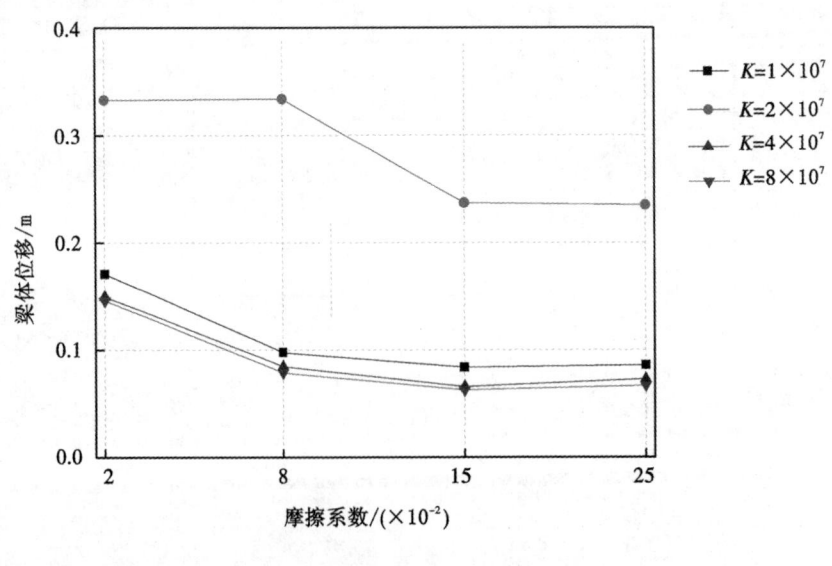

(a) 切向

第 3 章　考虑支座摩擦滑移的非规则曲线桥梁地震响应分析

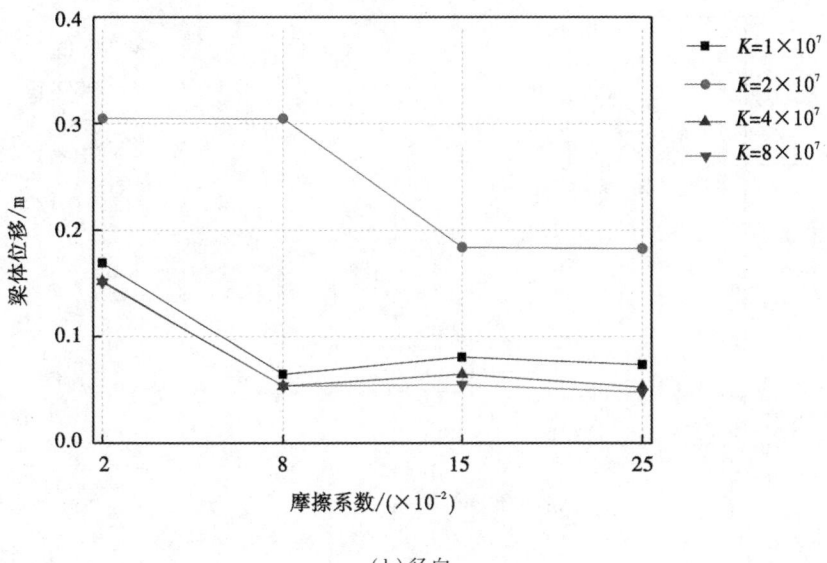

(b) 径向

图 3.32　1# 墩上部梁体

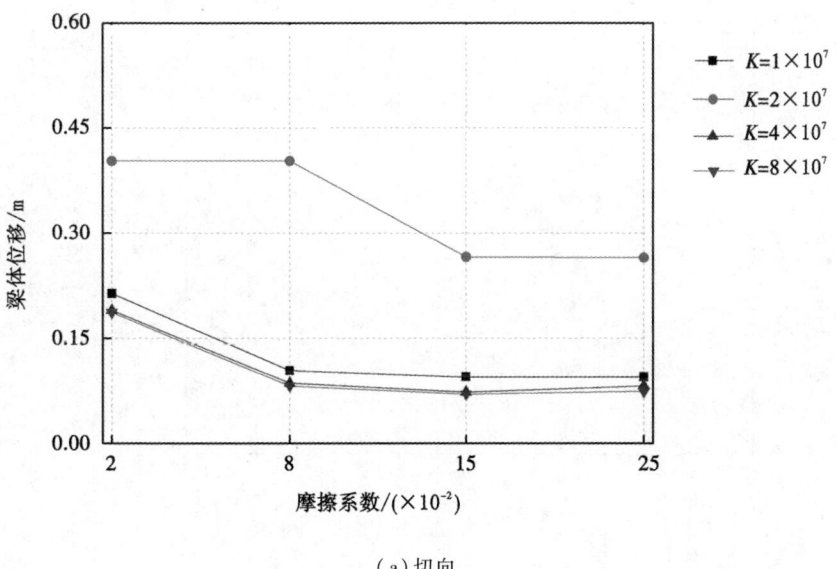

(a) 切向

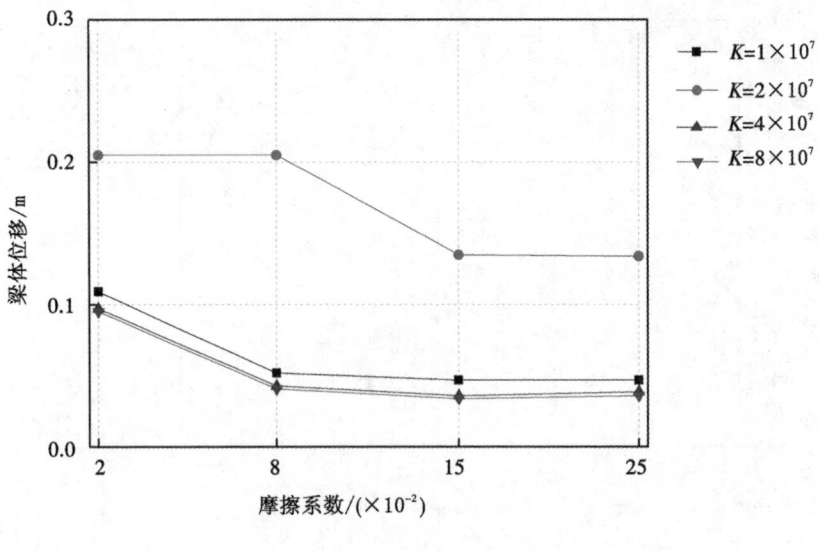

(b)径向

图3.33　2#墩上部梁体

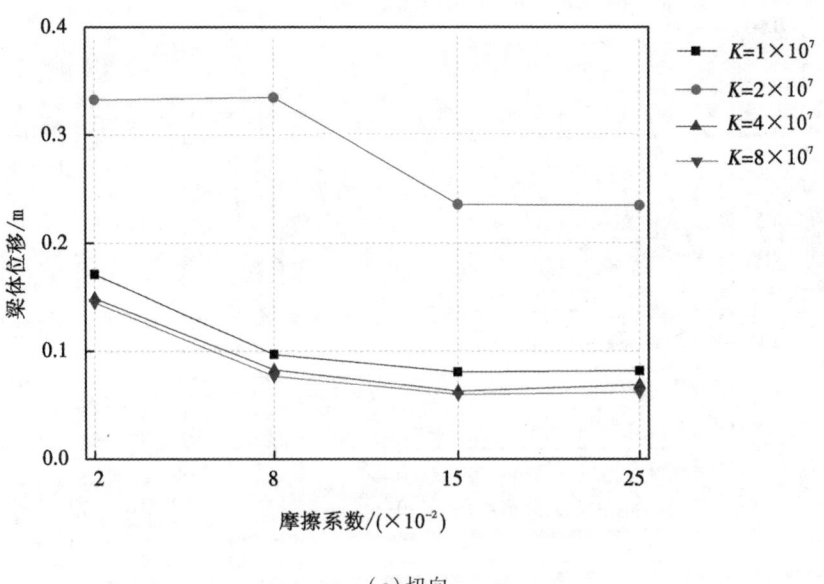

(a)切向

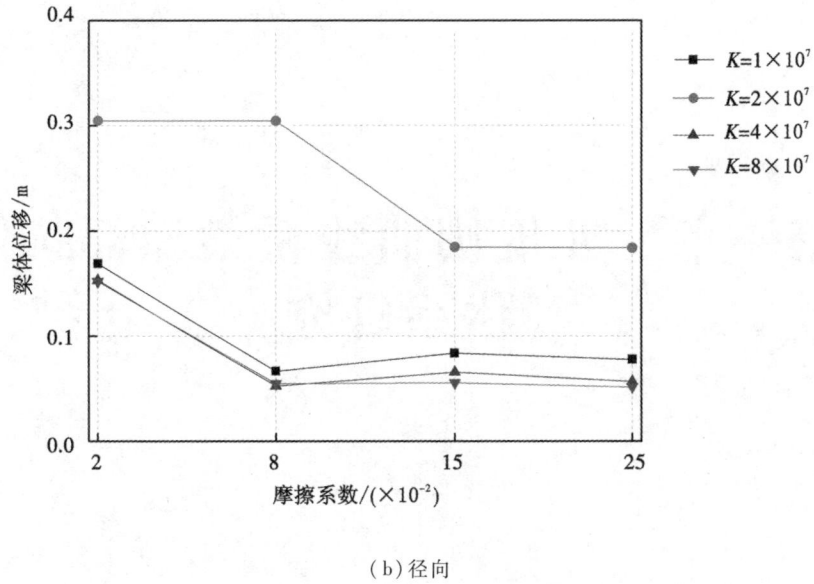

(b)径向

图 3.34　3#墩上部梁体

从图 3.32~图 3.34 分析中可得出以下结果。

① 非规则曲线桥梁考虑支座摩擦滑移时,由于梁体与支座之间仅靠支座的弹性变形或者摩擦滑移传递梁体惯性力,因此,地震作用下梁体的切、径向位移较大,在实际设计中,曲线桥梁考虑支座摩擦滑移时应配合限位装置共同进行设计,对梁体切向和径向的位移进行严格控制,严防落梁震害发生。

② 总体上来讲,摩擦系数越大,梁体的位移越小,当摩擦系数足够大时,梁体与支座、桥墩三者一起协调运动,故摩擦系数增大,支座位移不再变化。

③ 当支座初始刚度取 $K=2\times10^7$ N/m 时,梁体切、径向位移相比其他情况较大,分析原因是此时结构的整体刚度与地震波的主导周期接近,增大了结构的地震响应。因此,在进行非规则曲线桥梁抗震设计时应采取不同支座参数最优匹配的设计方法。

第 4 章　非规则曲线桥梁漂浮抗震体系研究

非规则曲线桥梁形状曲折、受力复杂、弯扭耦合效应显著，在历次破坏性地震中，有相当多的曲线桥梁损毁严重，其中不乏墩底、墩顶、墩梁连接破坏等震害，导致桥梁在震后修复困难或者无法修复。目前，国内外学者在合理采用减震、隔震措施以改善结构的抗震性能方面已取得了一定的进展，但是这些研究大多集中在一些构造复杂的减隔震装置中，且针对非规则曲线桥梁的研究较少。为此，本章提出一种基于整体滑移隔震、梁体大位移滑动后与防落梁耗能减震措施的碰撞为一体的非规则曲线桥梁漂浮抗震体系，并分析了该体系的工作机理。通过对运用该体系设计的第 2 章中的隔震模型的地震模拟振动台试验结果分析，探讨了运用漂浮抗震体系的非规则曲线桥梁的隔震性能。

4.1　漂浮抗震体系的提出

非规则曲线桥梁漂浮抗震体系是由具有耗能减震能力的滑动支座及防落梁耗能减震措施共同构成的，是一种以支座摩擦耗能及滑移隔震为一体的新型结构体系。该体系在地震过程中充分发挥分级耗能的设计理念,确保桥梁结构在地震中不产生毁灭性的破坏,以预先设定的支座或耗能减震措施的破坏为代价,震后只需要局部更换元件便可以快速恢复桥梁运营能力。

曲线桥梁漂浮抗震体系在整个地震过程中分为 3 个工作阶段,对这 3 个阶段进行定义如下所示。

第一阶段,小震作用下,桥墩、支座及梁体基本无相对滑动,三者共同协调运动,此时地震能量仅靠结构自身变形耗散。

第二阶段,中震作用下,支座出现滑动。一方面,主要依靠支座与墩梁间的摩擦力耗能;另一方面,支座滑动将起到一个有效的隔震作用。

第三阶段,大震作用下支座已达到最大可滑动范围,墩梁相对位移已达到最大容许变位,梁体与防落梁耗能减震措施碰撞耗能。

三阶段工作简图如图 4.1 所示。

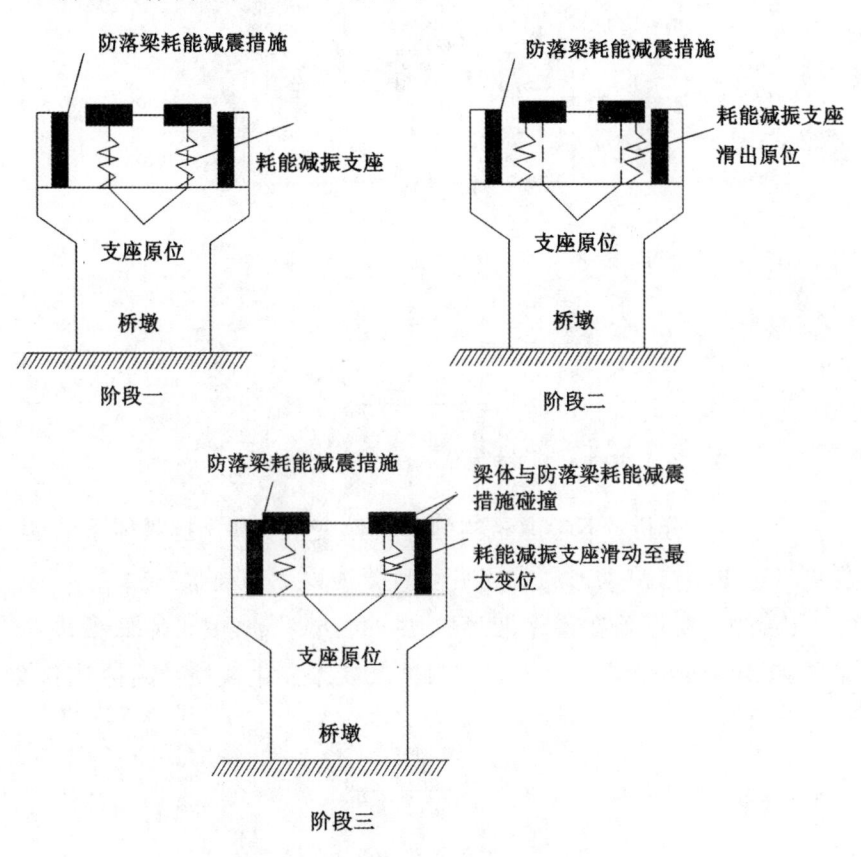

图 4.1 漂浮抗震体系三阶段工作

4.2 漂浮抗震体系力学简化模型

根据结构动力学基本原理，漂浮抗震体系可以简化为两质点模型，其简化分析过程中，可以简化为桥墩、支座、梁体、限位装置。由于支座水平刚度相比上部梁体的水平刚度来说值很小，地震作用下上部梁体的变形相对较小，且接近于整体平动状态，故将梁体假定为一单质点是合理的。分析过程中不考虑支座的竖向变形。对于支座下部桥墩，可采用一个约束条件、刚度与桥墩完全相同的单质点体系进行等效，并使单质点体系的自振频率与原体系的基本频率相等。采用这种简化方式，模型形式简单，且突出了漂浮抗震体系的主要影响参数。其简化力学模型如图4.2所示。

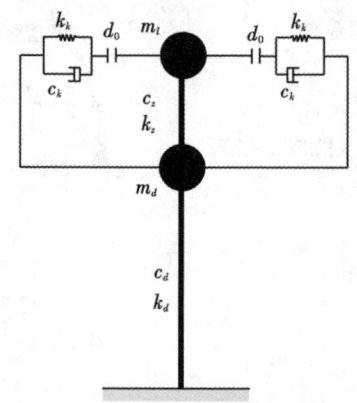

图4.2 漂浮抗震体系力学简化模型

通过以上分析，不考虑结构的非线性变形，漂浮抗震体系的动力方程可以根据支座滑动前和支座滑动后分为以下几种状态。

状态1：支座处在弹性变形阶段，桥墩、支座、梁体变形协调，支座与其接触面间无滑动，梁体与限位装置未发生碰撞。结构计算模型，如图4.3所示。

第 4 章 非规则曲线桥梁漂浮抗震体系研究

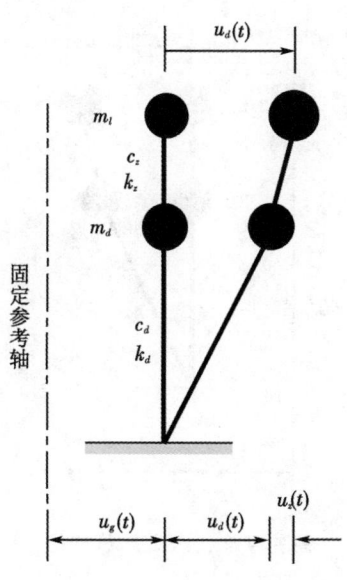

图 4.3 状态 1 计算模型

根据达朗贝尔原理,在处于状态 1 时,结构的动力方程为

$$\left.\begin{array}{l} m_d\ddot{u}_d(t) + c_d\dot{u}_d(t) + k_du_d(t) - c_z\dot{u}_z(t) - k_zu_z(t) = -m_d\ddot{u}_g(t) \\ m_l[\ddot{u}_d(t) + \ddot{u}_z(t)] + c_z\dot{u}_z(t) + k_zu_z(t) = -m_l\ddot{u}_g(t) \end{array}\right\}$$

(4.1)

式中:m_d,m_l —— 桥墩的等效质量和上部梁体的质量;

k_d,k_z —— 桥墩的等效刚度、支座的水平刚度;

c_d,c_z —— 桥墩的等效阻尼、支座阻尼;

$u_d(t)$,$u_l(t)$,$u_z(t)$,$u_g(t)$ —— 桥墩相对于基础的位移、支座的剪切变形、梁体相对于基础的位移、基础承受的水平地震地面运动。

状态 2:支座顶面与其接触面发生滑动,梁体与限位装置未发生碰撞。结构计算模型,如图 4.4 所示。

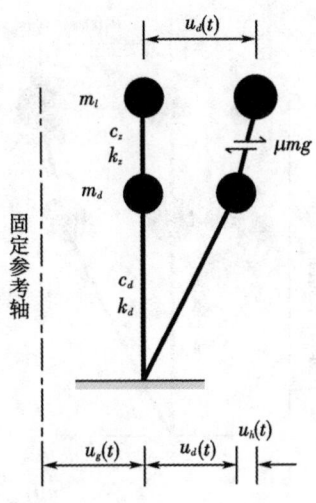

图 4.4　状态 2 计算模型

在处于状态 2 时，结构的动力平衡方程为

$$\left.\begin{array}{l} m_d\ddot{u}_d(t) + k_d u_d(t) + c_d\dot{u}_d(t) - F_c = -m_d\ddot{u}_g(t) \\ m_l[\ddot{u}_d(t) + \ddot{u}_h(t)] + F_c = -m_l\ddot{u}_g(t) \end{array}\right\} \quad (4.2)$$

式中：m_d，m_l，k_d，$u_d(t)$，$u_l(t)$，$u_g(t)$ 与在状态 1 时的意义相同；

$u_h(t)$ —— 梁体在支座上方滑动的位移；

F_c —— 梁体与支座之间的动摩擦力，其值是一个随梁体与桥墩之间的相对位移变化而变化的值，具体情况如式（4.3）所示。

$$F_c = \begin{cases} -\mu mg, & u_l(t) - u_d(t) > 0 \\ \mu mg, & u_l(t) - u_d(t) < 0 \end{cases} \quad (4.3)$$

状态 3：梁体位移过大，梁体与限位装置之间的相对位移超过梁体与限位装置之间的初始间距，梁体与限位装置发生接触碰撞。结构计算模型如图 4.5 所示。

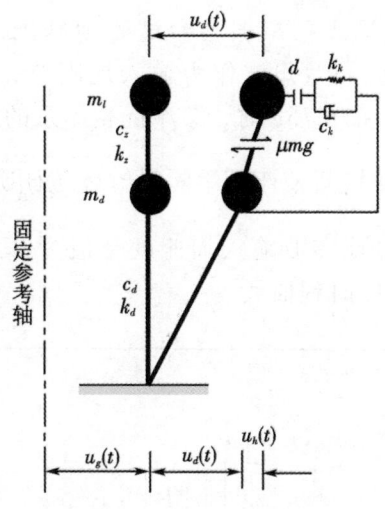

图 4.5 状态 3 计算模型

在处于状态 3 时，结构体系动力平衡方程依次为

$$
\left.\begin{array}{l}
m_d\ddot{u}(t)_d + k_d u_d(t) + c_d \dot{u}_d(t) - F_c - k_k[u_l(t) - u_d(t) - d_0] - \\
c_k[\dot{u}_l(t) - \dot{u}_d(t)] = -m_d\ddot{u}_g(t) \\
m_l\ddot{u}_d(t) + m_l\ddot{u}_h(t) + F_c + k_k[u_l(t) - u_d(t) - d_0] + c_k[\dot{u}_l(t) - \\
\dot{u}_d(t)] = -m_l\ddot{u}_g(t)
\end{array}\right\}
$$
(4.4)

式中：k_k——梁体与限位装置的碰撞刚度；

c_k——碰撞单元的阻尼；

d_0——梁体与限位装置的初始间隙；

其余符号均与在状态 1 和状态 2 时的意义相同。

以上各式为漂浮抗震体系的三阶段动力方程，通过对方程求解即可确定桥梁结构主梁、墩顶等特征点的位移、加速度等响应值。

4.3 漂浮抗震体系隔震性能试验研究

为探讨漂浮抗震体系的工作性能和隔震效率，研究采用漂浮抗震体系进行隔震设计的曲线桥梁的地震响应规律，分析桥墩及梁体结构的地震波传递规律及结构地震响应与输入地震波关系的规律。本节以

第2章中的隔震模型地震模拟振动台试验为基础，分别采用Taft波、El-Centro波、帝王谷波和兰州波作为输入地震波，研究地震输入加速度峰值分别为0.25g和0.75g时，漂浮抗震体系的隔震效果。

4.3.1 对0.25g地震波作用下隔震性能的研究

图4.6~图4.9是地震波输入加速度峰值为0.25g时1#墩顶及其上部梁体的切向加速度时程曲线。

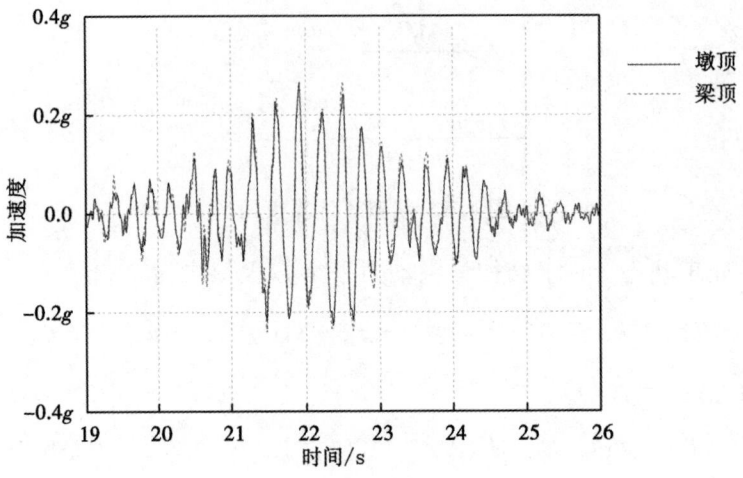

图4.6 帝王谷波墩梁加速度比较

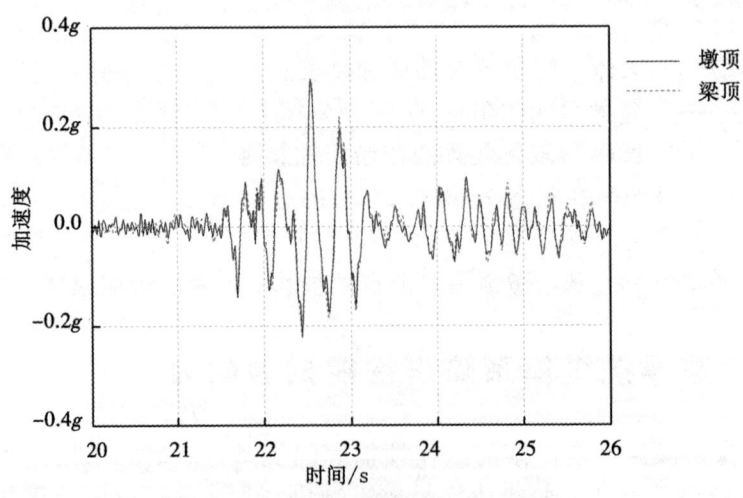

图4.7 Taft波墩梁加速度比较

第4章 非规则曲线桥梁漂浮抗震体系研究

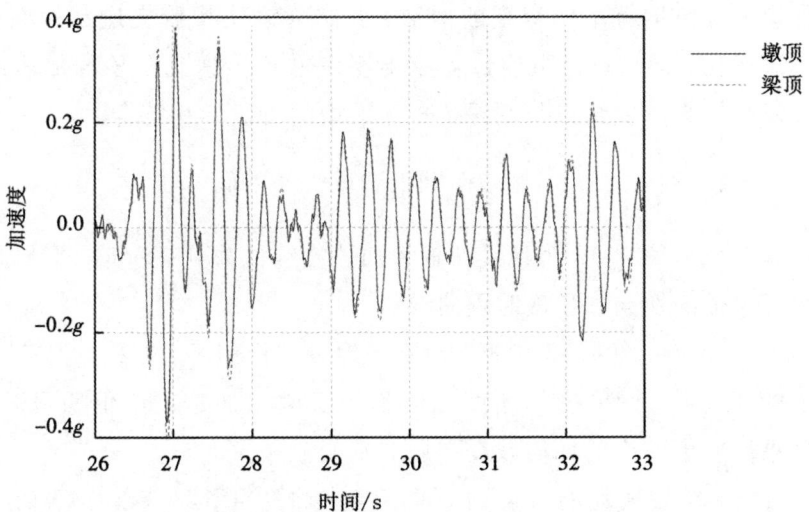

图4.8 El-Centro 波墩梁加速度比较

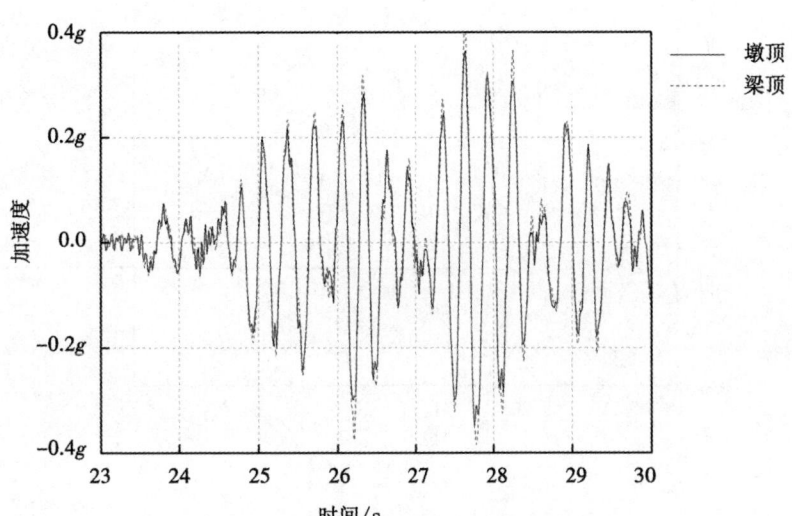

图4.9 兰州波墩梁加速度比较

从以上分析中可知，地震波加速度峰值较小时，梁顶相对于墩顶的加速度峰值均有不同程度的增加，此结果说明橡胶支座与桥墩、梁体协调运动，地震作用下通过橡胶支座对墩顶传递到梁顶的加速度有放大效应。此试验结果与漂浮抗震体系中的阶段一相符合。

4.3.2 对 $0.75g$ 地震波作用下隔振性能的研究

图 4.10~图 4.13 为地震波输入加速度峰值为 $0.75g$ 时，$1^{\#}$ 墩顶及其上部梁体的切向加速度时程曲线。

从图 4.10~图 4.13 中可知：不同地震波作用下，结构在地震烈度较大的情况下，梁体的加速度峰值相较于墩顶加速度峰值明显减小，此结果反应出支座的耗能减震作用非常明显。

为进一步说明耗能减震的效果，笔者将图 4.10~图 4.13 的峰值进行提取对比，比较墩顶与梁顶的加速度峰值，说明滑动支座耗能减震能力的大小，如图 4.14 所示。

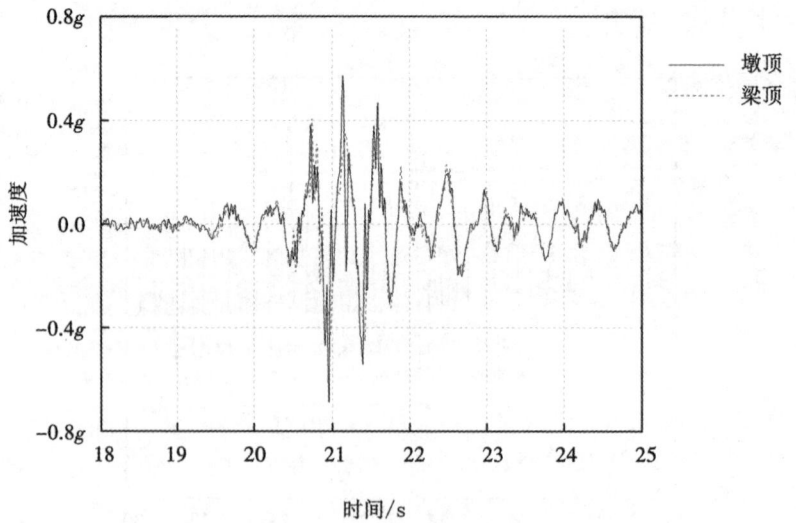

图 4.10 帝王谷波墩梁加速度比较

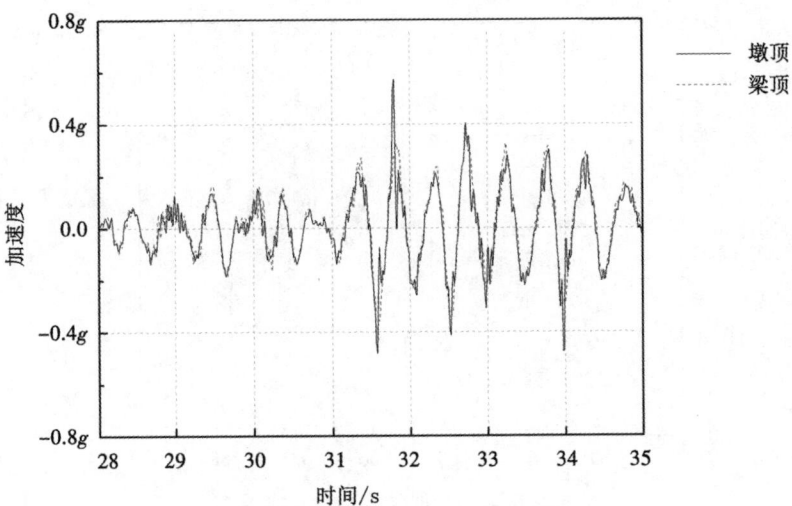

图 4.11 Taft 波墩梁加速度比较

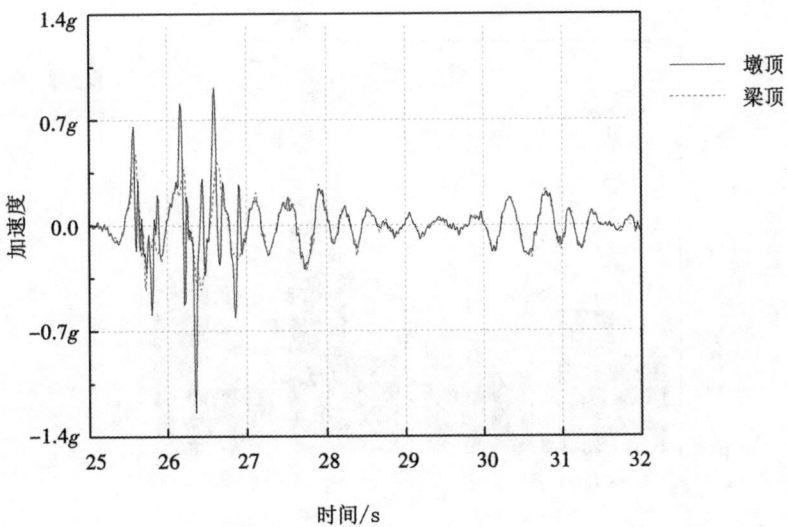

图 4.12 El-Centro 波墩梁加速度比较

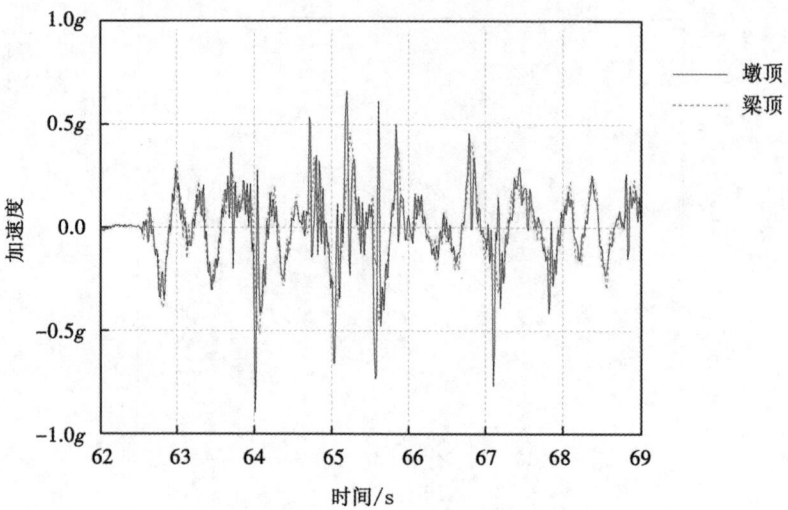

图 4.13 兰州波墩梁加速度比较

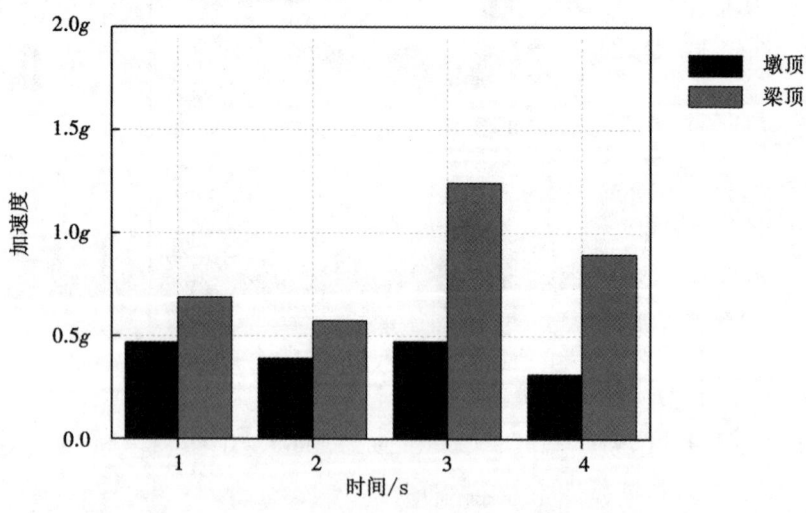

图 4.14 墩梁加速度峰值比较直方图

注:1,2,3,4 分别代表帝王谷波、Taft 波、El-Centro 波、兰州波。

从以上结果可以看出：从帝王谷波到兰州波4种波输入时，桥面加速度峰值比墩顶均有不同程度的减小，分别为32%，32%，62%和65%。桥梁在大震作用下，支座摩擦滑移显著，消耗了一定的地震能量，桥梁未出现严重损伤。第2.3.5节的应变分析结果也证明了即使在较大地震作用下桥墩钢筋仍未屈服，充分说明在漂浮抗震体系下模型桥梁的抗震性能良好，这为曲线桥梁采用漂浮抗震体系提供了依据。此试验结果与漂浮抗震体系中的阶段二、阶段三相符合。

4.4 防落梁限位装置分析

本节选取El-Centro波作用下，地震波输入加速度峰值分别为0.25g，0.375g，0.5g，0.75g和1g时2#墩的墩梁位移情况进行分析，如图4.15所示。

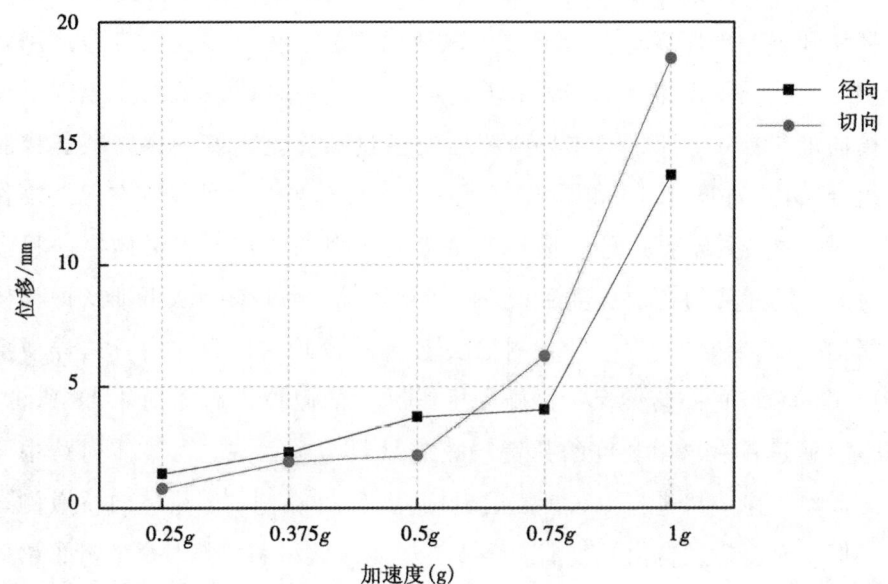

图4.15 2#墩墩梁相对位移

通过对图 4.15 的分析，发现随着地震波输入峰值的增加，试验桥梁的径、切向位移也逐渐增加。墩梁相对位移一旦超过限位装置与梁体之间的初始间距，梁体将与横向限位装置发生碰撞或者产生落梁震害，因此，限位装置的设置在防止落梁震害发生方面是非常有必要的。

通过分析桥墩与梁体之间的相对位移，可以确定预设主梁与限位装置的安全距离为

$$\Delta u_{x-\max} = \max | u_l(t) - u_d(t) | \quad (4.5)$$

式中：$u_l(t)$，$u_d(t)$——梁体与墩顶相对于基础的位移。

通过式(4.5)的计算分析，可预先确定梁体的顺桥向或者横桥向的预设安全距离。

在实际桥梁中，一个桥墩的盖梁上方承受梁体横向滑动冲击的只有一个挡块，当遇到大震作用时，往往出现单个挡块受力过大而产生挡块开裂等破坏现象。为了防止这种现象的发生并最大限度地使用两侧挡块共同承受梁体的撞击，课题组设计出一种改进后的非规则桥梁横向限位挡块，即将梁体与两侧挡块通过预先定制好的弹簧减震橡胶组合结构（如图 4.16 和图 4.17 所示）连接起来。这种装置在无地震作用时，弹簧处于自由伸长阶段，弹簧上无力的作用。当梁体横向移动时，超过弹簧的自由长度后，一侧弹簧压缩，另一侧弹簧拉伸，即梁体撞向一侧挡块的同时；另一侧挡块上的弹簧开始出现拉力。这样便形成了一个双重防落梁保护措施。桥梁纵向的限位措施如图 4.18 所示，也是通过具有自由长度的弹簧与减震材料组合而成，当梁体向跨中侧运动时，弹簧超过自由长度，出现拉力，防止落梁；当梁体向桥墩侧运动时，弹簧超过自由长度后，梁体与耗能减震材料碰撞耗能，阻止梁体继续运动。因此，弹簧-减震材料组合构件可以起到纵、横向的防落梁作用。

第 4 章　非规则曲线桥梁漂浮抗震体系研究

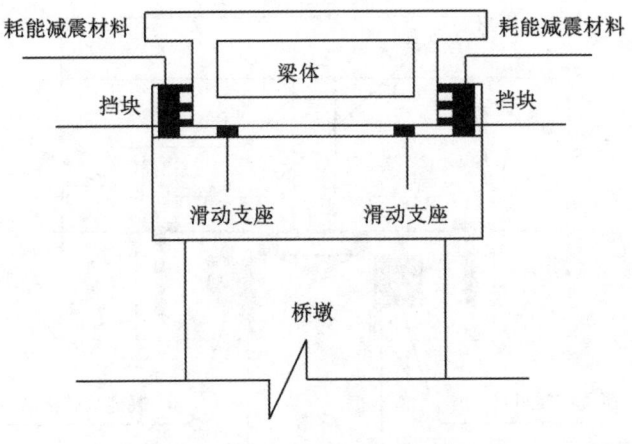

图 4.16　横向限位装置

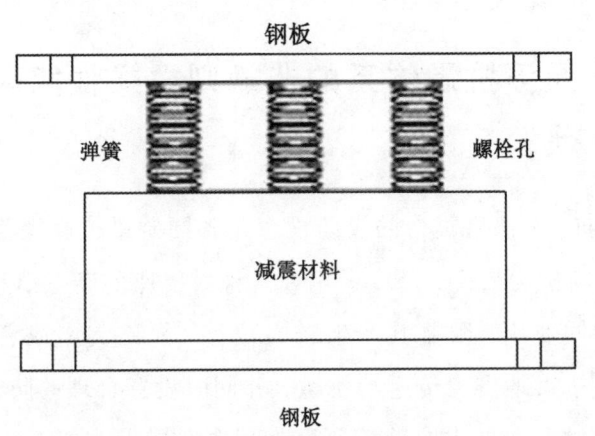

图 4.17　弹簧-减震材料组合构件

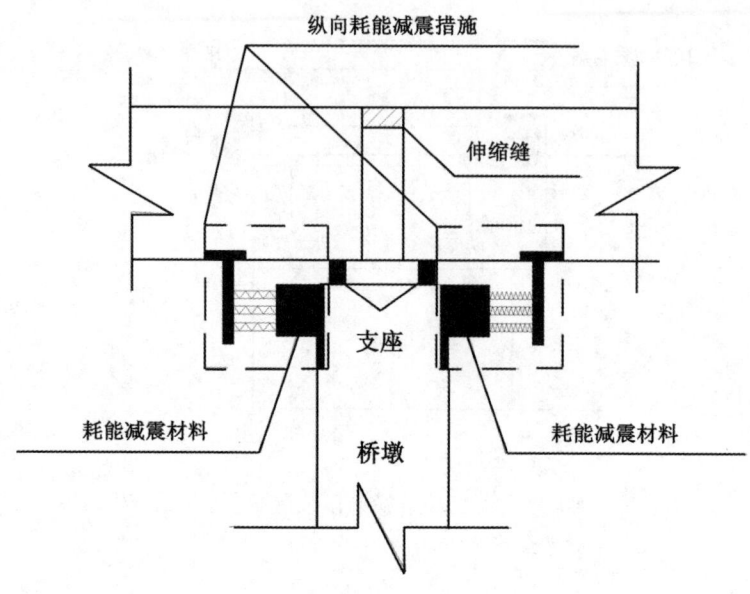

图 4.18 纵向限位装置

4.5 基于漂浮抗震体系的非规则桥梁性能破坏模式研究

"多道设防、分级耗能"的设防理念是各国桥梁抗震规范发展的方向,对于非规则桥梁来说,可以运用板式橡胶支座的摩擦滑移特性,结合限位装置共同使用,限制其产生较大位移,允许支座或者限位装置的损伤来避免过大地震力传递给桥墩,并同时设置合理的防落梁长度,确保不落梁。对考虑板式橡胶支座摩擦滑移的非规则桥梁,定义以下各级破坏机制,在纵、横向上均采用"弹簧-耗能减震材料组合构件"的设计方法,针对小震、中震及大震,本书将破坏模式分为以下几种。

小震时,支座发生弹性变形或发生较小的滑移,不影响使用要求,限位装置与上部结构件有足够的间距允许梁体滑动,且梁体滑动后不与限位装置发生碰撞。

中震时,支座发生摩擦滑移,限位装置可发挥作用或屈服,但下部结构仍保持为弹性。

大震时，支座失效，限位装置损伤，限位装置发挥作用，允许桥墩进入部分延性，但必须保证上部结构与下部结构具有足够的搭接长度，严防落梁震害发生。

4.6 漂浮抗震体系的现实意义

漂浮抗震体系是笔者对于国内外减隔震设计研究后得出的一种新型的非规则曲线桥隔震体系，相比于已有的桥梁减震设计方法，其优点有以下几点。

① 抗震减隔震效果好。通过对模型桥的墩、梁加速度进行的分析，证明使用这种抗震漂浮体系的非规则曲线桥梁在强震中的损伤较小，桥墩底部出现较少裂缝。在强震进行后梁体整个处于漂浮状态，支座滑动耗能并且隔震，后期桥梁裂缝基本无发展。充分证明非规则曲线桥梁在运用该漂浮体系进行设计后具有良好的抗震效果。

② 施工简单、快速、方便。该漂浮抗震体系在施工上易于实现。首先，墩底支座无需像固定支座那样进行特殊处理，只需将墩顶进行简单平整处理，直接摆放好支座即可，支座施工速度快；其次，横向挡块施工时预先埋置好钢板，梁体施工时也预先埋置好钢板，并分别预留好螺栓孔，之后将横向装置安装在挡块与梁体之间，通过高强螺栓将挡块与梁体进行连接即可；最后，纵向限位装置的安装目前也较容易实施。

③ 造价低廉。相比于价格高昂的隔震支座和阻尼器等，该体系只需要简单地预埋横向限位的钢板、纵向限位钢绞线等，且弹簧及市面上的耗能减震橡胶等材料的价格相对较便宜。综合这几方面因素，该种体系造价相对低廉。

④ 震后修复速度快。地震发生后，人们往往需要快速恢复交通系统，这就要求交通的咽喉——桥梁——必须成为首要的修复对象。采用漂浮抗震体系进行设计的桥梁，经过试验证明梁体可能会与墩发生

一定的相对位移，支座会在墩顶有较大滑动发生，但桥墩及梁体本身不会发生很大损伤。这时只需要采取将梁体复位，更换掉已经破坏的支座或者限位装置，即可快速简单地完成桥梁的震后修复工作。

第5章　多维地震激励下非规则人字形桥梁地震模拟振动台试验研究

近年来，我国地震频发，强烈地震作用下非规则桥梁的震害相比常规直线桥梁而言更显严重，人字形桥梁作为非规则桥梁的一种，研究其在多维地震激励下的抗震性能尤为重要。以往的桥梁结构振动台试验研究中，对规则桥梁已进行了较深入的研究，然而对于非规则桥梁则主要进行了一些拱桥和简单线形曲线桥梁的振动台试验研究。对于人字形桥梁结构，目前主要进行了模型的静力试验和数值分析。基于此，本章以某人字形桥梁为原型，制作了一座相似比为1/20的人字形模型桥梁，对该结构进行多维地震输入下的地震模拟振动台试验，研究了该结构在多维地震输入下的动力响应。

5.1　结构多维抗震理论研究

非规则桥梁结构的地震响应是地震波多维激励的综合结果。地震波通过地面时的运动是极其复杂的，各质点的波速、周期和相位是不同的。地面质点间运动的差别，可以使非规则结构不仅产生3个水平分量，同时，也会产生3个转动分量。考虑结构扭转效应的多维地震

激励的振动方程相比单维激励要复杂得多,结构在多维地震激励下的振动方程为

$$[M]\{\ddot{U}\} + [C]\{\dot{U}\} + [K]\{U\} = -[M]\{\ddot{U}_g\} \quad (5.1)$$

式中:$[M]$——结构的质量矩阵;

$[C]$——结构的阻尼矩阵;

$\{U\},\{\dot{U}\},\{\ddot{U}\}$——结构的位移、速度、加速度向量;

$\{\ddot{U}_g\}$——结构基础处的地面加速度向量。

它们可以分别表示为

$$[M] = \begin{bmatrix} [M_X] & [0] & [0] & [M_{X\varphi}] \\ [0] & [M_Y] & [0] & [M_{Y\varphi}] \\ [0] & [0] & [M_Z] & [M_{Z\varphi}] \\ [M_{\varphi X}] & [M_{\varphi Y}] & [M_{\varphi Z}] & [M_\varphi] \end{bmatrix} \quad (5.2)$$

$$[C] = \begin{bmatrix} [C_{XX}] & [C_{XY}] & [C_{XZ}] \\ [C_{YX}] & [C_{YY}] & [C_{YZ}] \\ [C_{ZX}] & [C_{ZY}] & [C_{ZZ}] \end{bmatrix} \quad (5.3)$$

$$[K] = \begin{bmatrix} [K_{XX}] & [K_{XY}] & [K_{XZ}] & [K_{X\varphi}] \\ [K_{YX}] & [K_{YY}] & [K_{YZ}] & [M_{Y\varphi}] \\ [K_{ZX}] & [K_{ZY}] & [K_{ZZ}] & [M_{Z\varphi}] \\ [K_{\varphi X}] & [K_{\varphi Y}] & [M_{\varphi Z}] & [K_{\varphi\varphi}] \end{bmatrix} \quad (5.4)$$

第5章 多维地震激励下非规则人字形桥梁地震模拟振动台试验研究

$$\left.\begin{array}{l}\{U\} = \{\{u_x\} \quad \{u_y\} \quad \{u_z\} \quad \{u_\varphi\}\}^T \\ \{\dot{U}\} = \{\{\dot{u}_x\} \quad \{\dot{u}_y\} \quad \{\dot{u}_z\} \quad \{\dot{u}_\varphi\}\}^T \\ \{\ddot{U}\} = \{\{\ddot{u}_x\} \quad \{\ddot{u}_y\} \quad \{\ddot{u}_z\} \quad \{\ddot{u}_\varphi\}\}^T \\ \{\ddot{U}_g\} = \{\{\ddot{u}_{gx}\} \quad \{\ddot{u}_{gy}\} \quad \{\ddot{u}_{gz}\} \quad \{\ddot{u}_{g\varphi}\}\}^T\end{array}\right\} \quad (5.5)$$

以上即结构进行多维设计的理论基础,本书以此理论为基础,对模型桥梁进行三维地震激励的振动台试验研究。

5.2 试验设计

5.2.1 相似比设计

根据动力试验理论,振动台试验中难以完全满足所有参数相似,一般情况下,满足主要参量的相似比即可。本书以长度、密度、弹性模量作为基本物理量,推导出其他主要相似常数,如表5.1所示。

表5.1 相似常数

物理参数	相似常数符号	关系式	相似常数
长度	S_l	S_l	5.00×10^{-2}
面积	S_A	S_l^2	2.50×10^{-3}
线位移	S_δ	S_l	5.00×10^{-2}
应变	1	S_σ/S_E	1.00
弹性模量	S_E	$S_E = S_\sigma$	0.638
应力	S_σ	S_σ	0.638
质量	S_m	$S_\sigma S_l^2/S_a$	6.38×10^{-4}
阻尼	S_c	$S_\sigma S_l^{1.5} S_a^{-0.5}$	4.12×10^{-3}
周期	S_T	$S_l^{0.5} S_a^{-0.5}$	2.24×10^{-2}

续表5.1

物理参数	相似常数符号	关系式	相似常数
加速度	S_a	S_a	2.50
重力加速度	S_g	1	1.00

5.2.2 模型设计

以某人字形桥梁为原型,根据相似比换算模型桥梁。模型桥梁中 $1^\#$ 主梁为单箱双室异形梁,$1^\#$ 墩处桥面宽 70cm,$2^\#$ 墩处桥面宽 88cm。$2^\#$ 分支直梁为单箱单室截面,桥面宽 44cm。$3^\#$ 分支曲梁为单箱单室截面,桥面宽 44cm。模型桥墩均为矩形实心截面,采用同一尺寸进行设计,桥墩高 150cm,底座高 30cm,所有墩均采用现浇施工与基座连接。基座与振动台台面通过螺栓可靠连接。模型结构在振动台上安装时以东西向(分支直梁顺桥梁)为 X 方向,垂直于 X 方向为 Y 方向,垂直于 XY 平面为 Z 方向。模型设计后的平面及主要截面配筋情况,如图 5.1 所示。

5.2.3 模型材料

由于微粒混凝土可达到相同混凝土强度,弹性模量较普通混凝土小,适宜于比例缩尺结构的振动台试验,故模型材料中混凝土选用自行研制配合比的微粒混凝土,图 5.2 所示为微粒混凝土参数的测试过程。经测试,微粒混凝土 MC25 弹性模量为 $2.2 \times 10^4 \text{N/mm}^2$,通过相似比换算,完全可以模拟实际桥梁结构的普通混凝土 C50。

第5章 多维地震激励下非规则人字形桥梁地震模拟振动台试验研究

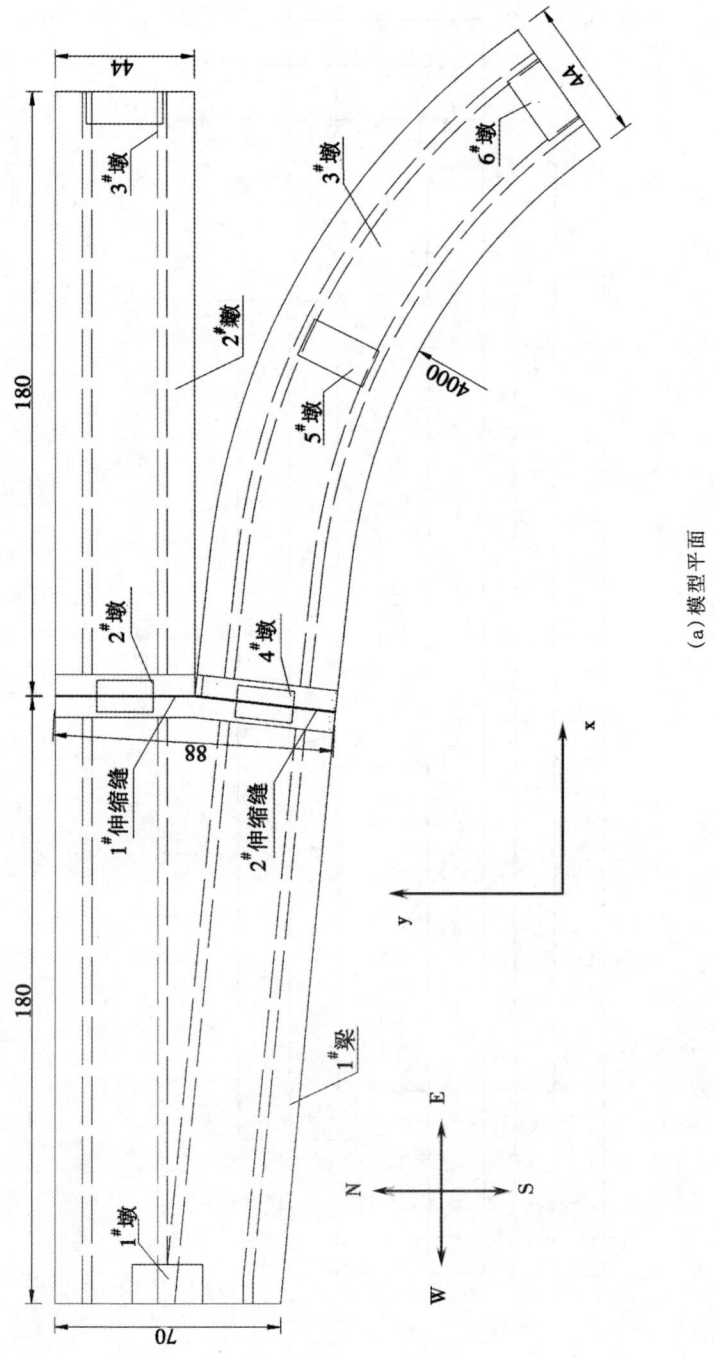

(a) 模型平面

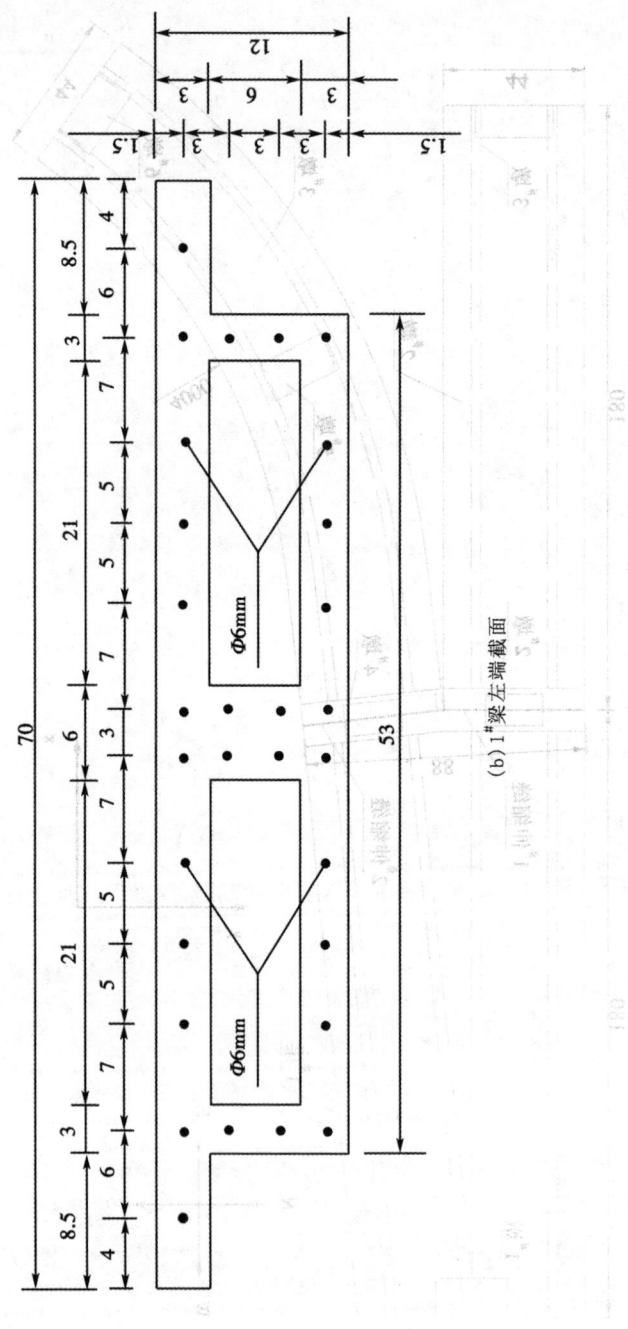

(b) 1#梁左端截面

第 5 章 多维地震激励下非规则人字形桥梁地震模拟振动台试验研究

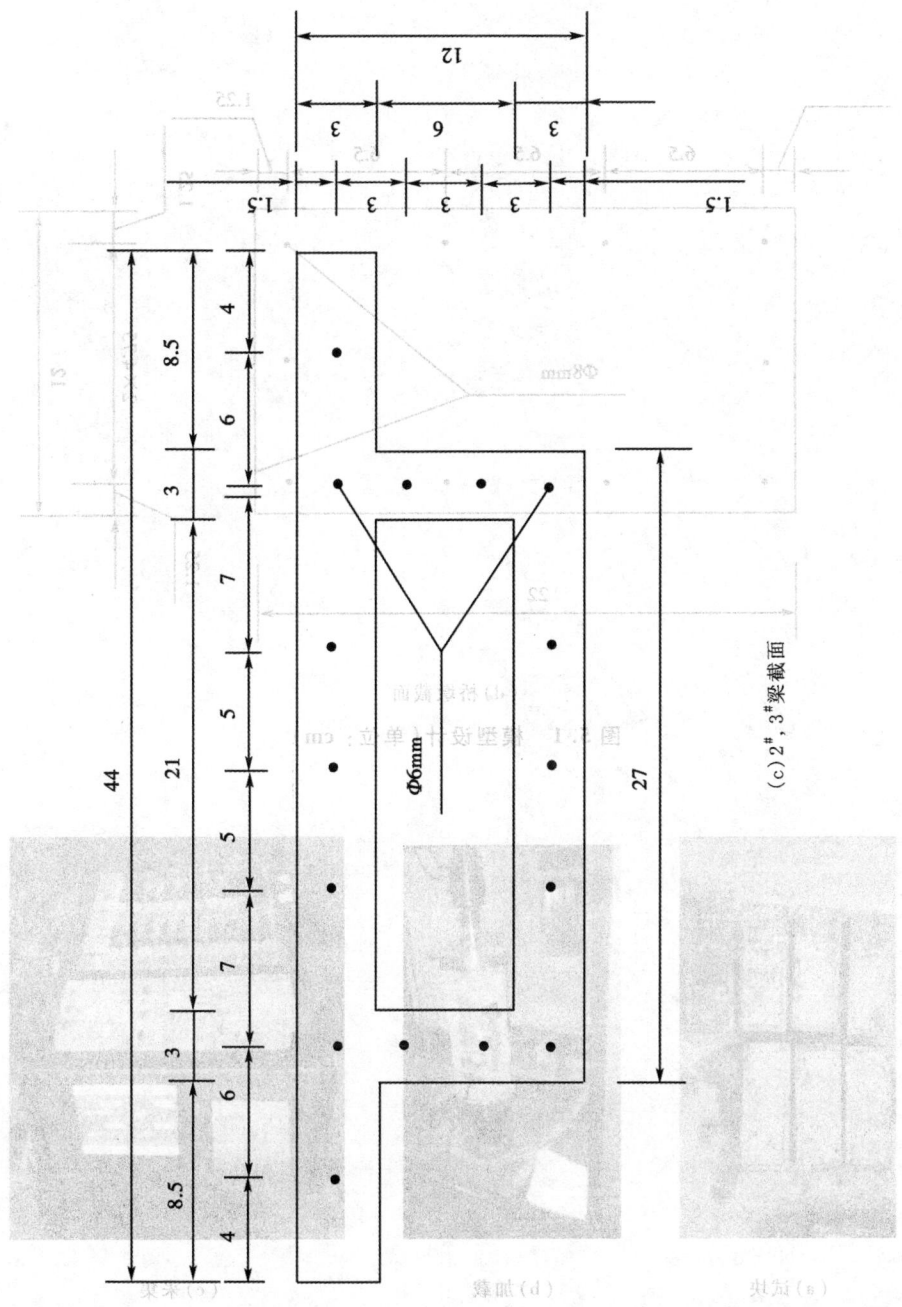

图 5.2 微粒混凝土参数测定

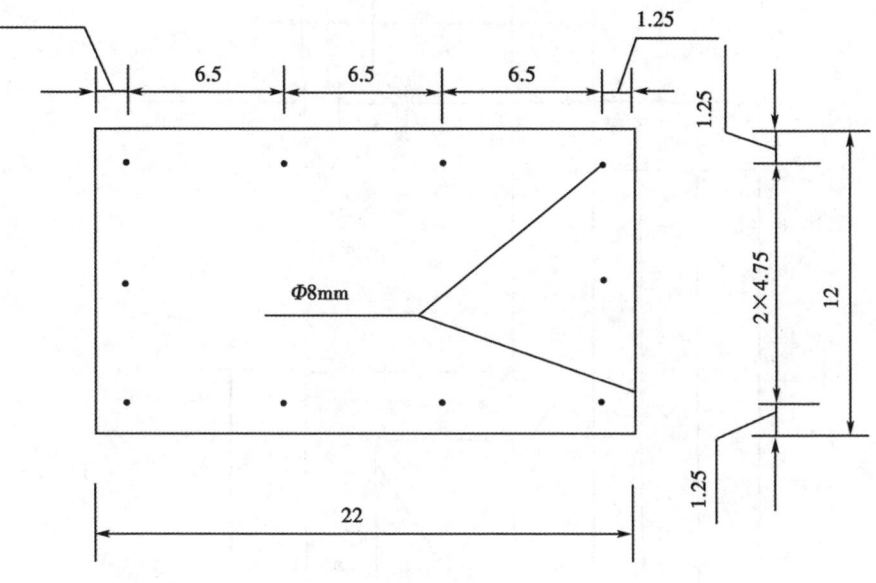

(d) 桥墩截面

图 5.1 模型设计(单位：cm)

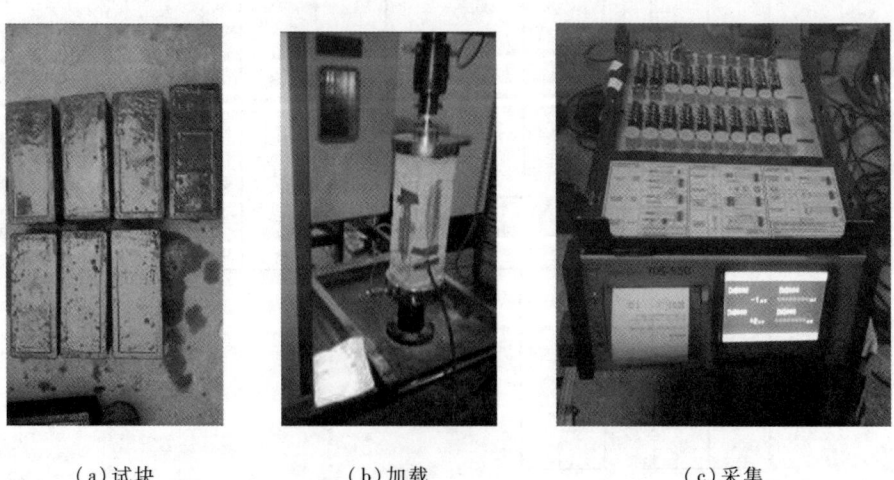

(a) 试块　　　　　　(b) 加载　　　　　　(c) 采集

图 5.2 微粒混凝土参数测定

模型桥墩纵筋均采用 Φ8mm 的 HRB335 级带肋钢筋,箱梁纵筋均采用 Φ6mm 的 HRB335 级带肋钢筋,全桥箍筋均采用 Φ6mm HPB300 级光圆钢筋,箍筋间距均按照 6cm 来设计,箱梁空心部分采用轻质泡沫板作为内模,箱梁和桥墩钢筋骨架,如图 5.3 所示。

(a) 箱梁钢筋骨架

(b) 桥墩钢筋骨架

图 5.3 钢筋骨架

模型在 $1^{\#}$,$3^{\#}$,$5^{\#}$ 墩上设置固定支座,在其余自由墩墩顶处设置 2 个普通板式橡胶支座,固定支座尺寸为 9cm×9cm×1.5cm,普通板式橡胶支座为 6cm×6cm×1.5cm。固定支座使用普通板式橡胶支座内置钢柱模拟,固定支座直接放置于桥墩和箱梁中预先留置好的孔洞内,其中,钢筋可以起到限位作用,同时,依靠支座压缩变形来满足箱梁的扭转变形。普通板式橡胶支座直接放置于桥墩顶部,可沿桥墩任意方向滑动。经试验测得固定支座水平剪切刚度 $k_x = k_y = 3.81 \times 10^6$ N/m,竖向刚度 $k_z = 7.11 \times 10^7$ N/m,普通板式橡胶支座的水平剪切刚度 $k_x = k_y = 2.88 \times 10^5$ N/m,竖向刚度 $k_z = 5.61 \times 10^7$ N/m,满足试验要求。模型支座如图 5.4 所示。

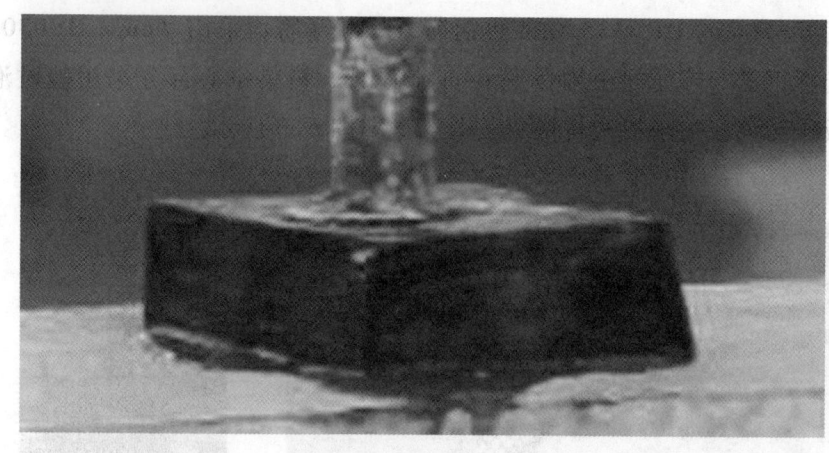

(a)固定支座

(b)板式橡胶支座

图 5.4　模型支座

为模拟并实测伸缩缝处的碰撞响应,在模型桥梁 1#,2# 伸缩缝处设置了如图 5.5 所示的碰撞装置,碰撞初始间隙按照 5mm 设置。通过测量钢柱与钢板碰撞后钢柱上产生的应变来实测模型桥伸缩缝处的碰撞响应。

第5章 多维地震激励下非规则人字形桥梁地震模拟振动台试验研究

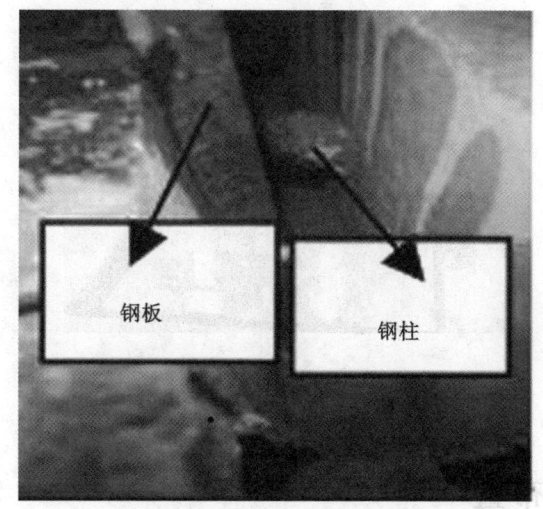

(a) 试验装置

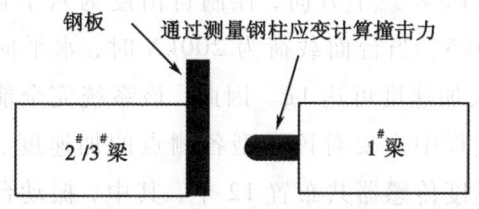

(b) 理论示意

图 5.5 碰撞装置

5.2.4 模型配重

振动台缩尺比例试验中,由于缩尺较大,模型结构须通过配重来满足动力质量相似。本试验在梁体表面配重箱内施加配重,采用质量为 5kg 的规则金属块均匀布置于各配重箱中,1#梁施加配重 1275kg,2#梁施加配重 555kg,3#梁施加配重 650kg,总配重为 2480kg。通过相似关系计算的模型理论配重为 3000kg,实际配重与其相比,配重率达到 80% 以上,满足动力相似要求。配重完成后的结构如图 5.6 所示。

图 5.6 模型配重

5.3 测点布置

西安建筑科技大学新校区地震模拟振动系统台面尺寸为 4.1m×4.1m，激振方向为 X，Y，Z 三个方向，控制自由度为六个自由度，台面最大有效荷载为 220kN，当台面载荷为 200kN 时，水平向最大加速度可达 1.5g，竖向最大加速度可达 1g。因此，该系统完全能够满足本试验加载要求。试验过程中主要对该模型各测点的加速度、位移和应变响应进行测量。加速度传感器共布置 12 个，其中，振动台台面 3 个方向各布置 1 个，6 个桥墩墩顶顺桥向各布置 1 个，1#梁、2#梁顶跨中各布置 1 个竖向加速度计，3#梁西侧第一跨跨中布置 1 个竖向加速度计。位移传感器共布置 7 个，振动台台面 3 个方向各布置 1 个，1#梁顶东侧沿 2#梁、3#梁方向各布置 1 个，2#梁顶西侧沿顺桥向布置 1 个，3#梁顶西侧沿顺桥向布置 1 个。应变测点共布置 14 个，每个桥墩底部沿主筋对角位置各布置 1 个，伸缩缝处碰撞钢柱上各布置 1 个。

5.4 地震波的选取

目前，非规则人字形桥梁结构已经在各个城市中大量兴建，导致其场地土分布也各异。为研究不同场地土对人字形桥梁结构的动力响应的影响，选取适合Ⅰ类场地地震波帝王谷波，Ⅱ类场地地震波 El-Centro 波及兰州波，如图 5.7 所示。模型结构按照帝王谷波，El-Centro 波

第5章 多维地震激励下非规则人字形桥梁地震模拟振动台试验研究

及兰州波的顺序进行逐个逐级加载。试验地震波以东西向为 X 方向，垂直于 X 方向为 Y 方向，垂直于 XY 平面为 Z 方向。多维输入时，输入地震波按照 X，Y，Z 三向为 $1:0.85:0.65$ 设计。原型地震波加速度峰值采用 7 度 $0.1g$，8 度 $0.2g$，8 度 $0.3g$，9 度 $0.4g$。根据相似关系，振动台台面实际输入地震波峰值分别调整为 $0.25g$，$0.5g$，$0.75g$ 和 $1g$。

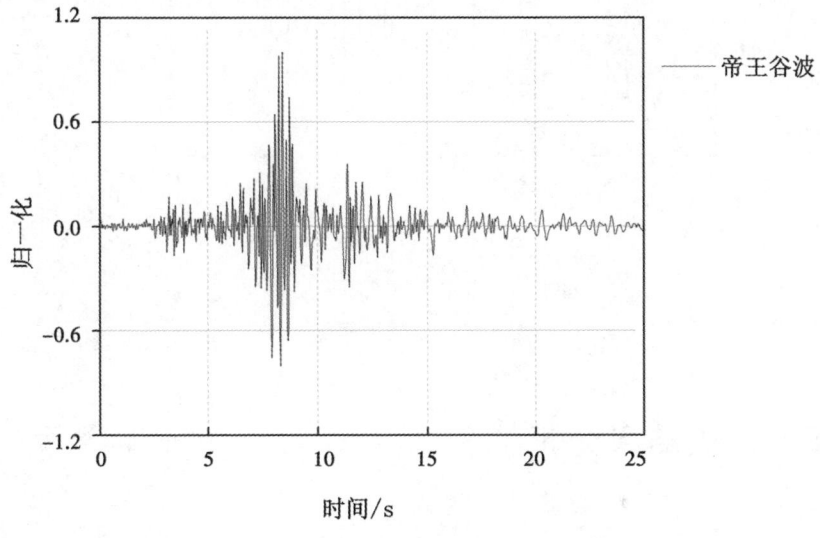

（a）帝王谷波

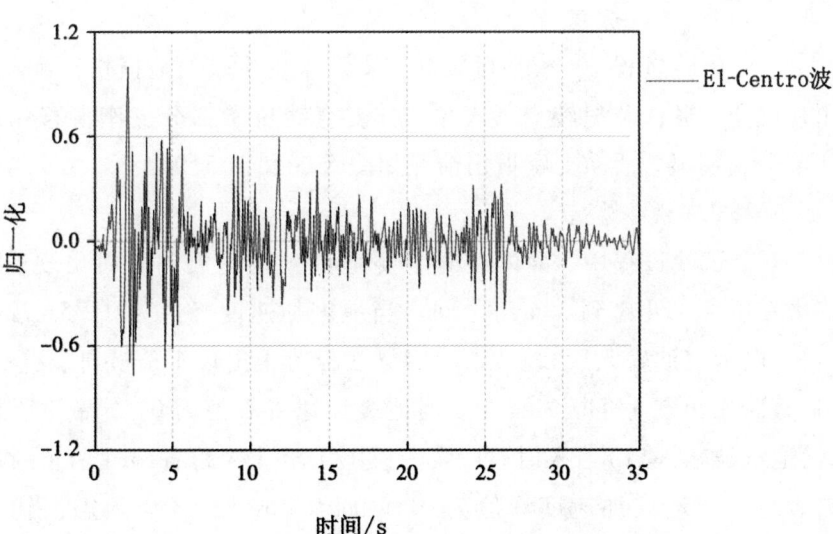

（b）El-Centro 波

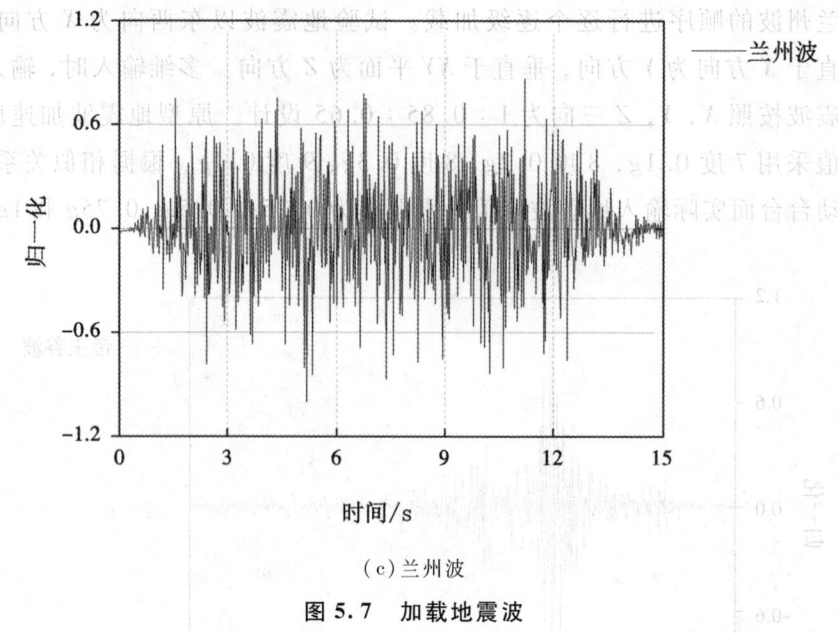

(c)兰州波

图 5.7 加载地震波

5.5 试验结果分析

5.5.1 试验现象分析

5.5.1.1 支座震害

在整个试验过程中,模型桥梁固定支座未发生较明显损伤,活动支座出现脱空、滑移及扭转变形现象,分支直线桥梁部分支座滑移相对曲线部分较明显,活动支座损伤情况如图 5.8 和图 5.9 所示。

5.5.1.2 梁体震害

在整个试验过程中,梁体裂缝主要是在 Z 向地震输入时出现,裂缝集中在梁体 1/4 跨到 3/4 跨之间。当地震加速度峰值为 $0.25g$ 帝王谷波(Z 向地震波输入后)输入时,1#梁底板跨中出现 1 条横向裂缝;2#梁底板跨中出现 1 条横向裂缝。当地震加速度峰值为 $0.5g$ 帝王谷波(Z 向地震波输入后)输入时,$1^\#$ 梁底板 1/4 至 3/4 跨各出现两条新的横向裂缝。当地震加速度峰值为 $0.5g$ El-Centro 波(Z 向地震波输入后)输入时,$1^\#$ 梁底板 1/4 至 1/2 跨出现 2 条新的横向裂缝并且延伸到

第 5 章　多维地震激励下非规则人字形桥梁地震模拟振动台试验研究

图 5.8　支座脱空

图 5.9　支座滑移

翼缘。此后，1#梁底板 1/4 至 3/4 跨出现多条新的横向裂缝并且延伸到翼缘；2#梁跨中附近出现多条横向裂缝。整个试验过程中，3#梁梁体没有出现明显可见裂缝。典型震害如图 5.10 和图 5.11 所示。

图 5.10　1#梁跨中裂缝

图 5.11　2#梁跨中裂缝

以上现象表明：竖向地震动会增加梁体的竖向振动，从而增加梁体的跨中弯矩需求。强震作用下，可能会使得梁体的受力超过其设计承载力，引起梁体出现弯曲裂缝等震害。1#梁和2#梁的跨径较大，出现裂缝较多，3#弯曲梁跨径较小，梁体混凝土未超过开裂强度，没有出现可见裂缝。

5.5.1.3 桥墩震害

当地震加速度峰值为0.25g时，6个桥墩均未出现裂缝，说明模型桥在此时桥墩的变形基本属于完全弹性变形，桥墩混凝土尚未出现开裂现象。当地震加速度峰值为0.5g，帝王谷波输入时，1#和5#墩底东侧首先出现一条横向轻微裂缝，3#墩底西侧首先出现一条横向轻微裂缝，随着地震加速度峰值的增加，墩底各侧均出现横向裂缝，墩中也有少量裂缝产生。当地震加速度峰值为0.5g，El-Centro波输入时，2#、4#、6#墩底东侧首先出现一条水平裂缝，此后墩底北侧、南侧和西侧均出现横向裂缝。典型桥墩震害如图，图5.12~图5.17所示。

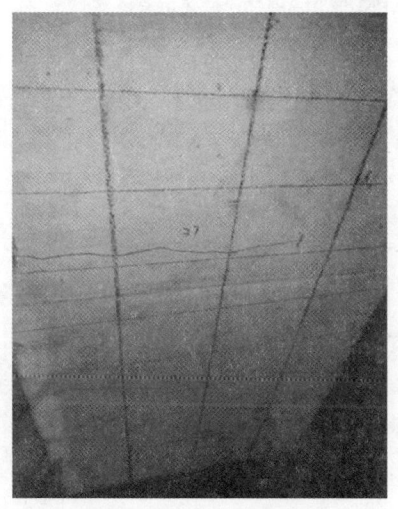 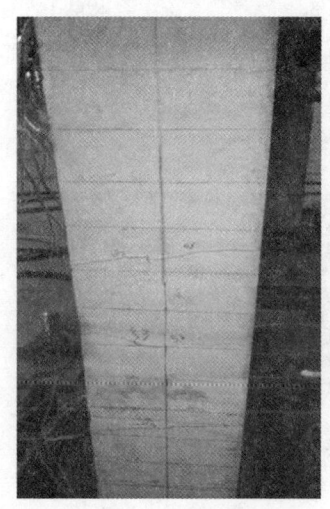

图 5.12 1#桥墩南侧裂缝　　　图 5.13 2#桥墩西侧裂缝

图 5.14 3#桥墩南侧裂缝

图 5.15 4#桥墩北侧裂缝

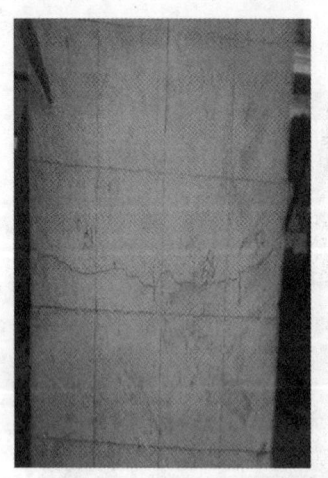
图 5.16 5#桥墩北侧裂缝

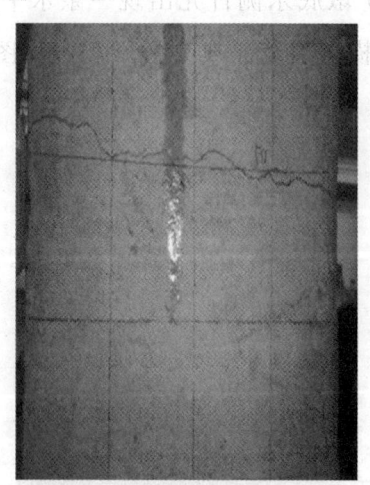
图 5.17 6#桥墩北侧裂缝

从以上分析可知：对于人字形桥梁，桥墩多为弯曲破坏。在小震输入时，模型处于弹性阶段，没有出现明显震害。在中震输入时，固定墩底首先出现裂缝，且墩底出现的基本为弯曲裂缝，说明模型的屈服破坏发生在底部，即塑性铰出现在墩底。在大震输入时，墩底塑性铰的长度扩大，墩中出现弯曲裂缝。

5.5.2 动力特性分析

通过白噪声激励可测得人字形桥梁的加速度响应时程曲线，然后进行 FFT 变换，采用半功率带宽法，可得到模型在不同地震烈度加载前后的动力特性，如表 5.2 所示。

表 5.2　　　　　　　　　　模型结构动力特性

扫描阶段	频率/Hz			阻尼比/%		
	X 向	Y 向	Z 向	X 向	Y 向	Z 向
试验前	4.364	6.264	22.958	5.8	6.3	7.1
$0.25g$	3.098	6.072	20.215	6.3	6.8	8.6
$0.5g$	2.170	5.447	16.992	7.5	7.2	9.5
$0.75g$	2.074	3.429	16.243	8.0	7.4	10.2
$1g$	1.799	3.293	14.868	8.7	7.6	12.1

由表 5.2 可知，随着地震烈度的增加，其不同方向的基频逐渐降低，阻尼比逐渐增大，说明整个试验过程中模型结构有损伤，刚度退化。模型结构试验前的基频 Z 向最大，Y 向次之，X 向最小；试验完成后，模型结构 X 向频率降低率为 58.8%，Y 向频率降低率为 47.4%，Z 向频率降低率为 35.2%，说明模型结构 X 向刚度较小，且刚度退化现象相比 Y，Z 向更为严重。

5.5.3 加速度响应分析

5.5.3.1 墩顶加速度响应分析

如图 5.18 所示为模型结构在 $0.25g$ 地震加速度峰值输入时，El-Centro 波沿 X 向输入 1#墩至 6#墩墩顶顺桥向加速度响应时程曲线，限于篇幅原因，其余工况时各测点的时程曲线图形未一一列出，仅在表 5.3 中给出了不同地震烈度下各测点的加速度峰值。

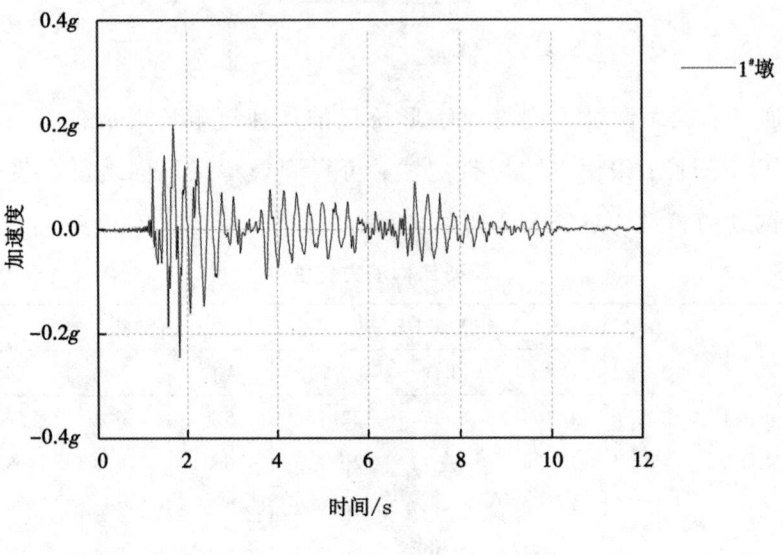

(a)1#墩

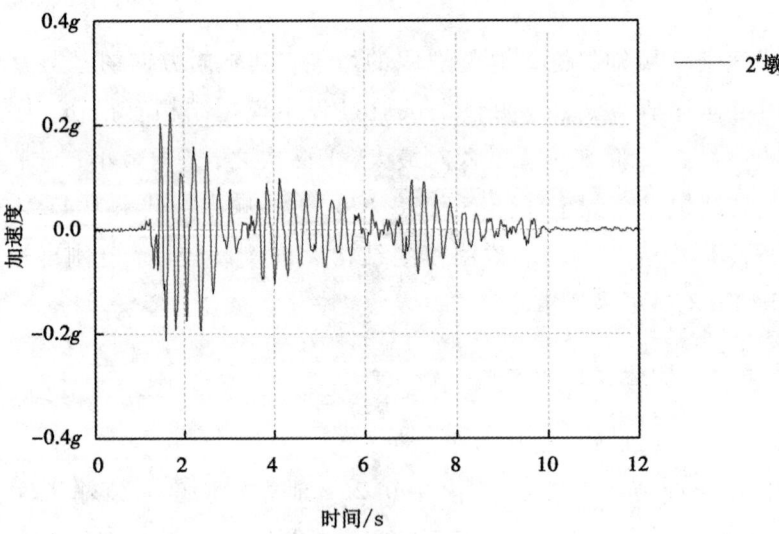

(b)2#墩

第 5 章　多维地震激励下非规则人字形桥梁地震模拟振动台试验研究

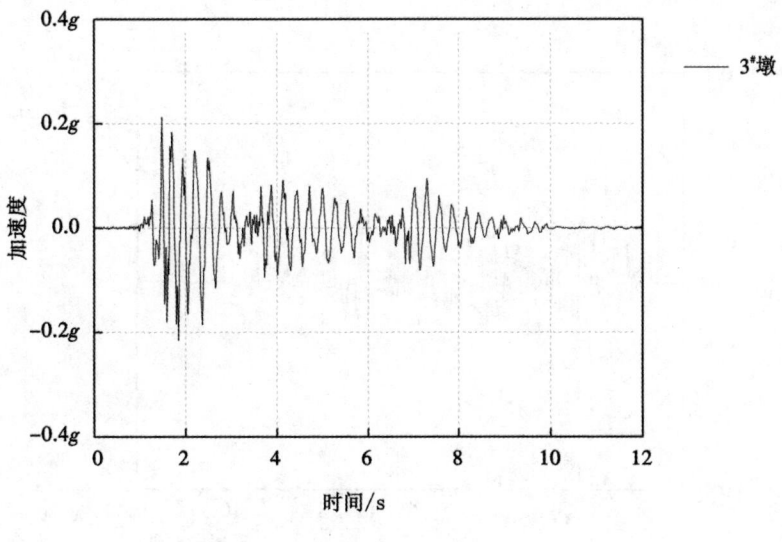

(c) 3#墩

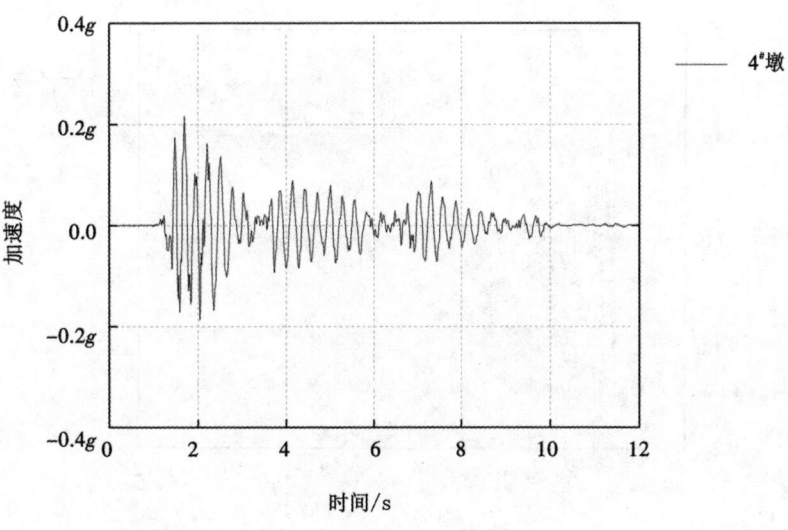

(d) 4#墩

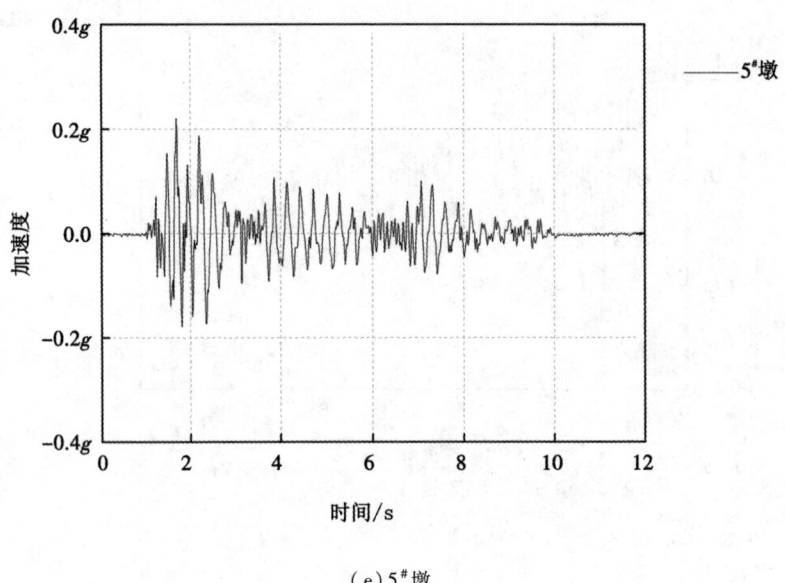

(e) 5#墩

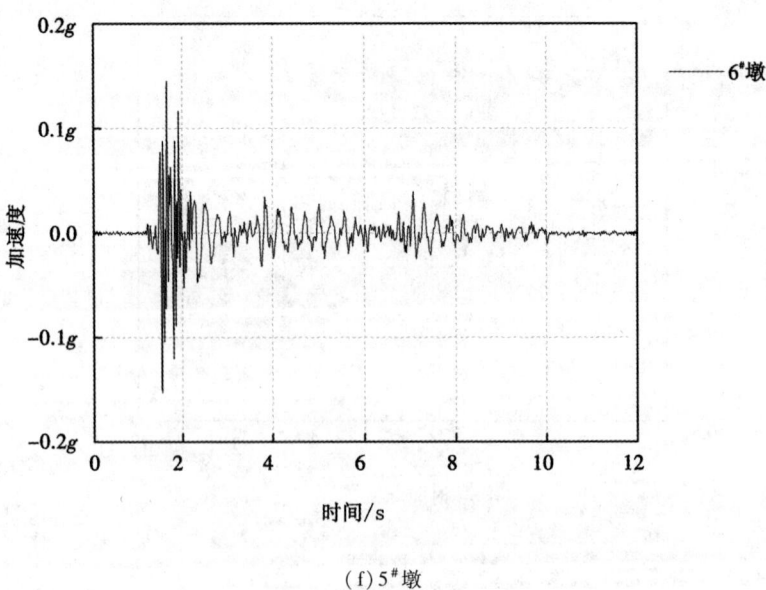

(f) 5#墩

图 5.18 墩顶顺桥向加速度时程曲线

表 5.3　　　　　　　　　　墩顶顺桥向加速度峰值

输入加速度	激励方向	1#墩	2#墩	3#墩	4#墩	5#墩	6#墩
0.25g	X	0.253g	0.249g	0.290g	0.258g	0.241g	0.199g
	XY	0.255g	0.250g	0.291g	0.253g	0.233g	0.185g
	XYZ	0.252g	0.247g	0.287g	0.256g	0.231g	0.183g
	$(XY-X)/X\times100\%$	0.73%	0.37%	0.32%	-1.79%	-3.44%	-6.94%
	$(XYZ-X)/X\times100\%$	-0.36%	-0.74%	-0.95%	-0.71%	-4.20%	-7.87%
0.5g	X	0.472g	0.587g	0.769g	0.673g	0.450g	0.433g
	XY	0.474g	0.585g	0.771g	0.654g	0.411g	0.360g
	XYZ	0.476g	0.588g	0.768g	0.656g	0.409g	0.367g
	$(XY-X)/X\times100\%$	0.39%	-0.31%	0.24%	-2.74%	-8.59%	-16.99%
	$(XYZ-X)/X\times100\%$	0.78%	0.16%	-0.12%	-2.46%	-9.00%	-15.29%
0.75g	X	0.788g	0.824g	0.864g	0.815g	0.663g	0.652g
	XY	0.789g	0.827g	0.866g	0.783g	0.599g	0.508g
	XYZ	0.792g	0.822g	0.868g	0.787g	0.602g	0.514g
	$(XY-X)/X\times100\%$	0.23%	0.33%	0.21%	-3.95%	-9.71%	-22.14%
	$(XYZ-X)/X\times100\%$	0.58%	-0.22%	0.53%	-3.50%	-9.29%	-21.16%
1g	X	1.243g	1.121g	1.363g	1.015g	0.794g	0.772g
	XY	1.247g	1.123g	1.369g	0.939g	0.587g	0.384g
	XYZ	1.249g	1.133g	1.366g	0.949g	0.590g	0.373g
	$(XY-X)/X\times100\%$	0.30%	0.16%	0.40%	-7.43%	-26.07%	-50.30%
	$(XYZ-X)/X\times100\%$	0.52%	0.98%	0.20%	-6.53%	-25.72%	-51.73%

由表 5.3 可知以下几点。

① 地震波沿 X 向输入时，随着地震烈度的增加，各测点加速度响应逐渐增大。模型结构 1#，2#，3#，4#墩墩顶顺桥向加速度峰值相比台面输入均有放大，其中，地震输入加速度峰值为 $1g$ 时，3#墩墩顶顺桥向加速度相比台面放大了 144.08%（1.363/0.946）。5#和 6#墩墩顶顺桥向加速度峰值相比台面均有减小，出现上述结果是因为当地震波沿 X 向输入时，1#，2#，3#，4#号墩与地震波方向正交（4#墩虽未正交但夹

角较小，仅为6°），其加速度响应沿桥墩高度方向将会放大，故墩顶加速度峰值相比台面放大；5#和6#墩为分支曲梁下部桥墩，与地震波输入方向斜交角度较大，故其顺桥向加速度峰值仅为X向的一个分量，因而墩顶加速度峰值相比台面有所降低，且6#墩的降低率大于5#墩的。

② 地震波沿XY向输入时，对于与地震波输入方向正交的1#，2#，3#墩而言，其墩顶顺桥向加速度峰值相比X向输入基本没有变化，但4#，5#，6#墩顶加速度峰值相比单向输入均有减小，且随着地震烈度的增加，减小幅度增大。地震输入加速度峰值为$1g$时，5#墩顶峰值减小26.07%，6#墩顶峰值减小50.30%。

③ 地震波沿XYZ3向输入时，墩顶各测点加速度响应峰值相比XY向输入基本无变化。

5.5.3.2 梁跨中加速度响应分析

如图5.19所示为地震输入加速度峰值为$0.5g$，El-Centro波X向输入时，1#、2#梁跨中及3#梁西侧第1跨跨中竖向加速度时程曲线。限于篇幅原因，其余时程曲线未在文中一一列出，仅在表5.4中给出不同地震烈度下各测点的加速度峰值。

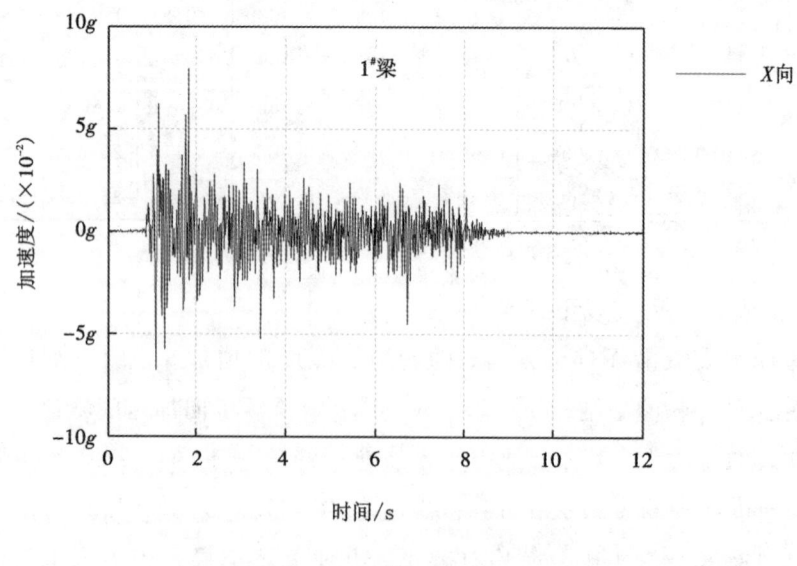

(a) 1#梁 X 向

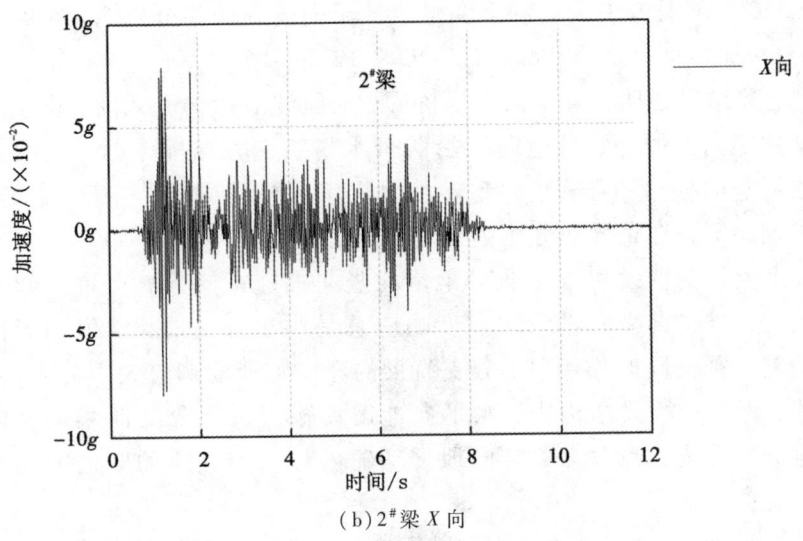

(b) $2^{\#}$梁 X 向

图 5.19 跨中竖向加速度时程曲线

表 5.4 梁跨中竖向加速度峰值

输入加速度	激励方向	$1^{\#}$梁	$2^{\#}$梁	$3^{\#}$梁
0.25g	X	0.021g	0.036g	0.045g
	XY	0.090g	0.074g	0.108g
	XYZ	0.286g	0.328g	0.304g
0.5g	X	0.056g	0.062g	0.084g
	XY	0.173g	0.151g	0.181g
	XYZ	0.601g	0.739g	0.687g
0.75g	X	0.064g	0.076g	0.079g
	XY	0.299g	0.281g	0.335g
	XYZ	0.889g	0.959g	0.853g
1g	X	0.079g	0.085g	0.090g
	XY	0.357g	0.328g	0.433g
	XYZ	1.385g	1.621g	1.508g

由表 5.4 可知：模型结构沿水平单向和双向输入时均会引起桥梁结构的竖向振动，且随着地震烈度的增加，模型结构竖向振动越来越明显。同一地震烈度，模型桥梁梁顶竖向加速度峰值单向输入较双向输入小，双向输入较三向输入小。当地震输入加速度峰值为 $1g$ 时，$1^{\#}$

梁、2#梁、3#梁跨中三向和双向输入较单向输入增幅分别为1748.3%、450.6%、1916.8%、388.4%、1623.8%和481.2%。

上述结果说明：对于人字形桥梁，地震波沿 X 向输入时，会引起桥梁结构竖向的振动；当地震波沿两个水平正交方向输入时，会引起桥梁结构竖向振动加强；竖向地震波对人字形桥梁梁体跨中竖向加速度的影响明显，且直梁部分更为显著。

比较分支直梁和分支曲梁梁体的竖向加速度响应，在单向和双向输入时，分支直梁的竖向加速度响应总是小于分支曲梁，但当竖向地震动与水平向同时作用时，分支直梁的竖向加速度响应大于分支曲梁。因此，人字形桥梁结构中，水平向地震动输入引起分支曲梁的竖向振动响应较分支直梁显著，竖向地震动输入对分支直梁的竖向振动响应较分支曲梁显著。

综上所述，人字形桥梁由于其不同跨的结构布置、质量分布，以及对地震动的敏感带等参数的不同，导致其对于相同地震动作用时，不同跨表现为不同的动力响应。实际上人字形桥梁结构有竖向地震动输入时，将会引起桥梁结构竖向的强烈振动，有可能导致的震害有以下几种。

① 竖向地震动引起固定支座处的抗拔力不足导致固定支座处的竖向破坏。

② 竖向地震动引起梁体的竖向剧烈振动，从而导致桥墩截面应力的强烈变化，增加桥墩的竖向荷载效应，可能引起桥墩混凝土压碎，甚至可能造成桥墩钢筋屈服。

③ 竖向地震动会剧烈增加梁体的竖向振动，从而增加梁体的跨中弯矩需求，强震作用下，可能会使得梁体的受力超过其设计承载力，引起梁体竖向裂缝等震害的形成。不仅本试验的震害现象证明了这三点灾变现象，同时，也与以往的理论研究不谋而合。

5.5.4 位移响应分析

强烈地震作用下会引起桥梁结构相邻梁体间产生过大的相对位移，若邻梁相对位移大于结构伸缩缝的宽度，邻梁之间必然发生碰撞。为合理设置伸缩缝的宽度，本书研究了主梁与分支直梁和分支曲梁的相对位移。试验中，在1#梁右端，2#梁和3#梁的左端布置了位移计，通过对主梁和分支梁的位移时程曲线进行实时做差并取峰值，可以计算出不同设防烈度下不同地震输入方向时伸缩缝的最小需求宽度。本书

第5章 多维地震激励下非规则人字形桥梁地震模拟振动台试验研究

以地震输入加速度峰值为 0.75g 时，El-Centro 波输入为例，来说明 1#梁与 2#梁和 1#梁与 3#梁在不同地震方向输入时人字形桥梁主梁与分支梁之间设置伸缩缝宽度的影响因素。不同方向地震输入时的相对位移峰值如图 5.20 所示。

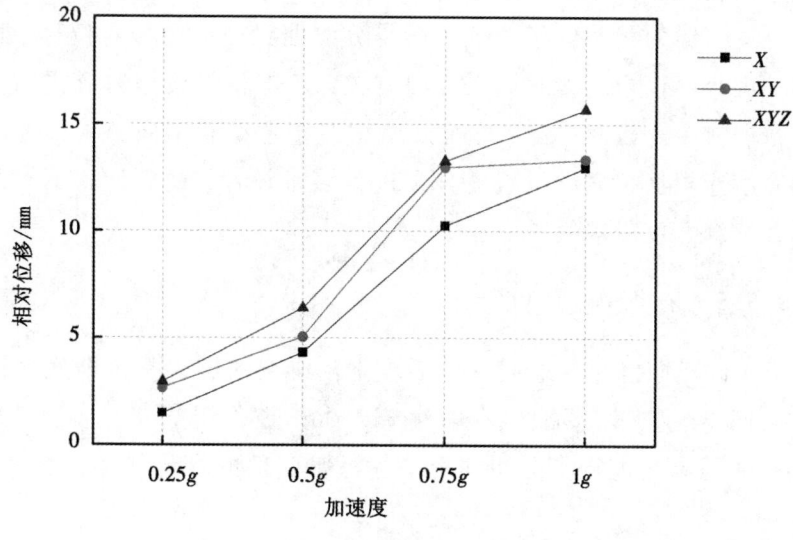

(a) 1#与 2#梁间相对位移

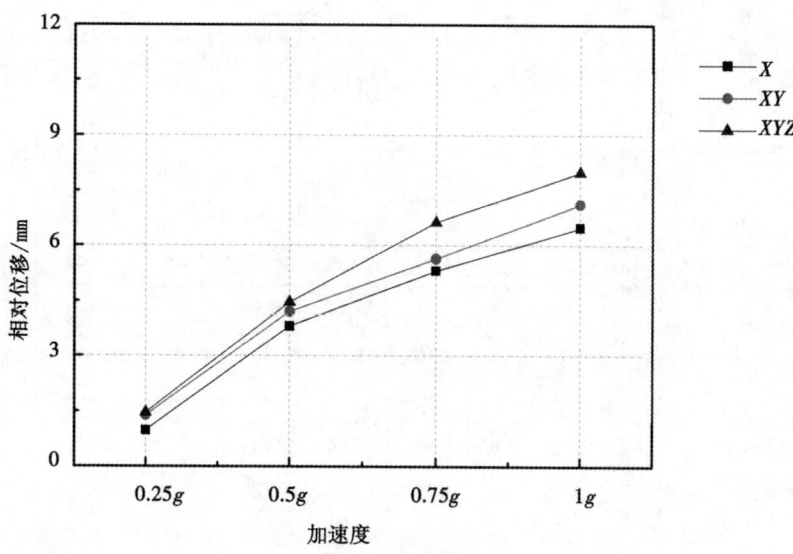

(b) 1#与 3#梁间相对位移

图 5.20 相对位移峰值

由图 5.20 可知，X 向、XY 向、XYZ 向输入时 $1^\#$ 梁与 $2^\#$ 梁之间的相对位移依次为 10.251mm、12.971mm 和 13.265mm，$1^\#$ 梁与 $3^\#$ 梁之间的相对位移依次为 1.306mm、1.639mm 和 2.631mm。以上结果说明，相比单向输入，双向和三向输入都会使邻梁之间的相对位移增大且主梁与分支直梁的相对位移大于主梁与分支曲梁之间的相对位移；相对位移的大小不仅与地震的输入方向有关，还与相邻梁体的形式和质量分布情况有关。因此，人字形桥梁结构对于主梁和不同分支梁处的伸缩缝宽度应根据抗震设防烈度分别进行多维设计，精确计算不同位置处的伸缩缝宽度需求值。

5.5.5 桥墩应变响应分析

历次破坏性巨大的地震发生后，比较典型的震害是桥墩底部因受力过大而出现破坏。为此，本书对 El-Centro 波作用下人字形桥梁每个桥墩底部的应变进行了分析研究，各桥墩底部的峰值应变，如表 5.5 所示。

表 5.5   墩底应变峰值（$\mu\varepsilon$）

输入加速度	输入方向	$1^\#$墩	$2^\#$墩	$3^\#$墩	$4^\#$墩	$5^\#$墩	$6^\#$墩
0.25g	X	157	77	176	74	111	62
	XY	186	102	200	80	200	120
	XYZ	184	98	186	76	190	118
0.5g	X	314	144	356	102	198	106
	XY	370	226	564	164	462	202
	XYZ	298	208	490	154	442	198
0.75g	X	452	354	796	446	544	352
	XY	476	422	884	688	990	656
	XYZ	469	414	812	668	904	632
1g	X	700	584	972	588	922	466
	XY	878	708	1012	818	1236	792
	XYZ	793	608	1000	788	1226	739

由表 5.5 可以得到以下结果。

① 随着地震烈度的增加，各桥墩底部的峰值应变逐渐增强，当地震烈度增加至 9 度 $0.4g$ 时，XY 向输入，各墩底峰值应变最大，相比 7 度 $0.1g$ 时，$1^\#$墩~$6^\#$墩墩底截面最大峰值应变增加率依次为 359.2%，919.5%，575.0%，1105.4%，1113.5%，1277.4%。

② 比较在相同地震烈度地震波沿不同方向输入时桥墩底部的峰值应变，地震波沿 XY 向输入时，墩底应变峰值大于沿 X 向输入，沿 XYZ 三向输入时相比 XY 向基本无变化，甚至有一定程度的减小。出现这种情况的原因是，双向输入时桥墩应变为两个方向响应的合成，其结果显然大于单向输入；三向输入时，竖向地震动对桥墩弯曲基本无影响，有时甚至会因梁体压缩桥墩而减小桥墩钢筋的应变。

③ 主梁下部 $1^\#$墩墩底峰值应变较 $2^\#$墩墩大，分支直梁 $3^\#$墩墩底峰值应变较 $2^\#$墩墩大，分支曲梁 $5^\#$墩墩峰值应变较 $4^\#$墩、$6^\#$墩底峰值应变大。出现上述结果是因为 $1^\#$，$3^\#$，$5^\#$，桥墩与梁体之间均设有固定支座，地震作用下固定墩会分担较多地震力，因而这 3 个桥墩墩底的峰值应变相对较大。在实际非规则人字形桥梁结构抗震设计中，固定墩底部的应力值应作为结构的控制应力进行设计。

5.5.6 碰撞响应分析

试验采用图 5.21 所示的碰撞装置，用以测量桥梁在地震作用下邻梁之间的碰撞效应。通过数据分析可知，在地震烈度较小时伸缩缝处碰撞不明显。因此，本文仅研究 El-Centro 波作用下，地震输入加速度峰值为 $0.75g$ 和 $1g$ 时模型结构钢柱上的碰撞应变，如图 5.21 和图 5.22 所示。

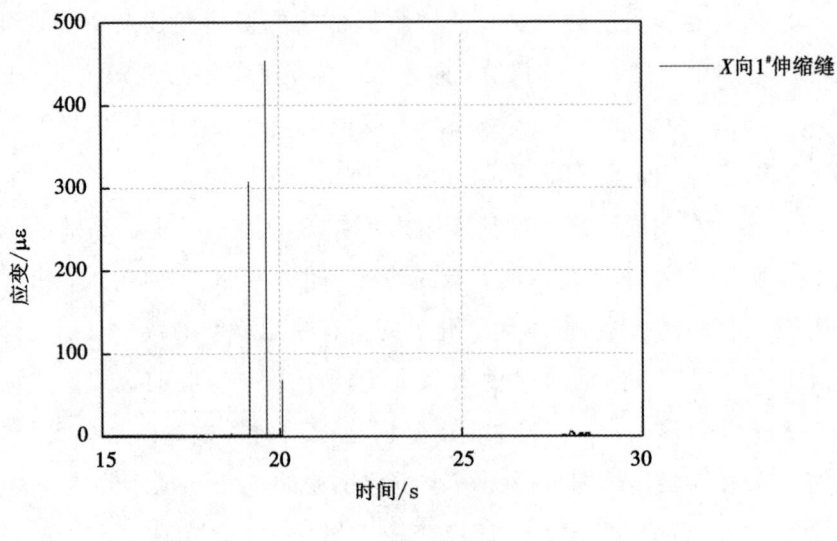

(a) X 向 1# 伸缩缝

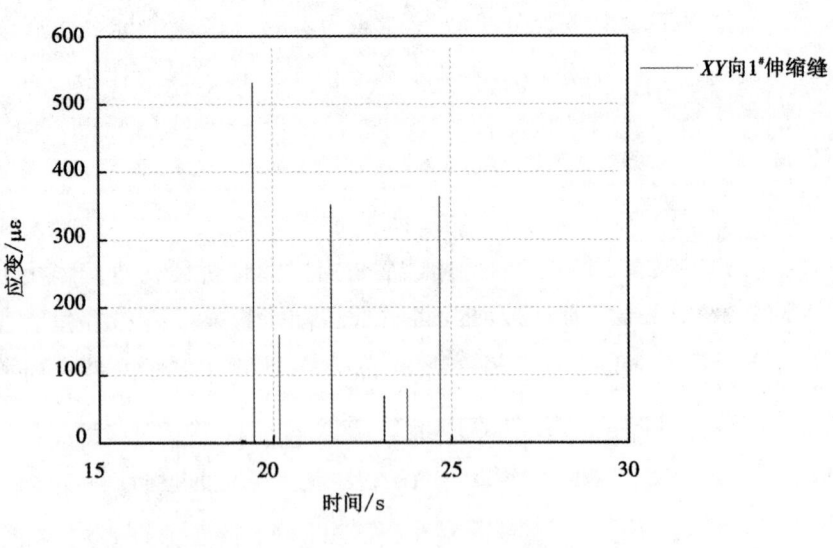

(b) XY 向 1# 伸缩缝

第5章 多维地震激励下非规则人字形桥梁地震模拟振动台试验研究

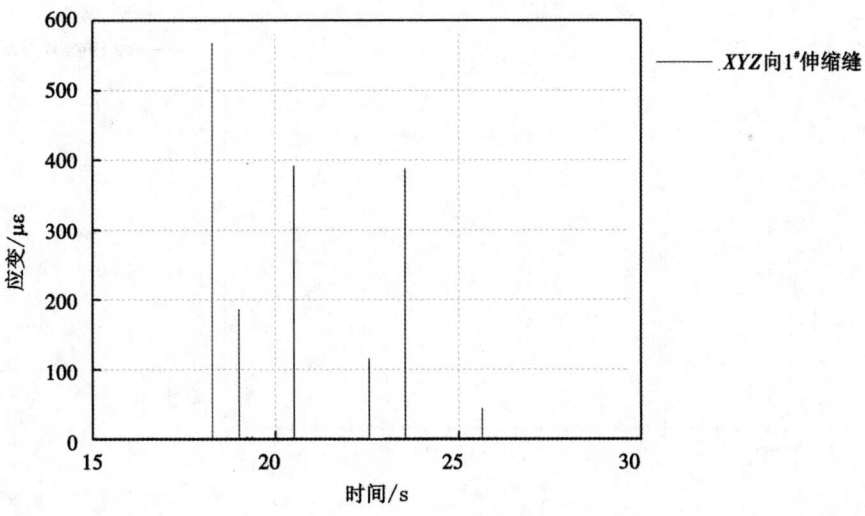

(c) XYZ 向 1# 伸缩缝

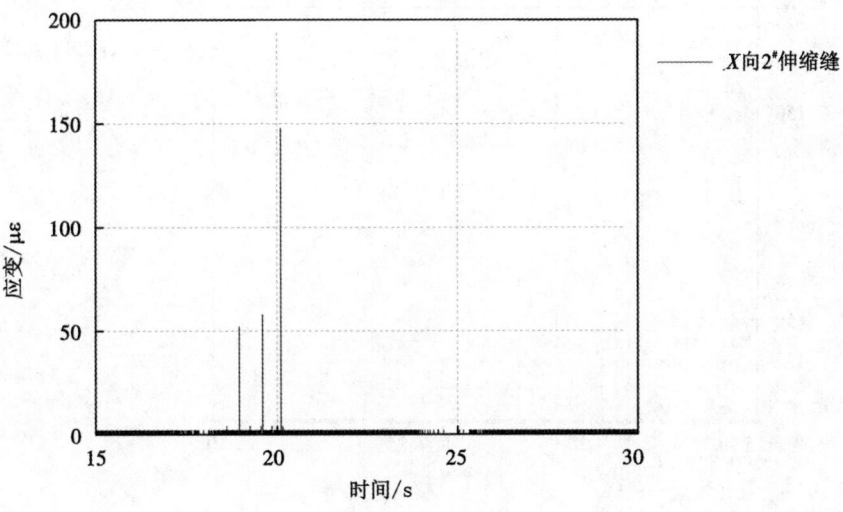

(d) X 向 2# 伸缩缝

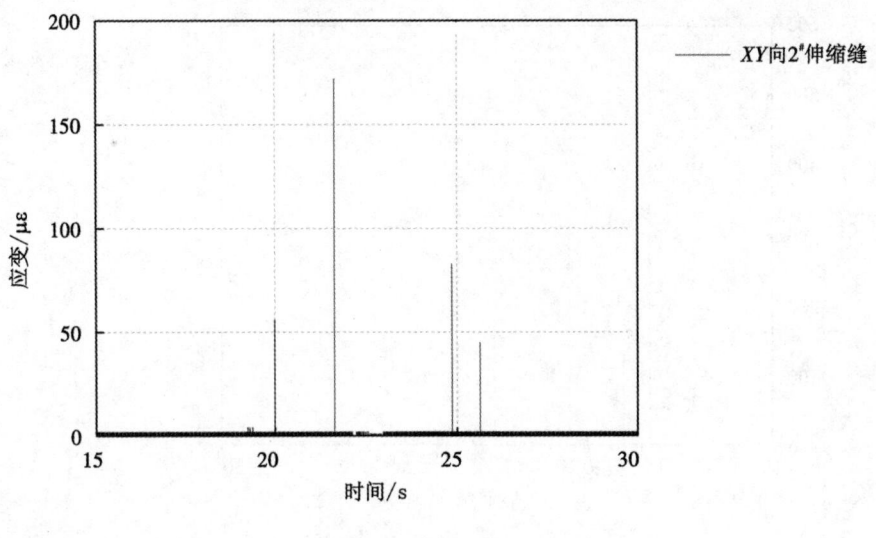

(e) XY 向 $2^\#$ 伸缩缝

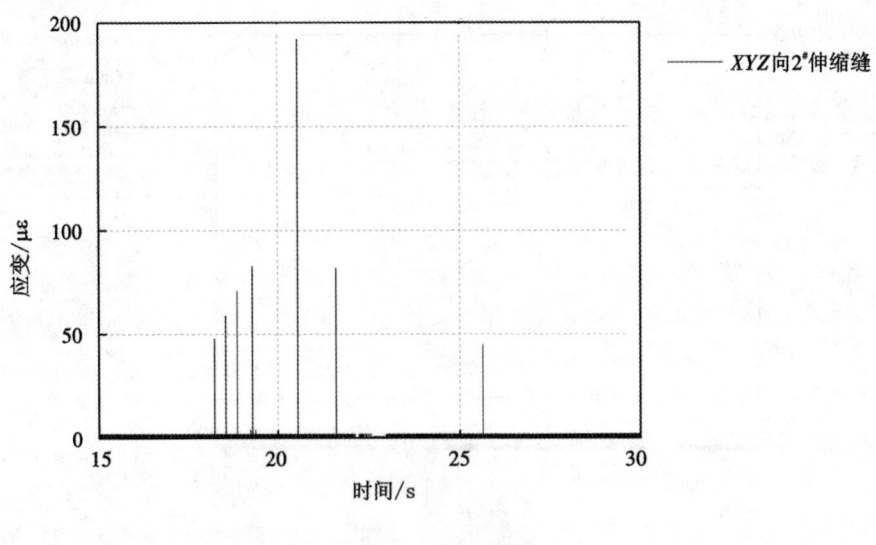

(f) XYZ 向 $2^\#$ 伸缩缝

图 5.21　0.75g 伸缩缝处碰撞应变

第 5 章 多维地震激励下非规则人字形桥梁地震模拟振动台试验研究

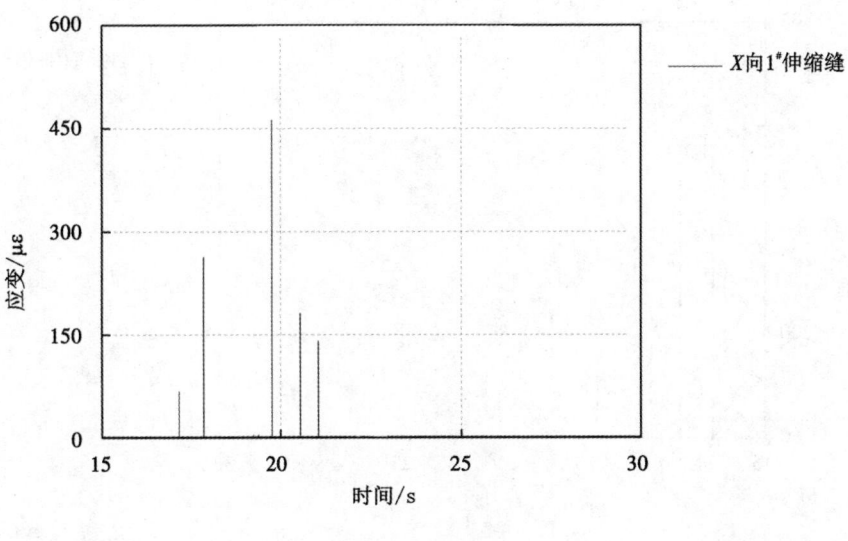

(a) X 向 1# 伸缩缝

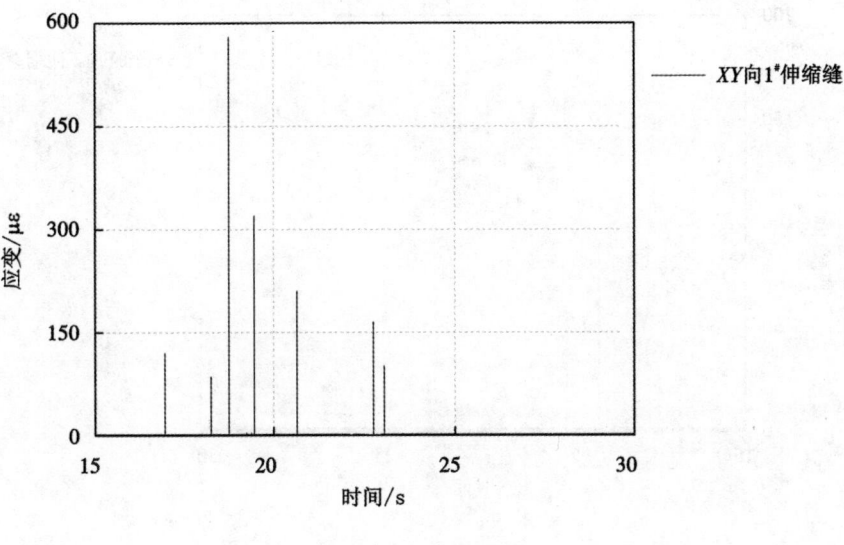

(b) XY 向 1# 伸缩缝

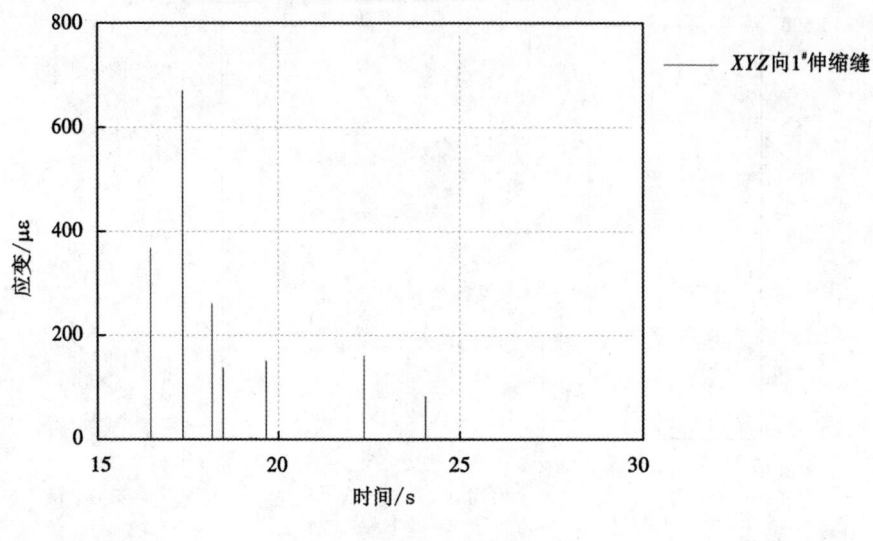

(c) XYZ 向 $1^{\#}$ 伸缩缝

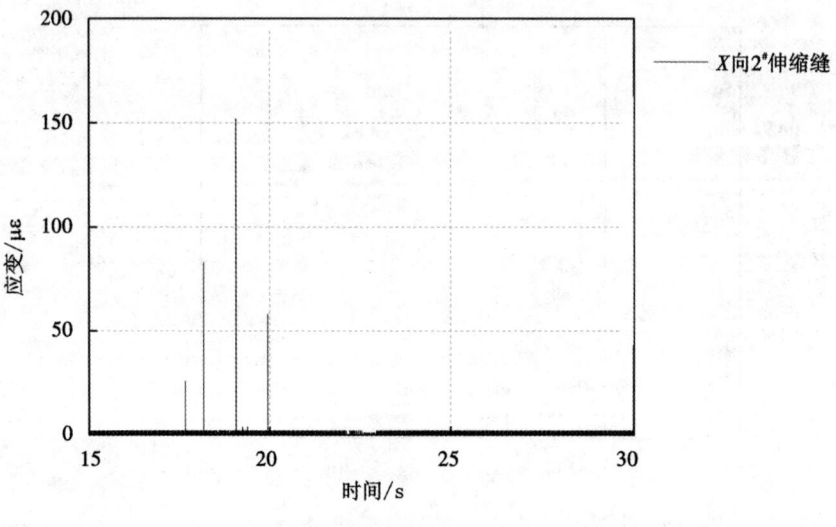

(d) X 向 $2^{\#}$ 伸缩缝

第5章 多维地震激励下非规则人字形桥梁地震模拟振动台试验研究

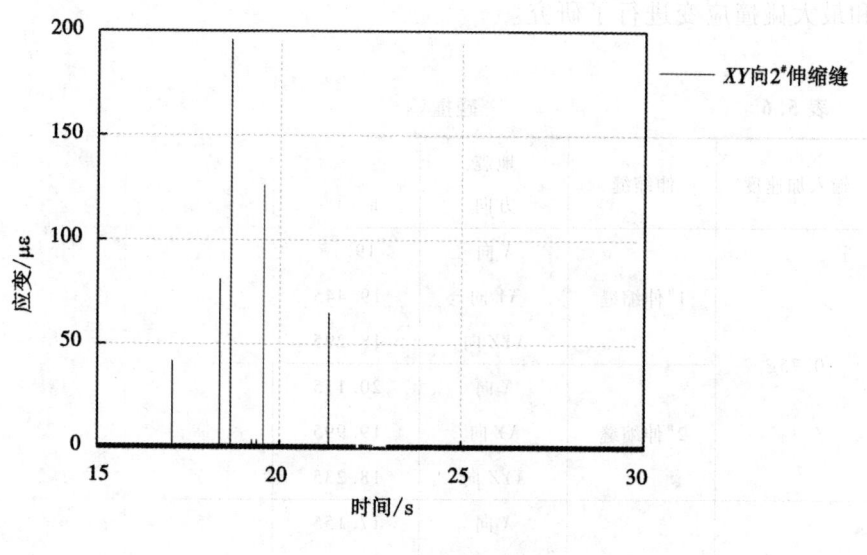

(e) XY 向 $2^\#$ 伸缩缝

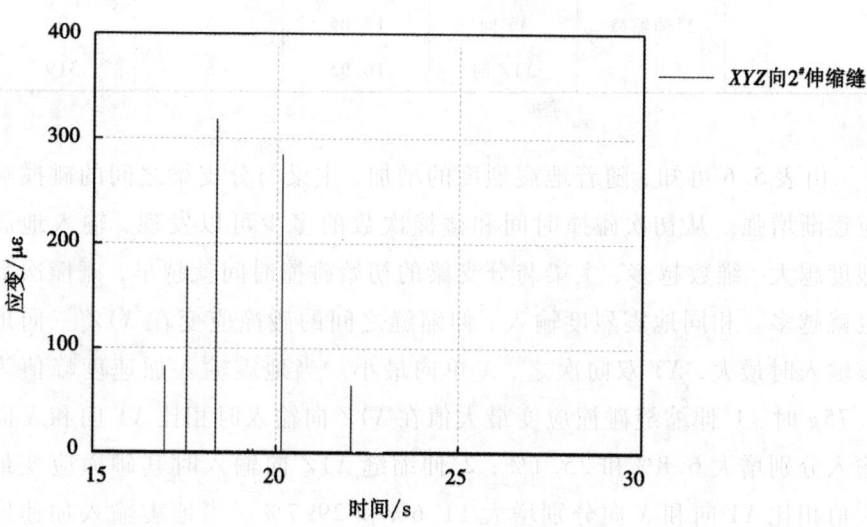

(f) XYZ 向 $2^\#$ 伸缩缝

图 5.22 1g 伸缩缝处碰撞应变

表 5.6 中分别对图 5.21 和图 5.22 中的初次碰撞时间、碰撞次数和最大碰撞应变进行了研究。

表 5.6 碰撞响应

输入加速度	伸缩缝	地震方向	初次碰撞时间/s	碰撞次数	最大碰撞应变/10^{-6}
0.75g	1#伸缩缝	X 向	19.15	3	454
		XY 向	19.445	6	532
		XYZ 向	18.295	6	568
	2#伸缩缝	X 向	20.115	3	148
		XY 向	19.995	4	172
		XYZ 向	18.235	7	192
1g	1#伸缩缝	X 向	17.155	5	463
		XY 向	16.95	7	580
		XYZ 向	16.455	7	670
	2#伸缩缝	X 向	17.65	4	152
		XY 向	17.05	5	196
		XYZ 向	16.95	5	319

由表 5.6 可知，随着地震烈度的增加，主梁与分支梁之间的碰撞响应逐渐增强。从初次碰撞时间和碰撞次数的多少可以发现，输入地震烈度越大、维数越多，主梁与分支梁的初始碰撞时间就越早，碰撞次数也就越多。相同地震烈度输入、伸缩缝之间的碰撞应变在 XYZ 三向地震输入时最大，XY 双向次之，X 单向最小。当地震输入加速度峰值为 0.75g 时，1#伸缩缝碰撞应变最大值在 XYZ 向输入时相比 XY 向和 X 向输入分别增大 6.8%和 25.1%；2#伸缩缝 XYZ 向输入时其碰撞应变最大值相比 XY 向和 X 向分别增大 11.6%和 29.7%。当地震输入加速度峰值为 1g 时，1#伸缩缝碰撞应变最大值在 XYZ 向输入时相比 XY 向和 X 向输入分别增大 15.5%和 44.7%；2#伸缩缝 XYZ 向输入时其碰撞应变最大值相比 XY 向和 X 向分别增大 62.8%和 109.9%。当地震输入加速度峰值为 0.75g 时，分支直梁与主梁的碰撞应变为分支曲梁与主

梁的 2.96 倍；当地震输入加速度峰值为 1g 时，分支直梁与主梁的碰撞应变为分支曲梁与分支直梁的 2.10 倍。以上分析说明，人字形桥梁伸缩缝处的碰撞响应受地震烈度及地震输入方向的影响较大。在研究人字形桥梁伸缩缝处的碰撞效应时应对其进行设防烈度的多维输入，满足最不利状态的抗震需求；不同伸缩缝处的不同碰撞应变说明，人字形桥梁应对主梁与分支直梁和分支曲梁处的伸缩缝宽度按照不同的设计宽度进行设计。

5.5.7 地震波频谱特性作用分析

为探讨不同场地地震波频谱特性对结构动力响应的影响，对模型桥依次施加 0.5g 峰值加速度的帝王谷波、El-Centro 波、兰州波。各桥墩顶加速度及应变响应峰值，如表 5.7 和表 5.8 所示。

表 5.7　　　　　不同地震波作用下结构加速度响应

地震波	1#墩	2#墩	3#墩	4#墩	5#墩	6#墩
帝王谷波	0.501g	0.523g	0.638g	0.596g	0.398g	0.376g
El-Centro 波	0.472g	0.587g	0.769g	0.673g	0.45g	0.433g
兰州波	0.596g	0.701g	0.742g	0.729g	0.552g	0.465g

表 5.8　　　　　不同地震波作用下墩底应变响应

地震波	1#桥	2#桥	3#桥	4#桥	5#桥	6#桥
帝王谷波	189g	96g	239g	88g	156g	76g
El-Centro 波	314g	144g	356g	102g	198g	106g
兰州波	341g	193g	385g	106g	229g	153g

从表 5.7 和表 5.8 分析可知以下两点。

① 不同地震波作用下，各墩顶加速度及墩底应变响应峰值不尽相同，说明地震波的频谱差异对结构的动力响应影响较大，应根据不同的场地类型选择适合于结构所在地场的特性地震波。

② 由于兰州波的频带分布较宽，地震波幅值在各阶段比较接近，因此，相比另外两种地震波能量较大，故各桥墩墩顶、墩底动力响应峰值均较大。

5.6 有限元分析

本书以试验模型桥梁为对象，采用通用有限元软件 Ansys 建立模型桥梁的有限元模型，探讨模型桥梁多维激励下有限元计算结果与试验结果的吻合程度。本节仅进行 El-Centro 波作用下的结果对比。

5.6.1 支座模拟

模型桥梁中存在固定支座与滑动支座两种类型。固定支座表现为刚塑性，其初始刚度非常大，超过设计水平力则支座破坏，刚度为零；计算模型中，支座刚度取试验中的实测数据。有限元模型中，$1^\#$、$3^\#$、$5^\#$ 墩与梁之间固定支座采用 3 个 combin14 单元模拟；$2^\#$、$4^\#$、$6^\#$ 墩与梁之间的滑动支座水平刚度采用两个 combin40 单元模拟，竖向刚度采用 1 个 combin14 单元模拟。

5.6.2 伸缩缝模拟

为模拟伸缩缝处的碰撞，伸缩缝处采用如图 5.23 所示的碰撞单元模拟，有限元软件中碰撞单元采用 combin40 单元模拟。接触单元的非线性力-位移关系，如式（5.6）所示。

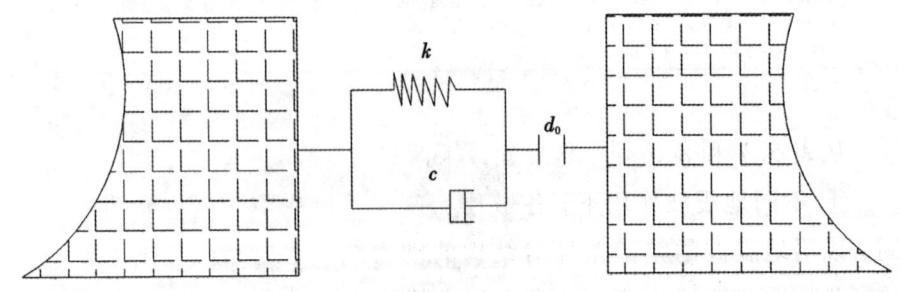

图 5.23 伸缩缝模拟

$$f = \begin{cases} k(d_0 + x), & d_0 + x < 0 \\ 0, & d_0 + x \geqslant 0 \end{cases} \quad (5.6)$$

式中：d_0——伸缩缝初始间隙；

x——地震作用下伸缩缝处相邻梁体的相对位移；

k——接触刚度。

根据以往研究，碰撞刚度取梁体的轴向刚度，本书碰撞刚度取 $k = 5.376 \times 10^7 \mathrm{N/m}$。

碰撞过程中的能量损失采用阻尼比表示，阻尼的大小与碰撞过程的恢复系数 e 有关，对于混凝土材料，$e = 0.65$。根据恢复系数，可得到阻尼的计算公式为

$$\xi = \frac{-\ln e}{\sqrt{\pi^2 + (\ln e)^2}} \quad (5.7)$$

$$c = 2\xi \sqrt{k \left(\frac{m_1 m_2}{m_1 + m_2} \right)} \quad (5.8)$$

式中：m_1, m_2——伸缩缝相邻联梁体的质量。

5.6.3 主梁、桥墩及边界条件模拟

为减小误差，1#异形梁建模时采用空间梁格法建立，梁格分割箱梁的同时保证荷载正确传递，分割后的构件单元和刚性梁单元分别采用 beam188 和 mpc184 单元建立，2# 和 3# 梁采用 beam188 单元建立。桥墩均采用 beam4 单元模拟。有限元模型边界条件为墩底全固结，在计算地震荷载时，去掉桥墩底部地震波输入方向上的约束并在此方向上输入地震加速度。

根据以上建模原则，模型桥梁有限元模型，如图 5.24 所示。

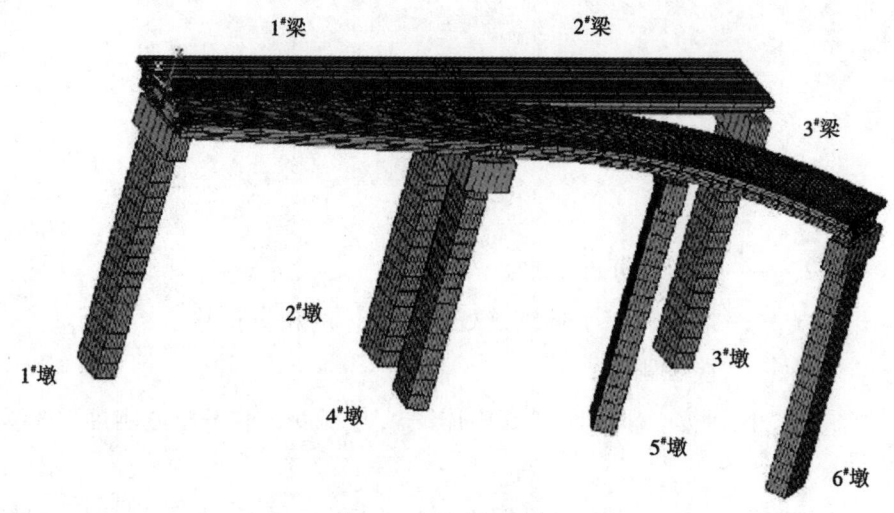

图 5.24 有限元模型

5.7 有限元与试验结果对比

5.7.1 结构动力特性对比

由于有限元软件中较难模拟结构在损伤状态下的一阶频率，故本书仅将有限元软件计算的结构无损伤状态的一阶频率与试验前的白噪声扫描结果进行对比，如表 5.9 所示。分析表 5.9 中的数据可知，X 方向一阶频率误差均在 6.1% 以内，Y 方向的一阶频率误差为 6.4% 以内，Z 方向的一阶频率误差均在 9.2% 以内，计算结果与试验结果基本一致。分析后发现，引起误差的原因主要是模型制作误差、模型配重不均匀，以及测试仪器精度不高等。

表 5.9　　　　　　　　频率计算值与试验值比较　　　　　　　　　　Hz

方向	试验值	计算值	计算值/试验值
X	4.364	4.098	0.939
Y	6.264	5.862	0.936
Z	22.958	20.852	0.908

5.7.2　加速度响应比较研究

表 5.10 是地震输入加速度峰值为 $0.5g$ 时墩顶顺桥向各测点加速度有限元计算与试验结果的对比情况，其中，最大误差为 9.5%。引起此差别的主要原因除了动力特性对比中所列出的原因之外，还因为有限元建模中加速度可以足值输入，但实际模型在地震波加载过程中并非完全按照理论加速度峰值等值输入。

表 5.10　　　　　　　　加速度计算值与试验值比较

墩号	X			XY			XYZ		
	试验	计算	计算/试验	试验	计算	计算/试验	试验	计算	计算/试验
1	0.513g	0.561g	1.094g	0.601g	0.571g	0.950g	0.616g	0.581g	0.943g
2	0.638g	0.616g	0.966g	0.732g	0.701g	0.958g	0.759g	0.719g	0.947g
3	0.836g	0.891g	1.066g	0.915g	0.991g	1.083g	0.941g	0.901g	0.957g
4	0.731g	0.694g	0.949g	0.882g	0.941g	1.067g	0.892g	0.951g	1.066g
5	0.489g	0.451g	0.922g	0.576g	0.611g	1.061g	0.612g	0.652g	1.065g
6	0.471g	0.498g	1.057g	0.551g	0.521g	0.946g	0.610g	0.668g	1.095g

5.7.3　邻梁相对位移响应比较研究

表 5.11 给出了地震输入加速度峰值为 $0.75g$ 时，试验与有限元计算结果对比数据，其中，$1^{\#}$梁与 $2^{\#}$梁间相对位移峰值最大误差为 13.0%。引起此差别的主要原因除以上原因外，还因为伸缩缝处碰撞单元参数的选取是根据理论计算结果输入，与实际模型桥伸缩缝处设置的碰撞装置存在一定的差异。

表 5.11　　　　　相对位移计算值与试验值比较　　　　　　　　mm

邻梁	X			XY			XYZ		
	试验值	计算值	计算/试验值	试验值	计算值	计算/试验值	试验值	计算值	计算/试验值
$1^\#\sim2^\#$	10.251	11.069	1.080	12.971	11.861	0.914	13.265	14.987	1.130
$1^\#\sim3^\#$	5.31	4.928	0.928	5.64	5.945	1.054	6.63	7.207	1.087

第6章　考虑支座摩擦滑移及结构碰撞的非规则人字形桥梁地震响应分析

在以往的震害调查研究中发现,若桥梁结构的支座发生破坏,则该桥梁桥墩的震害会相对较轻,这种现象说明支座的破坏可以有效地减小桥墩的破坏,但同时支座的摩擦滑移也增加了梁体与梁体之间、梁体与限位装置碰撞或者落梁的可能性。目前,国内外单独针对桥梁结构进行支座摩擦滑移的研究较多,将支座摩擦滑移、伸缩缝(纵向)处碰撞、限位装置(横向)碰撞结合起来的研究还相对较少,尤其是考虑支座摩擦滑移及碰撞效应的非规则桥梁的抗震研究目前还鲜有深入。基于此,本章以第5章振动台试验及模型的有限元模型为基础,建立原型人字形桥梁的有限元模型,对考虑支座摩擦滑移及结构碰撞的非规则人字形桥梁的抗震性能进行详细研究。

6.1　桥梁概况

本章以第5章中振动台试验模型桥梁的原型为研究对象,该桥由 $1^\#$ 主梁和 $2^\#$ 分支直梁,以及 $3^\#$ 分支曲梁组成。$1^\#$ 主梁为变截面异形梁,桥梁跨度为36m,梁体从左端至右端宽度方向从14m渐变至17.6m,梁体高度方向采用等高布置;$2^\#$ 分支直梁梁体为等截面简支箱型梁,跨度为36m;$3^\#$ 分支曲梁为等截面连续梁,单跨跨度为20m。桥墩为矩形实心墩。桥梁平面形式及主要截面布置,如图6.1所示。

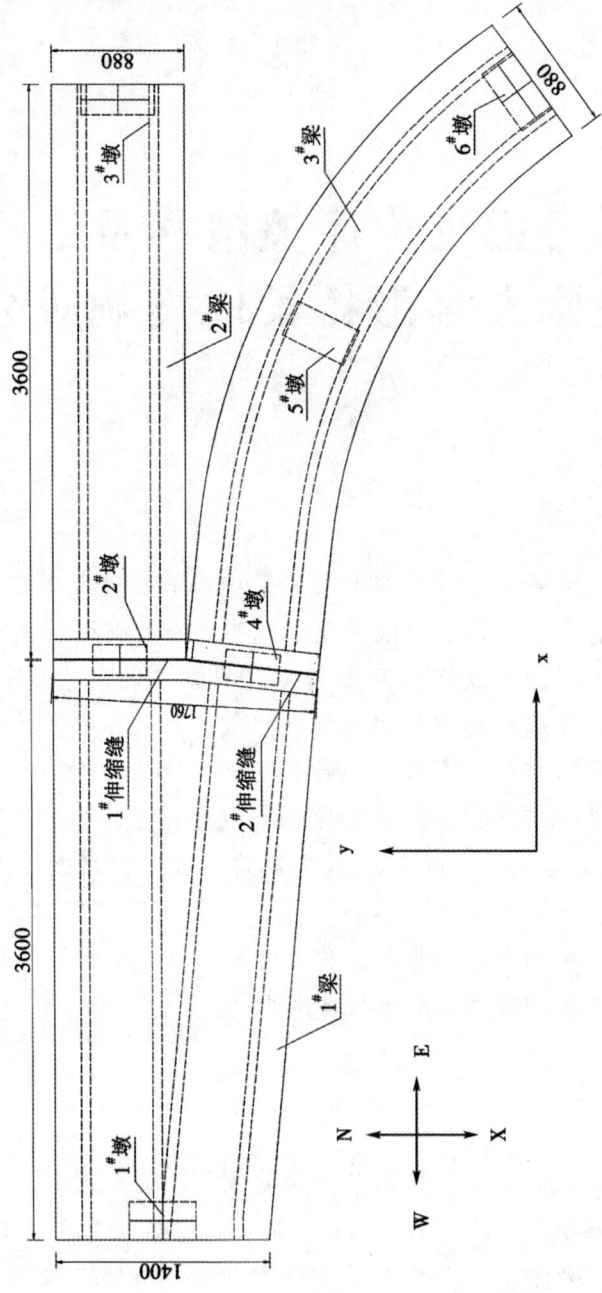

(a) 桥梁平面

第6章 考虑支座摩擦滑移及结构碰撞的非规则人字形桥梁地震响应分析

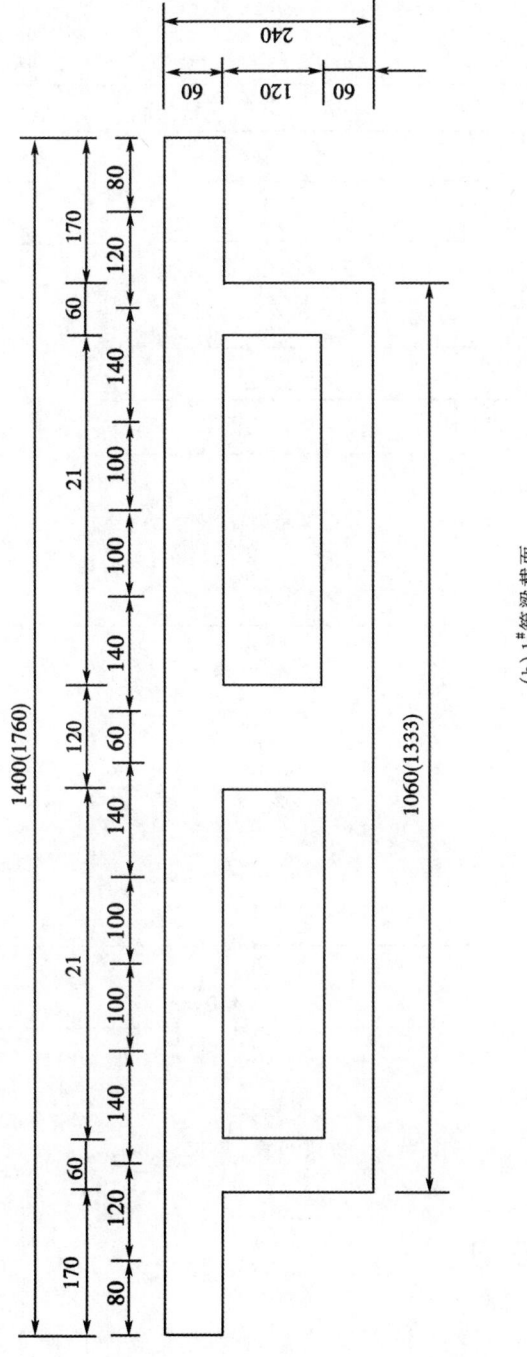

(b) 1#箱梁截面

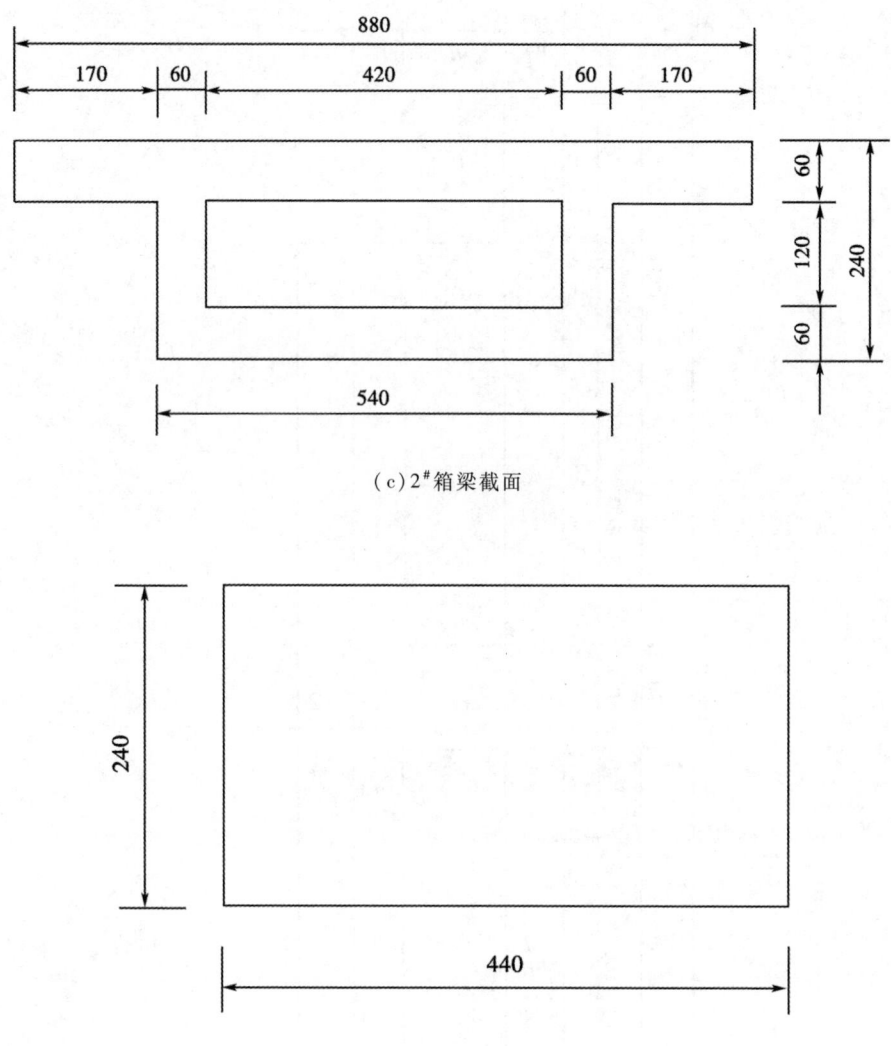

(c)2#箱梁截面

(d)桥墩截面

图 6.1 桥梁布置(单位:cm)

6.2 计算模型

根据本章研究目的,针对结构是否考虑支座摩擦滑移及碰撞,建立以下 6 种计算模型。

模型 1:不考虑支座摩擦滑移及结构的碰撞作用,其中,1#梁左端、

$2^\#$梁右端、$5^\#$墩上设置固定支座。

模型2：不考虑支座的摩擦滑移，考虑邻梁伸缩缝处的碰撞作用。

模型3：考虑支座摩擦滑移，活动支座的摩擦系数取0.05，支座滑动后的刚度取小值(万分之一)。

模型4：考虑支座摩擦滑移和邻梁伸缩缝处的碰撞作用。

模型5：不考虑支座的摩擦滑移，考虑梁体与挡块的横向碰撞。

模型6：考虑支座摩擦滑移及梁体与挡块的横向碰撞。

6.3 有限元模型的建立

根据第6.4节的计算模型，采用第5章中建立试验模型有限元时的建模方法，通过通用有限元软件Ansys 14.5建立6种模型的有限元计算模型。箱梁、桥墩、支座、碰撞单元及边界的模拟简要叙述分别如下。

① 箱梁桥墩的模拟。箱梁和桥墩均采用C50混凝土进行模拟，在Ansys软件中采用beam188单元模拟。

② 支座的模拟。在模型建立过程中，固定支座通过节点之间的耦合(释放三向扭转自由度)进行模拟。不考虑支座摩擦滑移时，板式橡胶支座通过将桥墩墩顶节点与梁体节点竖向自由度耦合来进行模拟。考虑支座摩擦滑移时，板式橡胶支座采用combin40单元进行模拟，单元中支座刚度 $K_z = 2 \times 10^4$ kN/m，支座单元的极限滑动摩擦力 $FSLDE = 1 \times 10^2$ kN($\mu = 0.05$)。

③ 伸缩缝及碰撞挡块的模拟。碰撞单元分为伸缩缝处的碰撞单元和梁体与挡块处的碰撞单元。伸缩缝处的碰撞单元按照梁轴向刚度近似取值，$1^\#$、$2^\#$伸缩缝处的碰撞刚度取值近似为 $K_s = 1 \times 10^7$ kN/m，伸缩缝处碰撞单元的初始间隙 GAP = 0.04m。梁体与挡块之间的横向碰撞单元的刚度根据挡块的抗弯刚度(考虑剪切变形)取值为 $K_d = 1.2 \times 10^7$ kN/m，横向碰撞单元初始间隙为 GAP = 0.05m。

④ 边界条件模拟。模型不考虑桩土相互作用，桥墩底部固结，不考虑桥台与土的相互作用。

6.4 地震波的选取

模型计算过程中随机选取 El-Centro 波、Taft 波、兰州波,归一化的地震波加速度时程曲线,如图 6.2 所示。实际计算时,将 3 条地震波的加速度峰值调整为 $0.4g$。

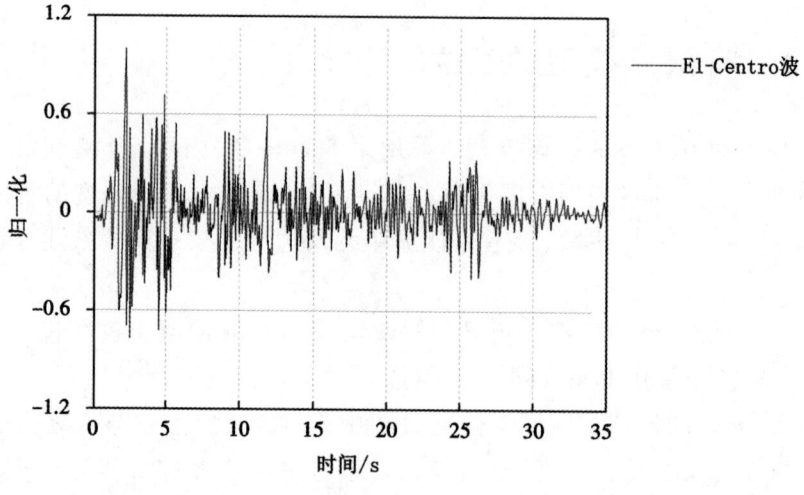

(a) El-Centro 波

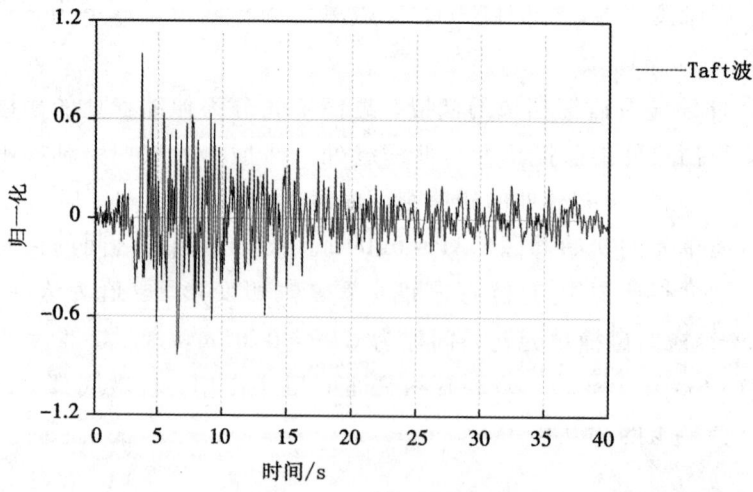

(b) Taft 波

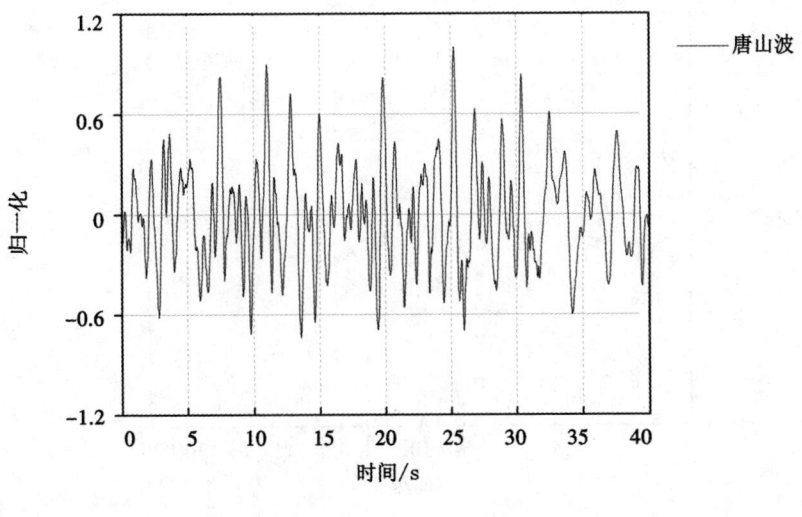

(c)唐山波

图 6.2 地震波加速度时程曲线

6.5 数值模拟结果

6.5.1 桥墩位移计算结果

本节对各模型桥在不同地震作用下的桥墩墩顶位移进行了详细研究。图 6.3 给出了 El-Centro 波作用下,模型 1 的 1#墩—6#墩—顶位移时程曲线,鉴于篇幅原因其余两种地震波作用下各模型的位移时程曲线未一一给出。图 6.4 给出了各墩在不同地震波作用下桥墩墩顶的位移对比情况[图 6.4 中(a)~(f)代表 1#墩—6#墩的墩顶纵向位移,(g)(h)分别代表 5#墩、6#墩墩顶的横向位移。

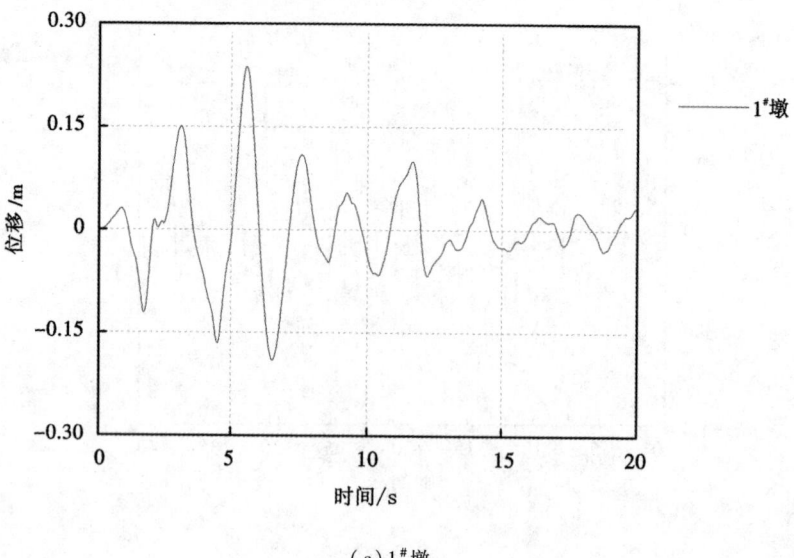

(a) 1#墩

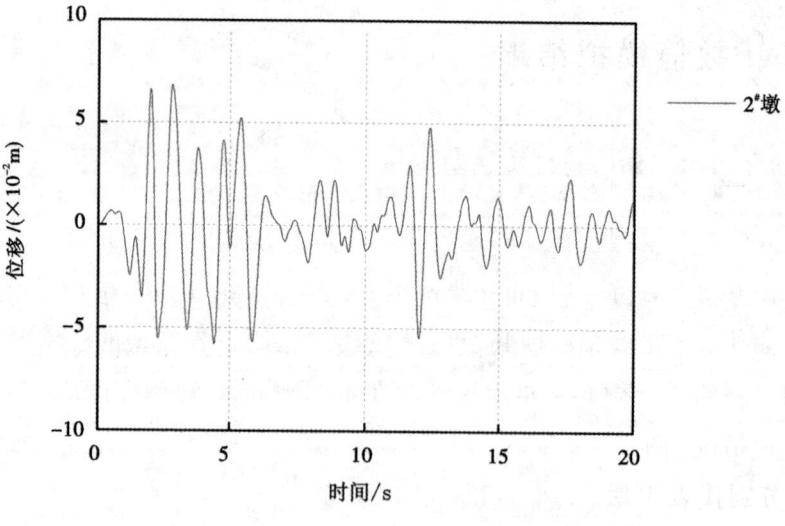

(b) 2#墩

第6章 考虑支座摩擦滑移及结构碰撞的非规则人字形桥梁地震响应分析

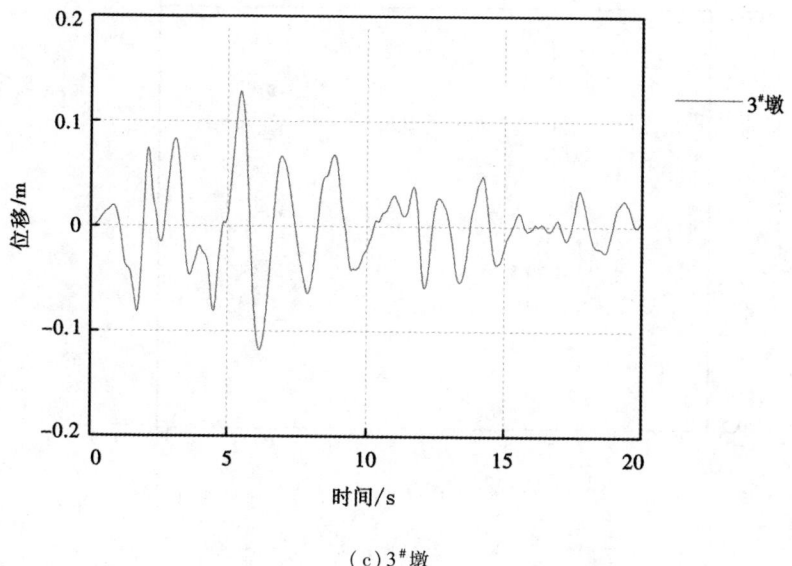

(c) 3#墩

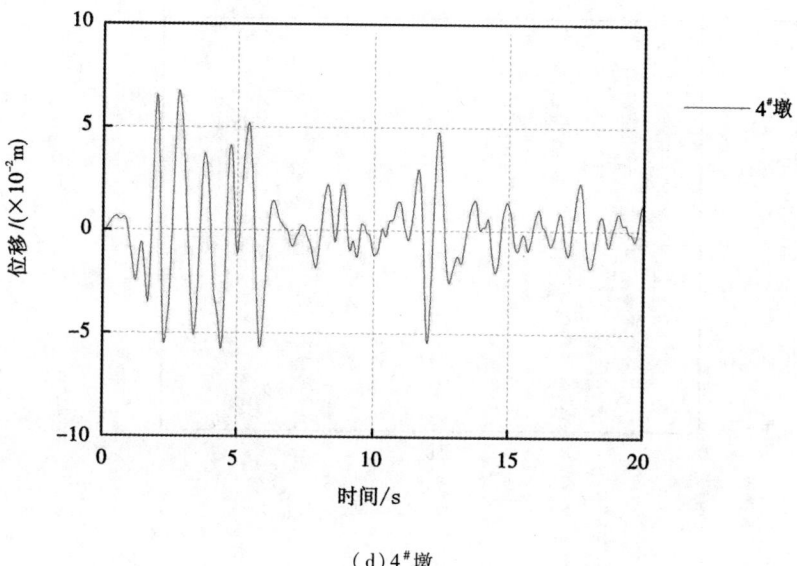

(d) 4#墩

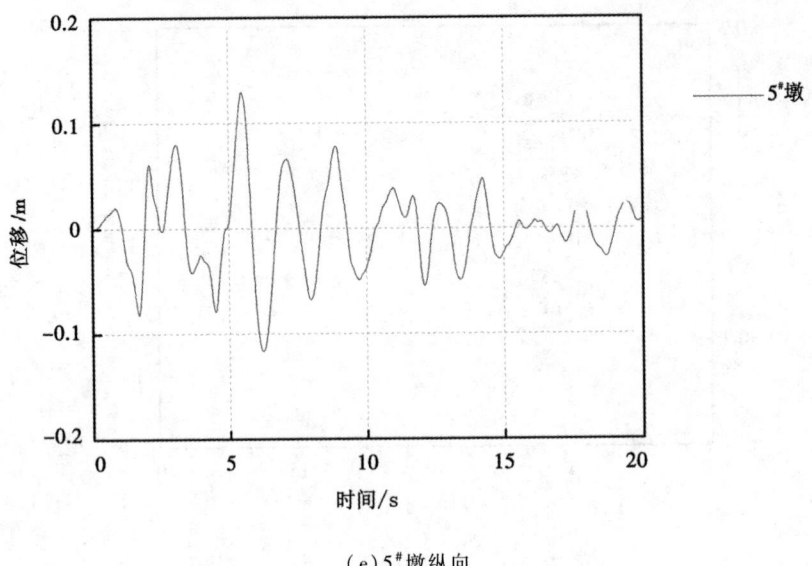

(e) 5#墩纵向

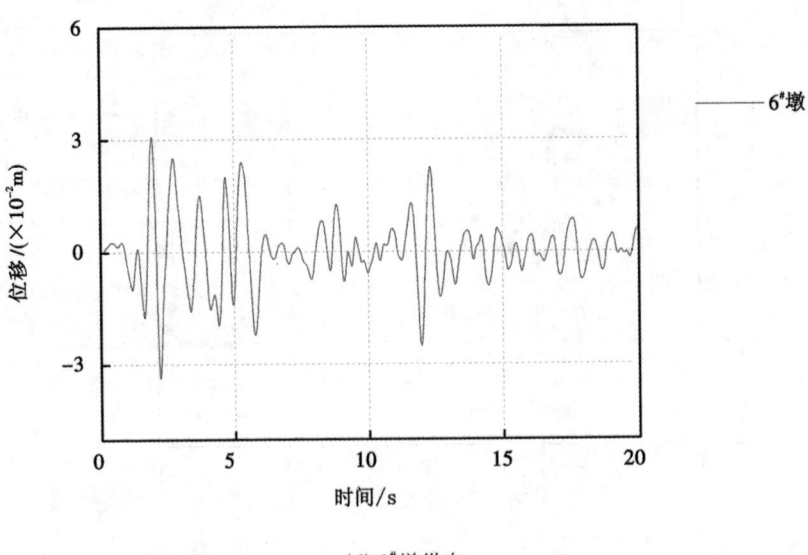

(f) 6#墩纵向

第 6 章　考虑支座摩擦滑移及结构碰撞的非规则人字形桥梁地震响应分析

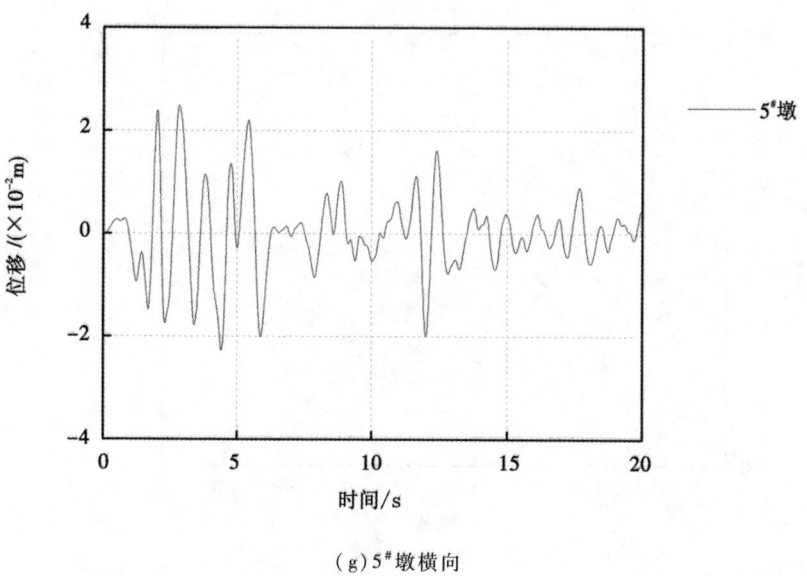

(g) 5#墩横向

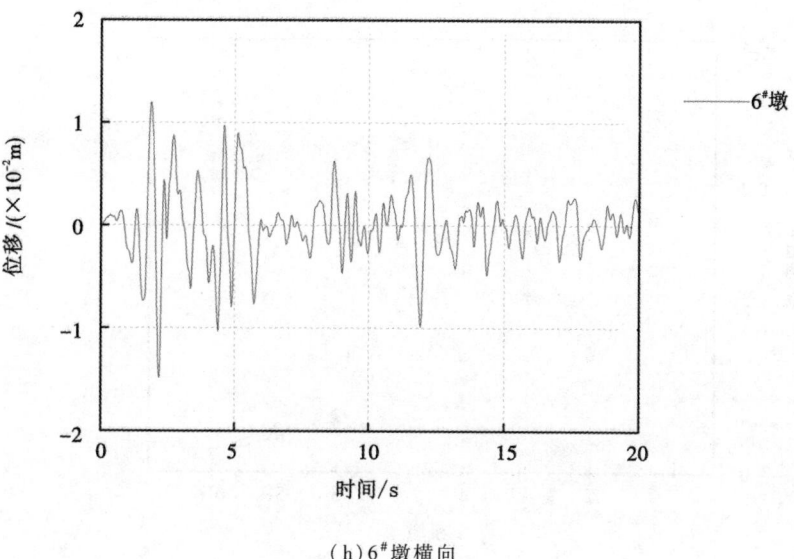

(h) 6#墩横向

图 6.3　各墩顶位移时程曲线

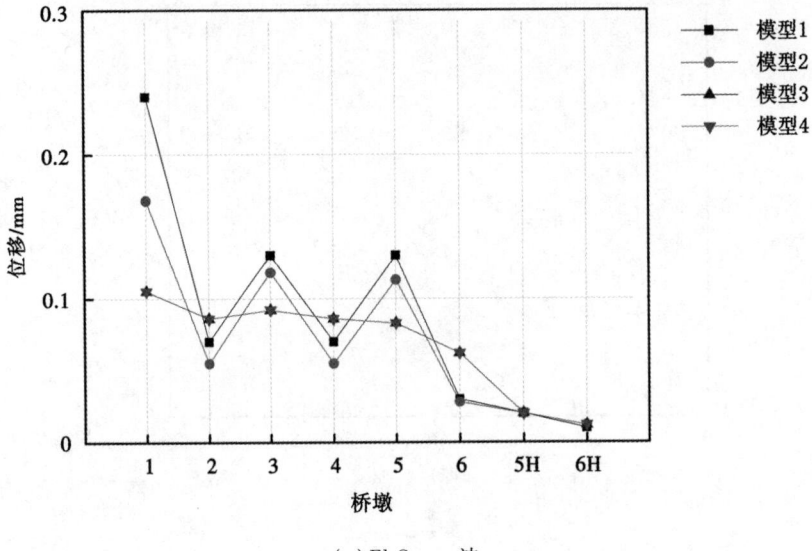

(a) El-Centro 波

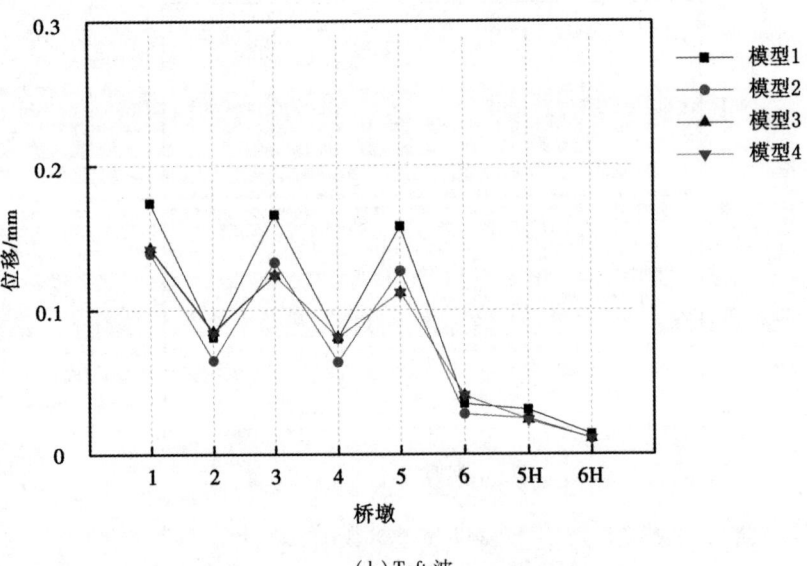

(b) Taft 波

第6章 考虑支座摩擦滑移及结构碰撞的非规则人字形桥梁地震响应分析

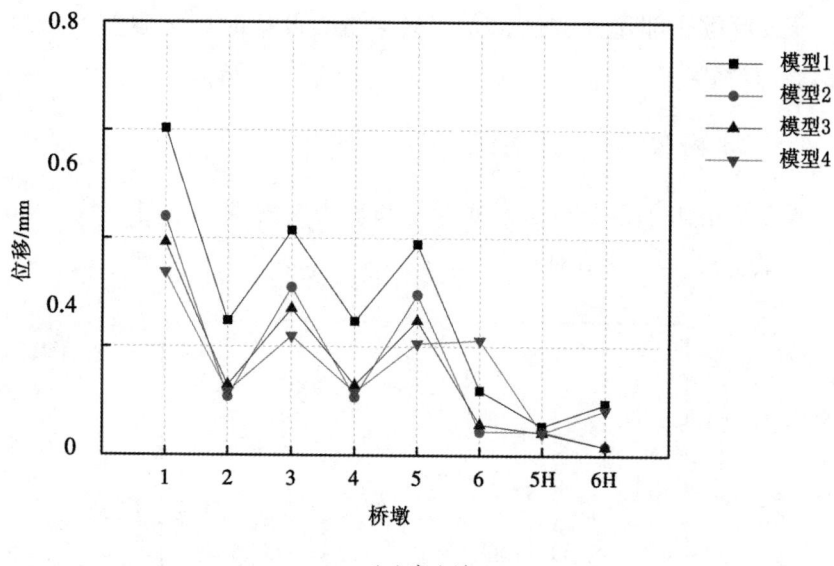

(c) 唐山波

图 6.4 不同地震波作用下各墩顶位移峰值对比

由图 6.3 和图 6.4 分析可得出的结论有以下几点。

① 相同地震加速度峰值,不同地震波作用,各模型桥墩的墩顶位移响应差别较大,说明地震波频谱特性对结构的动力响应影响较大,桥梁结构抗震设计时应根据不同的场地类型选择合适的地震波。

② 不同地震波作用下,模型 2 的墩顶位移响应峰值均小于模型 1,说明考虑碰撞作用使得桥墩的墩顶位移相比不考虑时有所降低。碰撞作用使模型固定墩的墩顶纵向位移峰值减小 9%~30%,使得活动墩的墩顶纵向位移峰值减小 7%~51%。

③ 模型 3、模型 4 相对模型 1 的 $1^{\#}$墩, $3^{\#}$墩, $5^{\#}$墩墩顶位移峰值均有不同程度的降低,说明考虑支座摩擦滑移和结构碰撞可使桥梁结构固定墩的墩顶位移峰值降低。

④ 模型 4 相对模型 3 在 El-Centro 波和 Taft 波作用下各桥墩墩顶位移峰值基本不变,在唐山波作用下模型 4 相对模型 3 的固定墩墩顶纵桥向位移峰值减小。

⑤ 曲线梁段下部桥墩在地震作用下,桥墩不仅存在纵桥向的位移,同时,也存在横桥向的位移,因而地震作用下可能会存在桥墩扭转损

伤,导致桥墩底部塑性铰区出现扭转裂缝,设计时应加强塑性铰区抗扭钢筋的设置。

6.5.2 桥墩内力计算结果

图 6.5 给出了部分桥墩墩底弯矩和剪力时程曲线,图 6.6~图 6.8 为各桥墩墩底弯矩峰值对比。

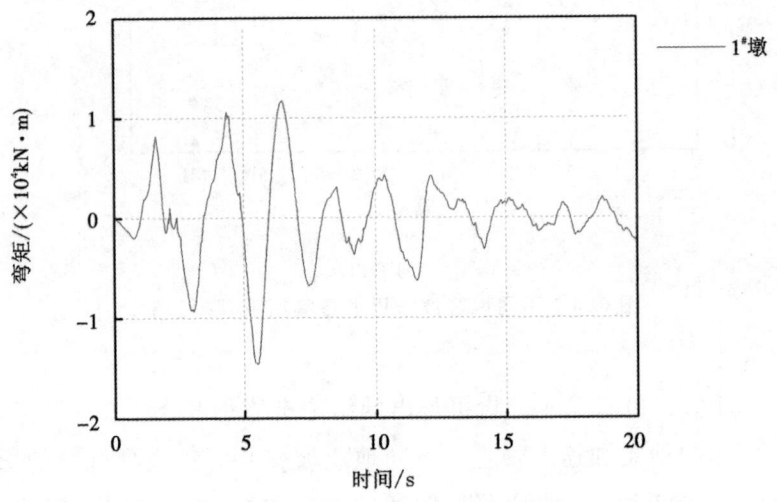

(a) 1#墩弯矩时程

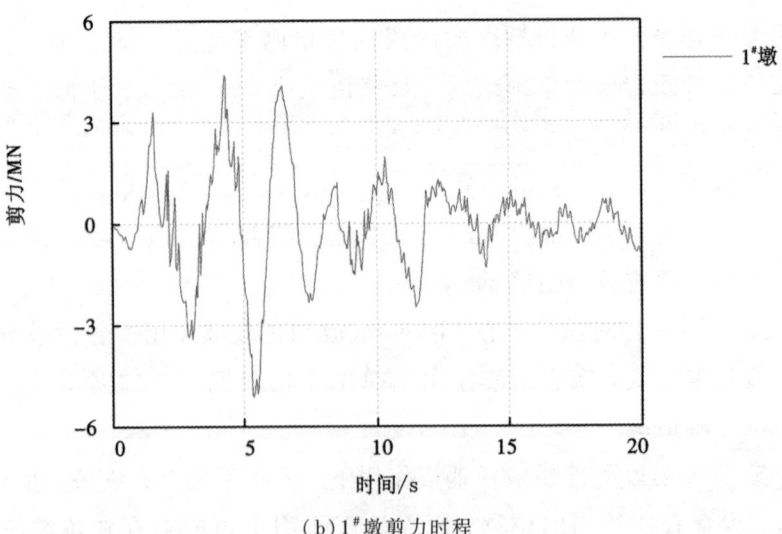

(b) 1#墩剪力时程

第6章 考虑支座摩擦滑移及结构碰撞的非规则人字形桥梁地震响应分析

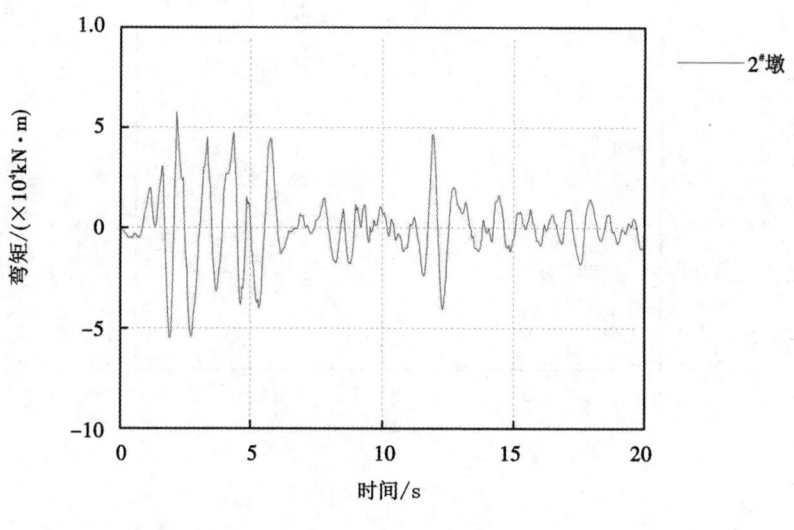

(c) 2#墩弯矩时程

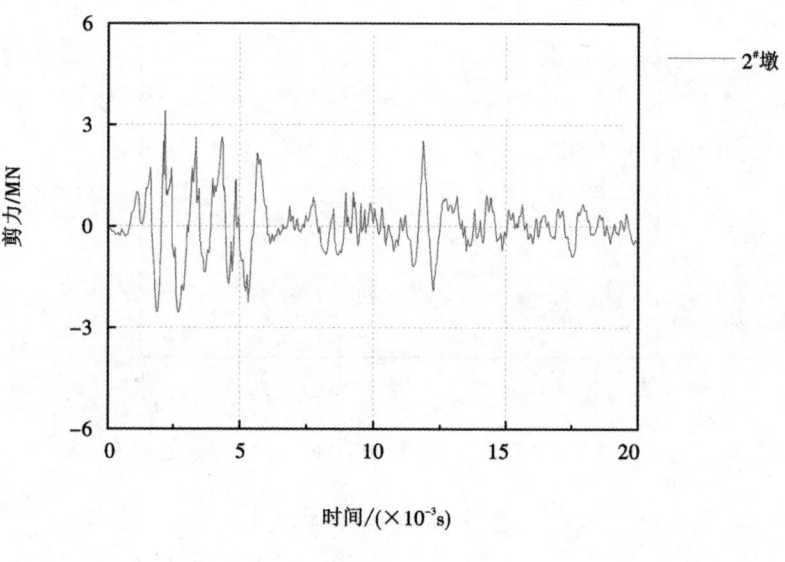

(d) 2#墩剪力时程

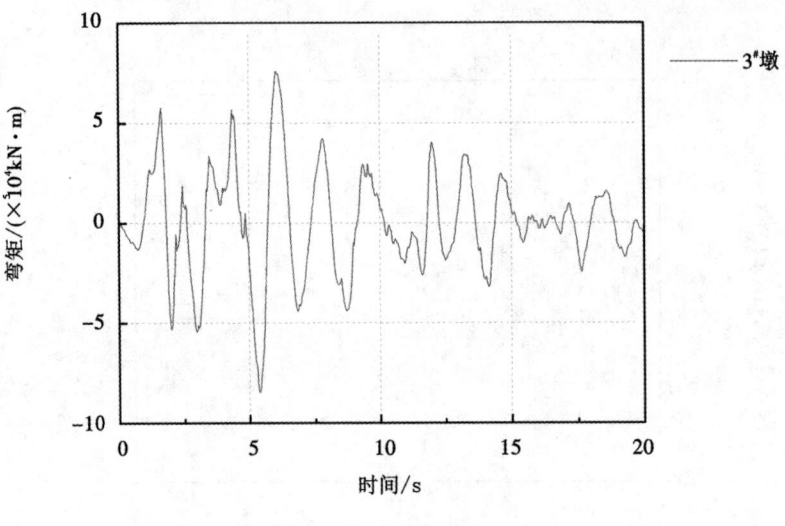

(e) 3#墩弯矩时程

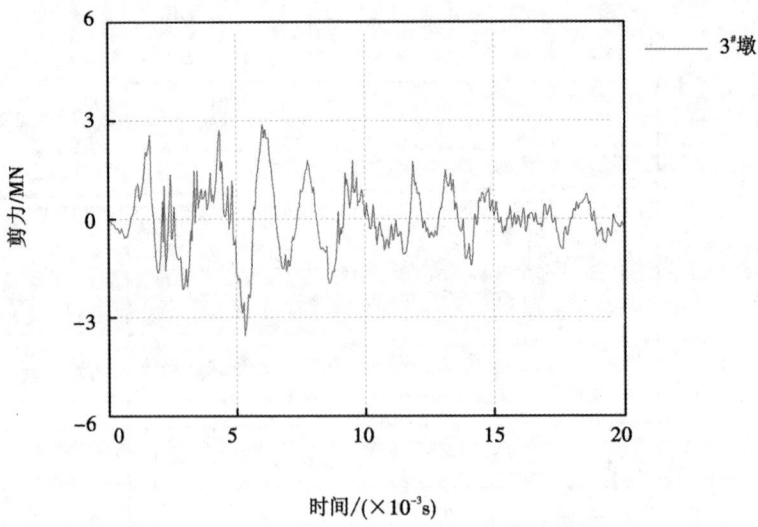

(f) 3#墩剪力时程

第6章 考虑支座摩擦滑移及结构碰撞的非规则人字形桥梁地震响应分析

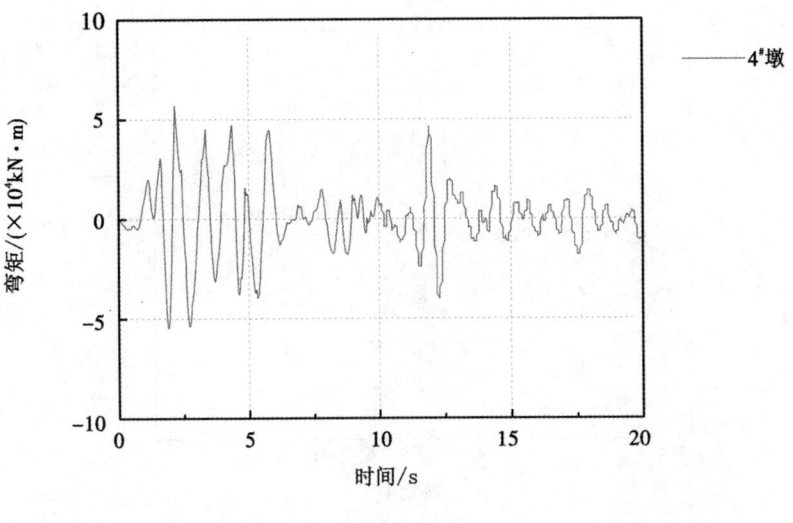

(g) 4#墩弯矩时程

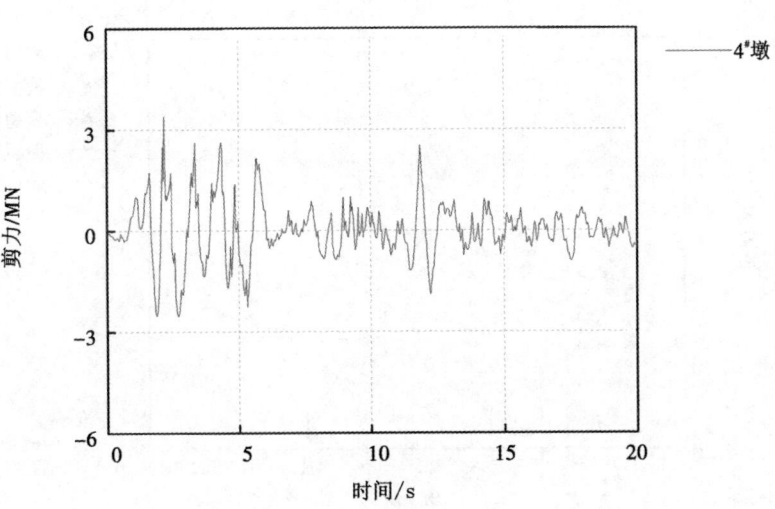

(h) 4#墩剪力时程

图6.5 桥墩弯矩、剪力时程曲线

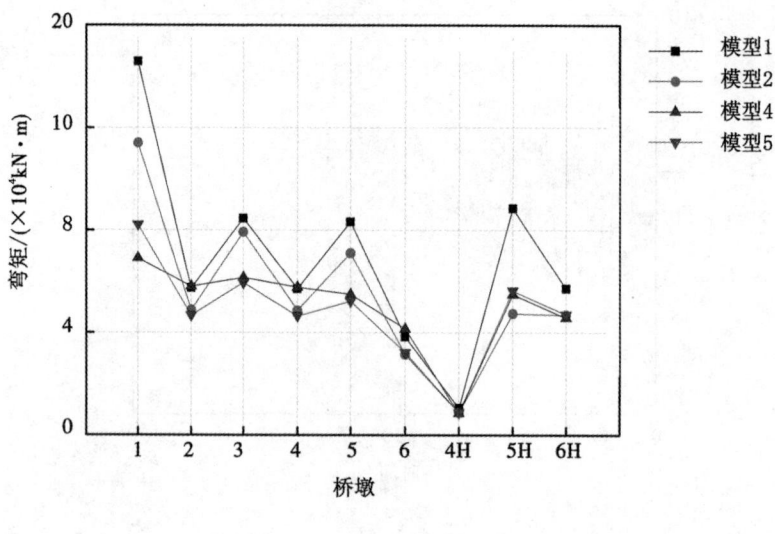

(a) 弯矩

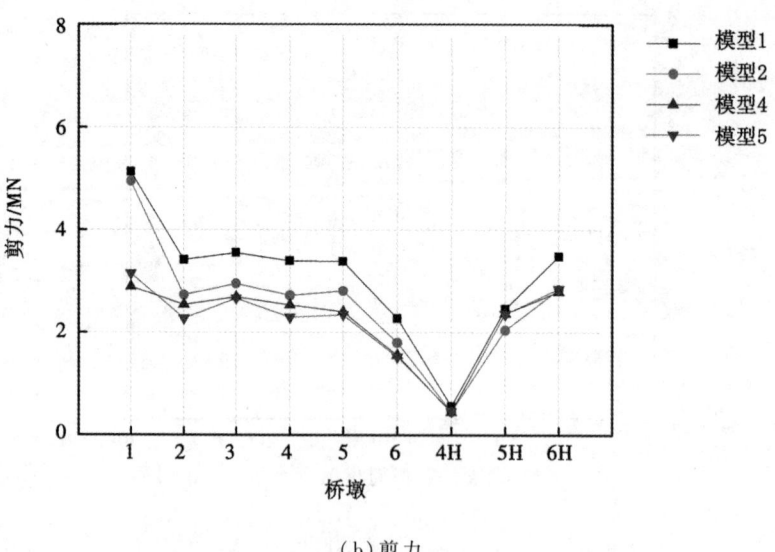

(b) 剪力

图 6.6 El-Centro 波下各墩底弯矩、剪力峰值对比

第6章　考虑支座摩擦滑移及结构碰撞的非规则人字形桥梁地震响应分析

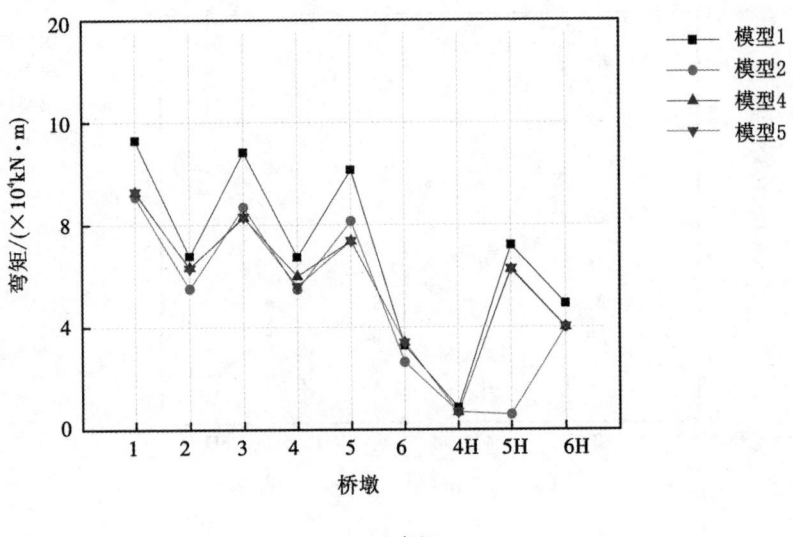

(a) 弯矩

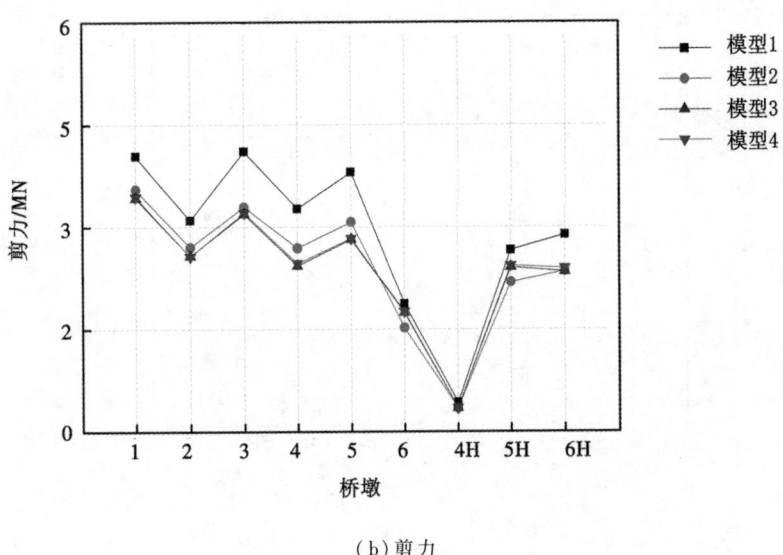

(b) 剪力

图 6.7　Taft 波下各墩底弯矩、剪力峰值对比

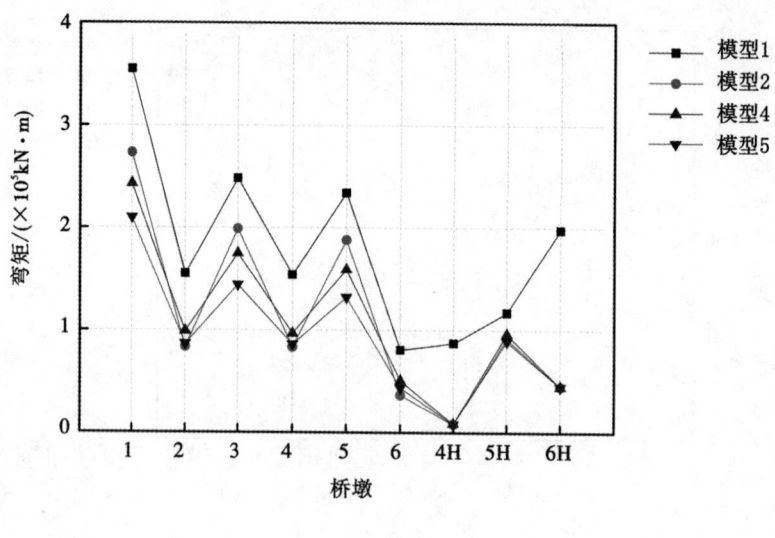

(a)弯矩

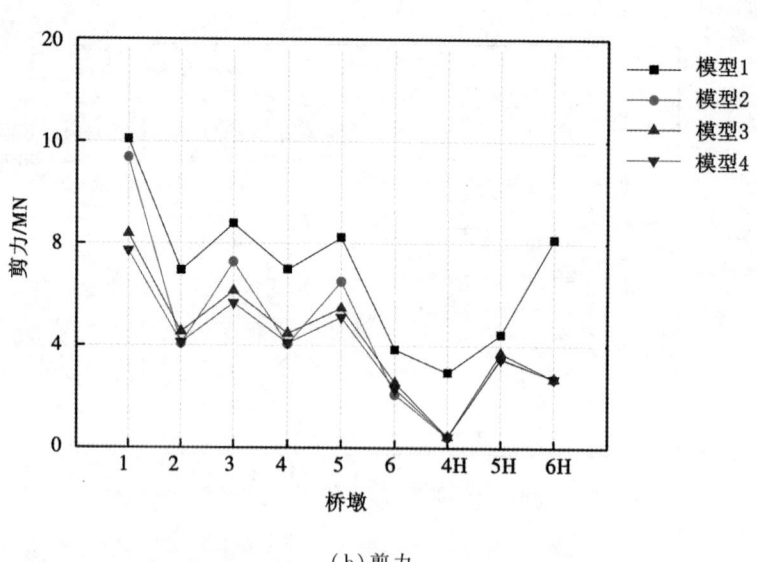

(b)剪力

图 6.8 唐山波下各墩底弯矩、剪力峰值对比

由图 6.5~图 6.8 分析可得出结论有以下几点。

① 本桥进行了 0.4g 的地面峰值加速度输入,属于强震作用,支座滑动和结构碰撞对结构的动力响应影响较明显。因此,为获得强震作用下的桥跨结构较为真实的整体非线性动力响应特性,必须考虑这些非线性边界因素对结构动力响应的影响。

② 考虑支座滑动性能可使得桥梁结构桥墩的内力有不同程度的减小,可见支座的滑动性能对桥墩的地震响应有明显的隔震作用。

③ 考虑邻梁的碰撞作用可使桥墩纵、横向的内力均有减小,说明不考虑邻梁之间的碰撞作用的计算结果偏于安全,但不利于节省材料。

④ 综合考虑支座摩擦滑移和邻梁之间的碰撞作用时,碰撞作用对桥墩的地震响应结果影响不再明显,这再次表现出了支座滑动性能所产生的隔震作用。

6.5.3 梁体加速度计算结果

图 6.9~图 6.10 给出计算模型在 El-Centro 波纵向输入情况下考虑与不考虑碰撞作用时 $1^{\#}$ 和 $2^{\#}$ 伸缩缝左右梁体加速度时程曲线,限于篇幅原因,Taft 波、唐山波未在此处一一列出。图 6.11 为在不同地震波输入时梁体加速度峰值的对比情况。

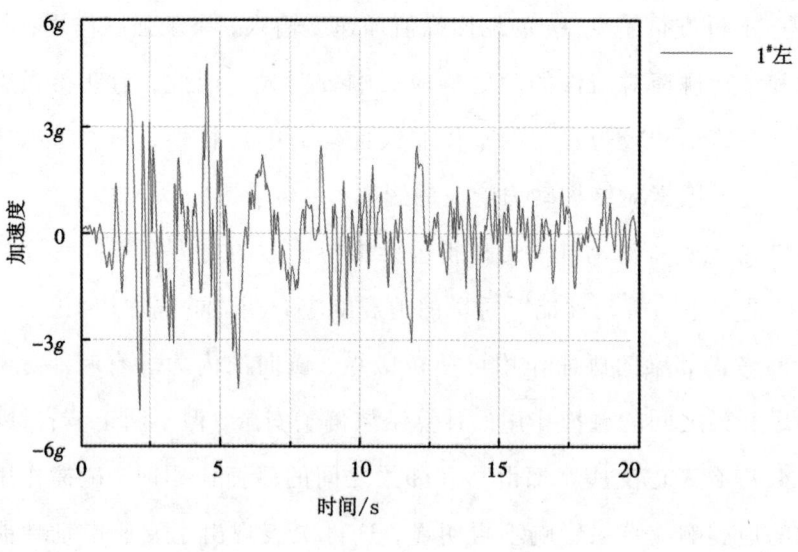

(a) 模型1

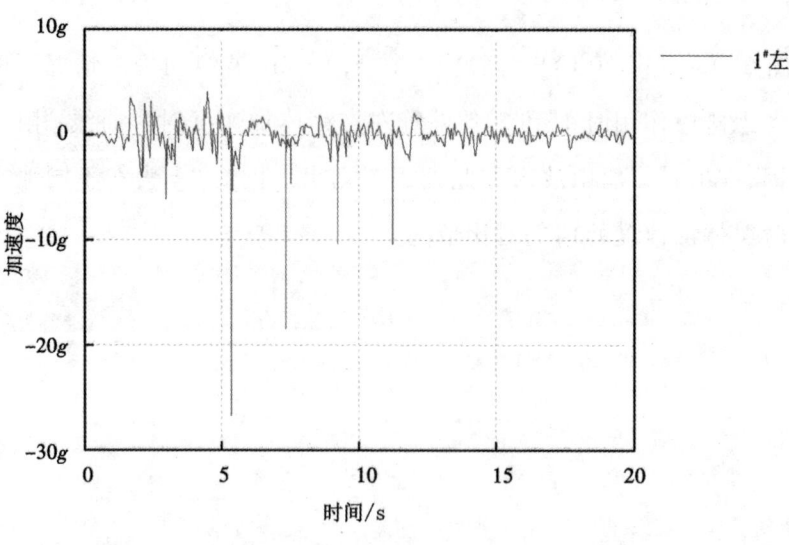

(b) 模型2

第 6 章 考虑支座摩擦滑移及结构碰撞的非规则人字形桥梁地震响应分析

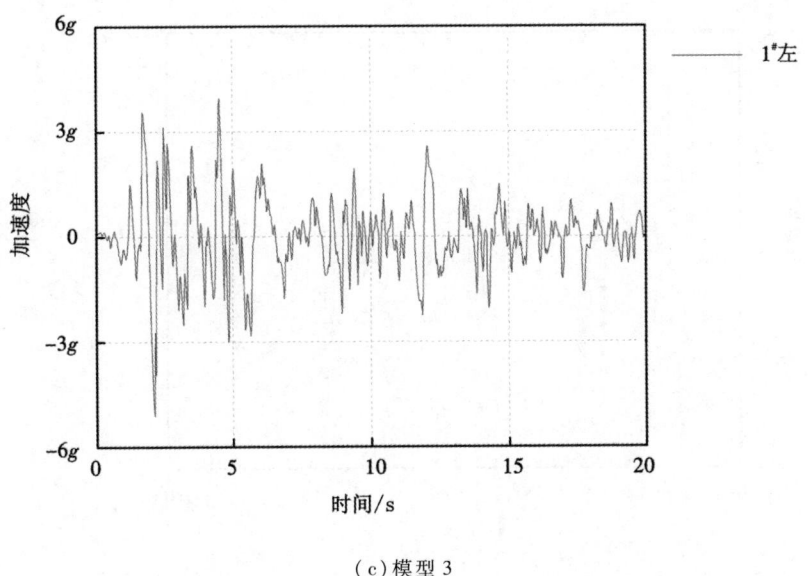

（c）模型 3

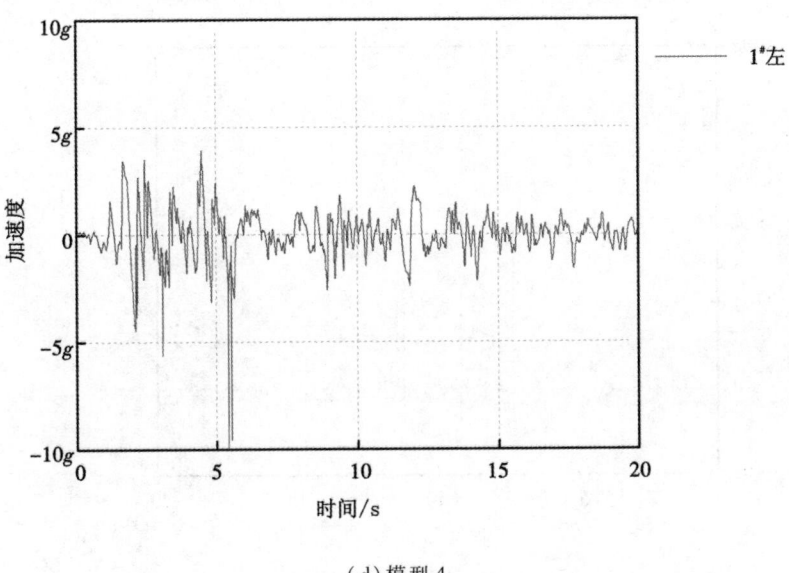

（d）模型 4

图 6.9 El-Centro 波下 1#伸缩缝左侧加速度时程曲线

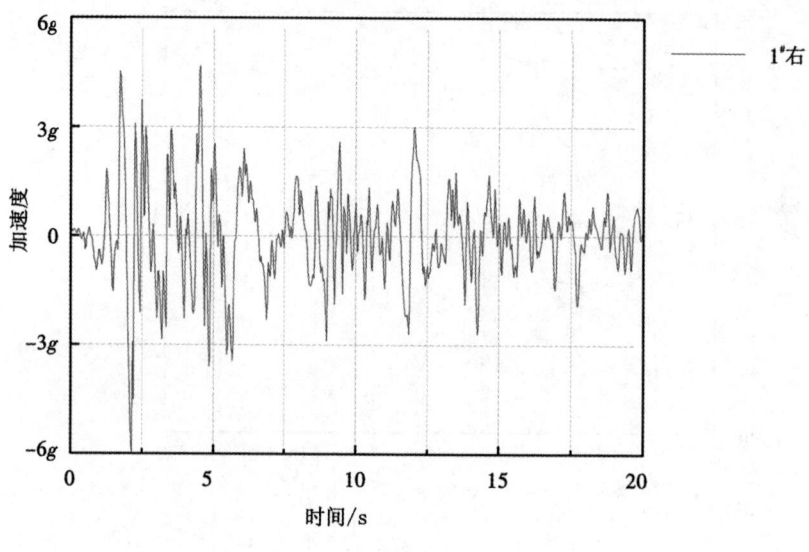

(a) 模型 1

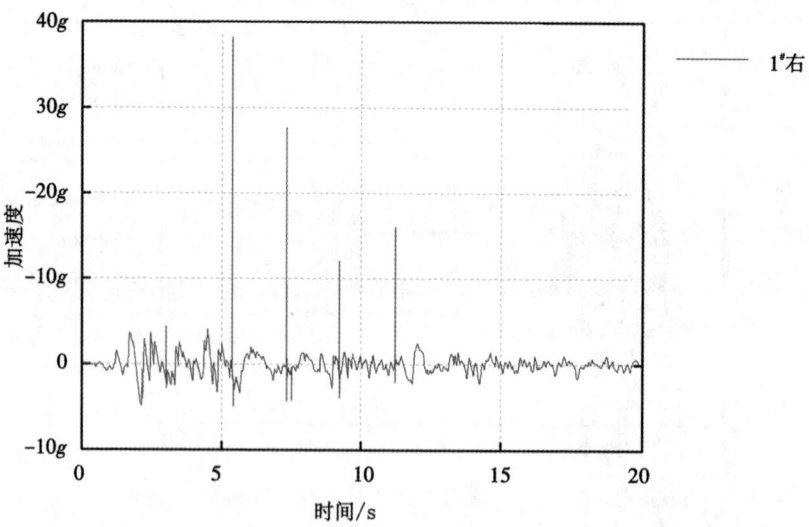

(b) 模型 2

第6章 考虑支座摩擦滑移及结构碰撞的非规则人字形桥梁地震响应分析

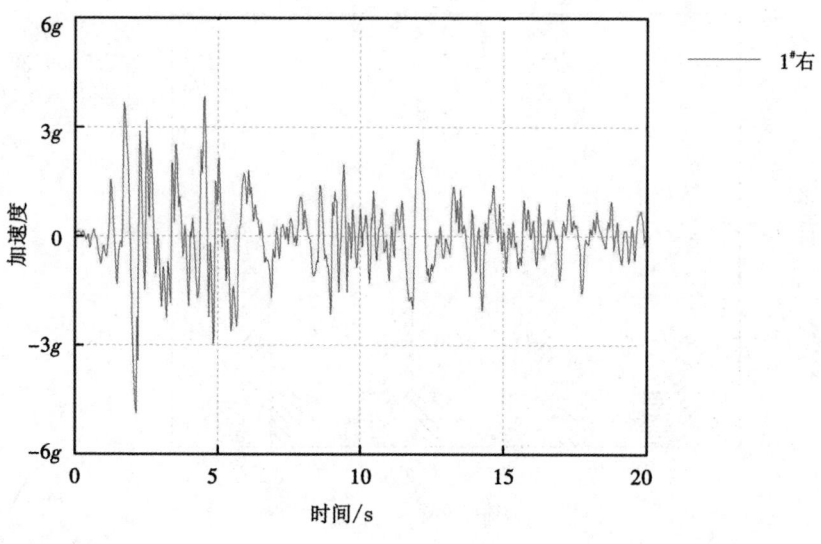

(c)模型 3

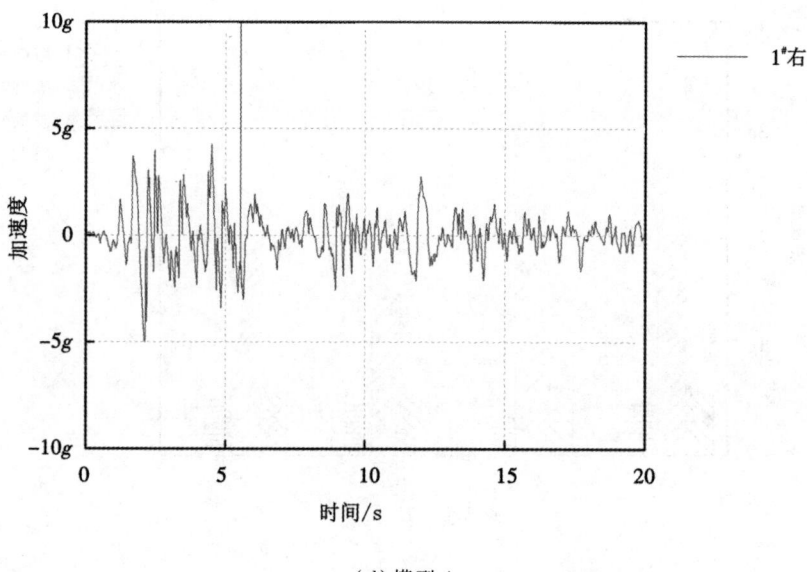

(d)模型 4

图 6.10 El-Centro 波下 1#伸缩缝右侧加速度时程曲线

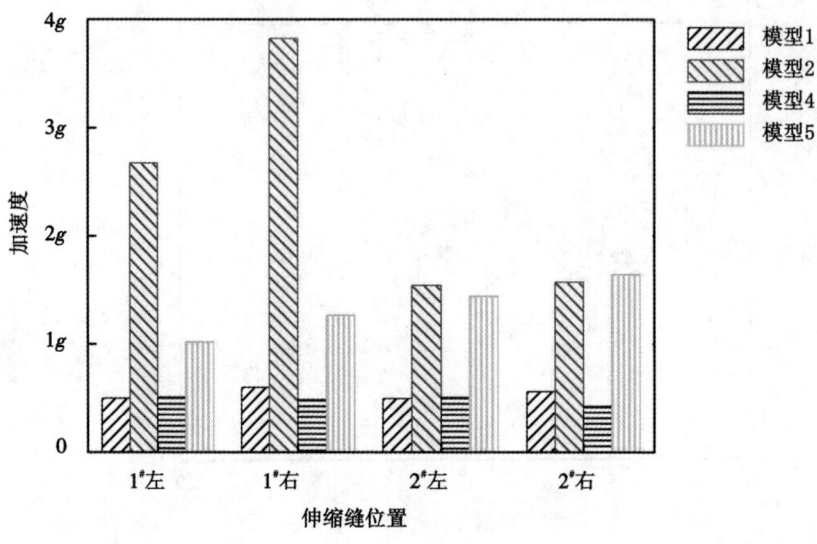

(a) El-Centro 波

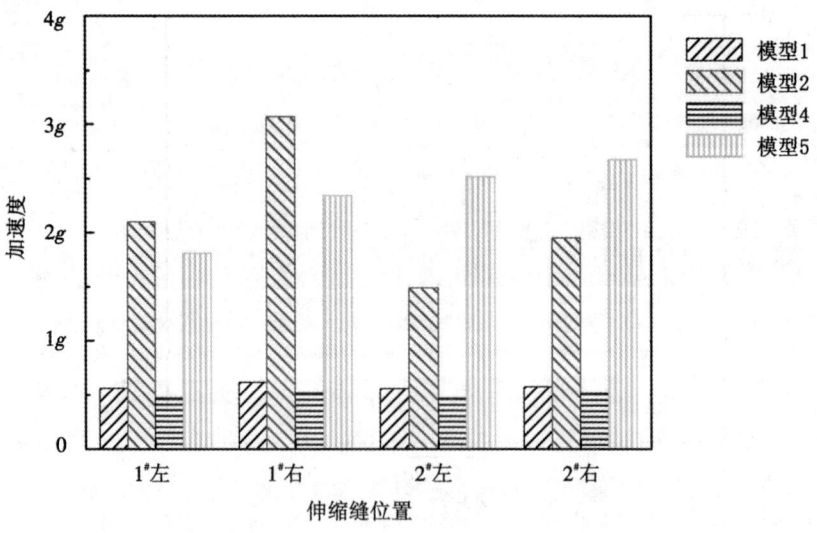

(b) Taft 波

第6章 考虑支座摩擦滑移及结构碰撞的非规则人字形桥梁地震响应分析

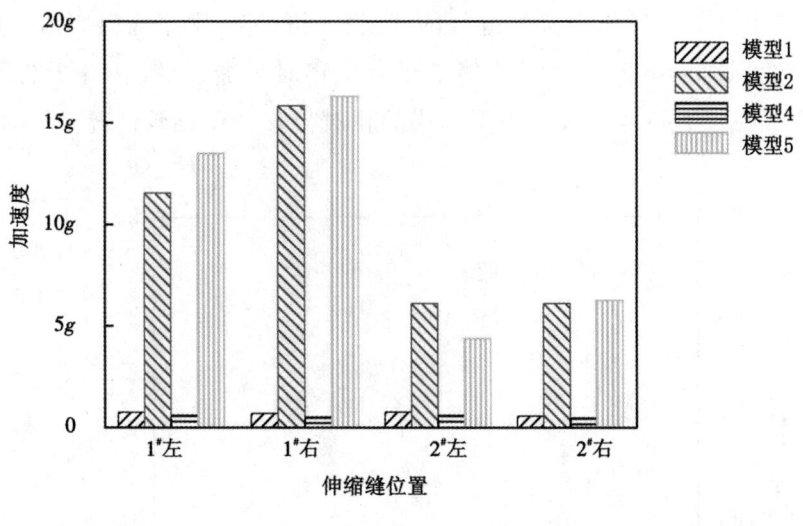

(c)唐山波

图6.11 不同地震波作用下伸缩缝处加速度响应对比

通过图6.9~图6.11分析可得出的结论有以下几点。

① 考虑碰撞效应时,梁体产生较大的加速度脉冲效应,考虑碰撞效应时El-Centro波作用下梁体产生的加速度峰值为不考虑时的2.8~6.4倍,同时,考虑支座摩擦及碰撞效应为不考虑的2.0~2.9倍;考虑碰撞效应的Taft波作用下梁体产生的加速度峰值为不考虑时的2.7~5.0倍,同时,考虑支座摩擦及碰撞效应为不考虑的3.2~4.6倍;考虑碰撞效应的唐山波作用下梁体产生的加速度峰值为不考虑时的8.1~23.0倍,同时,考虑支座摩擦及碰撞效应为不考虑时的5.8~23.6倍。

② 仅考虑支座摩擦滑移时,梁体加速度峰值相比不考虑摩擦滑移时降低20%左右,说明支座摩擦滑移可以起到一个有效的隔震作用,梁体加速度峰值有效减小。

③ 主梁与直梁之间的加速度碰撞响应较主梁与曲梁之间的加速度碰撞响应更为明显,说明人字形桥梁不同结构间的碰撞响应各异,设计时应有针对性地详细分析。

6.5.4 梁端相对位移计算结果

图 6.12 为 $1^{\#}$ 和 $2^{\#}$ 伸缩缝处的邻梁相对位移，限于篇幅原因，文中仅给出 El-Centro 波作用下的邻梁相对位移时程曲线。图 6.13 为不同计算模型在不同地震波作用下邻梁的相对位移峰值比较情况。

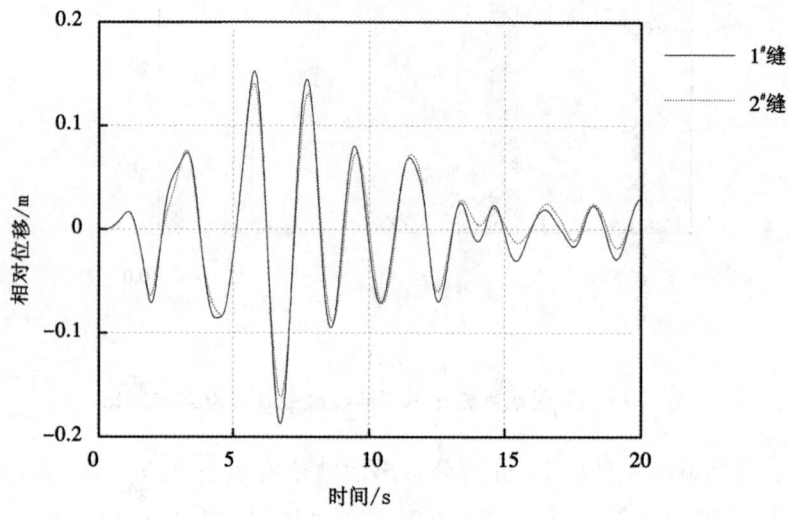

(a) 模型 1　El-Centro 波

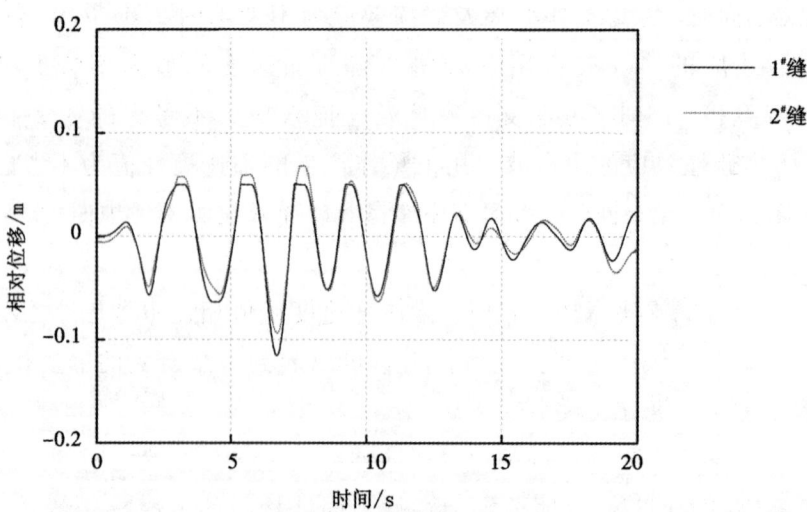

(b) 模型 2　El-Centro 波

第6章　考虑支座摩擦滑移及结构碰撞的非规则人字形桥梁地震响应分析

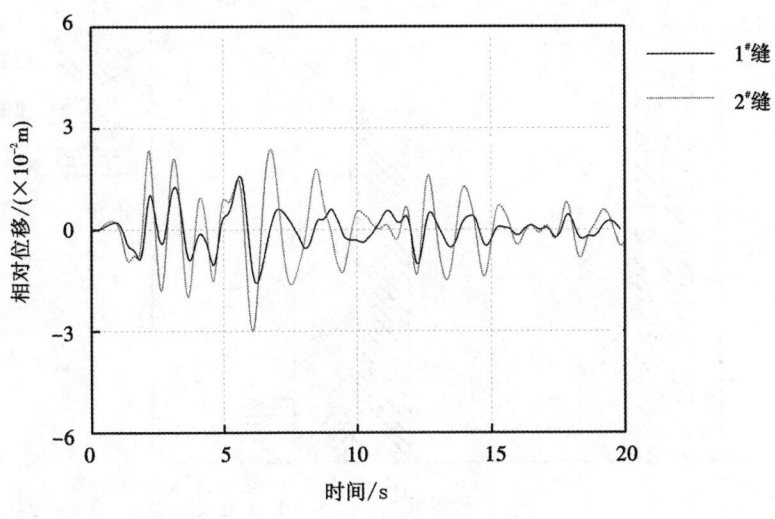

(c) 模型3　El-Centro 波

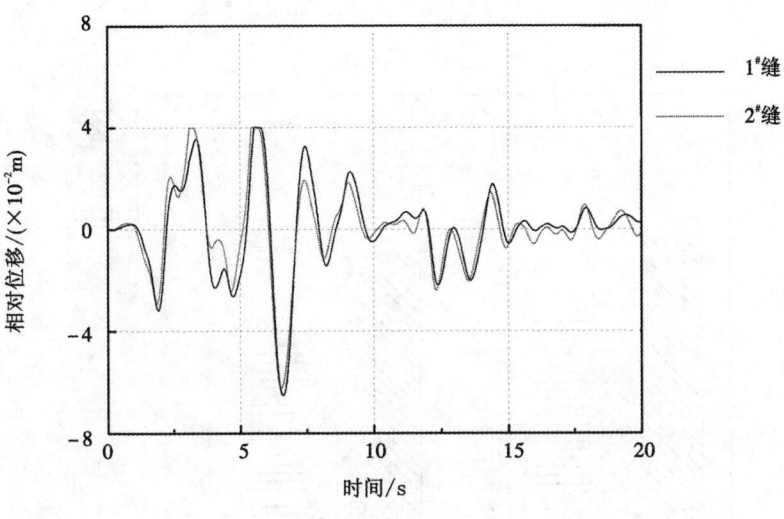

(d) 模型4　El-Centro 波

图 6.12　El-Centro 波下伸缩缝处相对位移

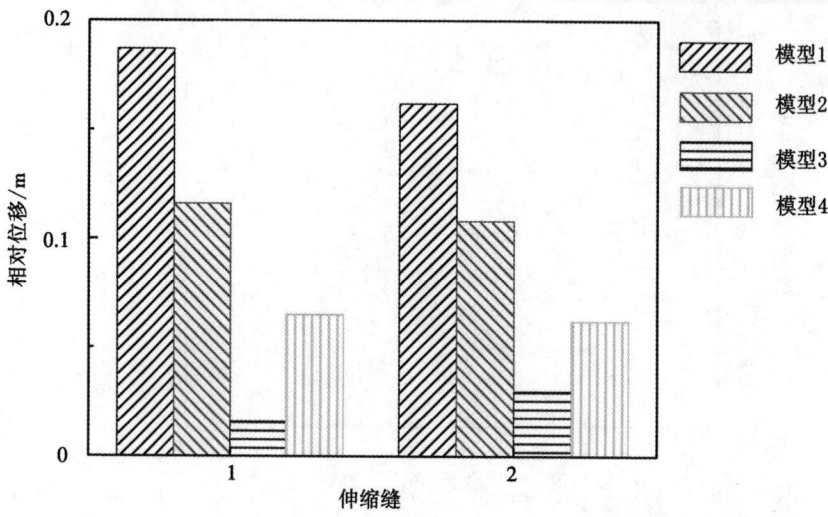

(a) El-Centro 波

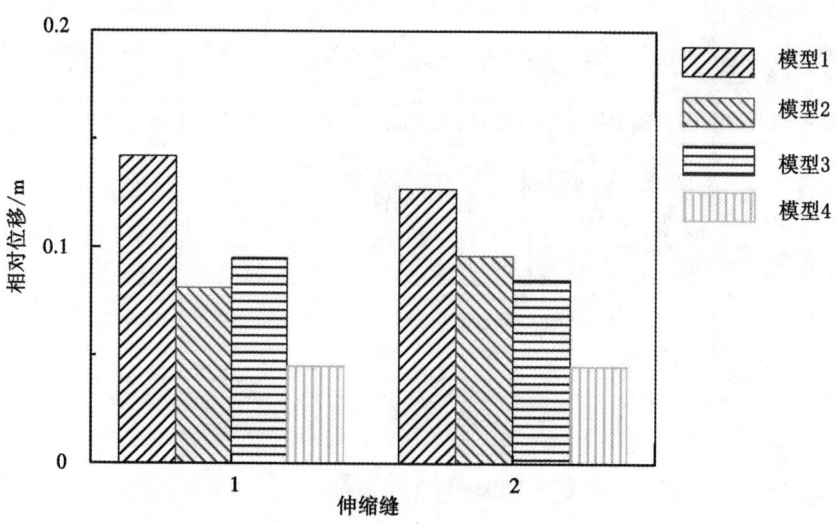

(b) Taft 波

第6章 考虑支座摩擦滑移及结构碰撞的非规则人字形桥梁地震响应分析

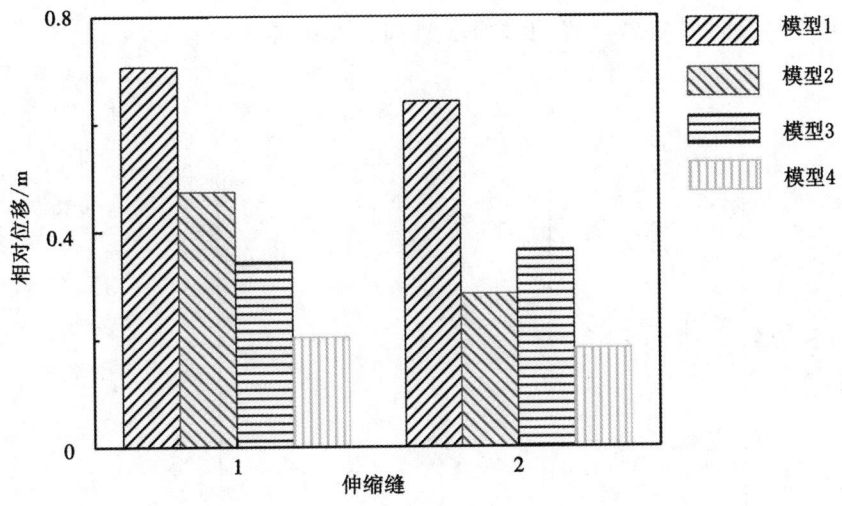

(c) 唐山波

图 6.13 各地震波作用下伸缩缝处相对位移峰值比较

由图 6.12 和图 6.13 分析可得出的结论有以下几点。

① 仅考虑碰撞效应时，碰撞作用限制了相邻梁体间的相互运动，并消耗了部分地震能量。三种地震波考虑碰撞效应时相比不考虑的情况：$1^{\#}$伸缩缝处的邻梁相对位移峰值分别减少了 38%，43% 和 33%；$2^{\#}$伸缩缝处的邻梁相对位移峰值分别减少了 33%，24% 和 56%。

② 仅考虑支座摩擦滑移有益于减小桥梁结构邻梁间的相对位移，但不同地震波的减小程度差异较大。El-Centro 波作用时，$1^{\#}$和 $2^{\#}$ 伸缩缝处的邻梁相对位移峰值分别减少 91% 和 81%。Taft 波和唐山波作用时 $1^{\#}$伸缩缝处邻梁相对位移分别减小 33% 和 51%，$2^{\#}$伸缩缝处邻梁相对位移分别减小 33% 和 43%。

③ 同时，考虑支座摩擦滑移与碰撞效应时，三种地震波作用下的减小幅度趋于稳定，基本位于 62%~71%。

6.5.5 伸缩缝处碰撞力计算结果

图 6.14 为各地震波纵向输出下伸缩缝处典型的碰撞力时程曲线。表 6.1 为不同伸缩缝位置的碰撞次数和最大碰撞力。

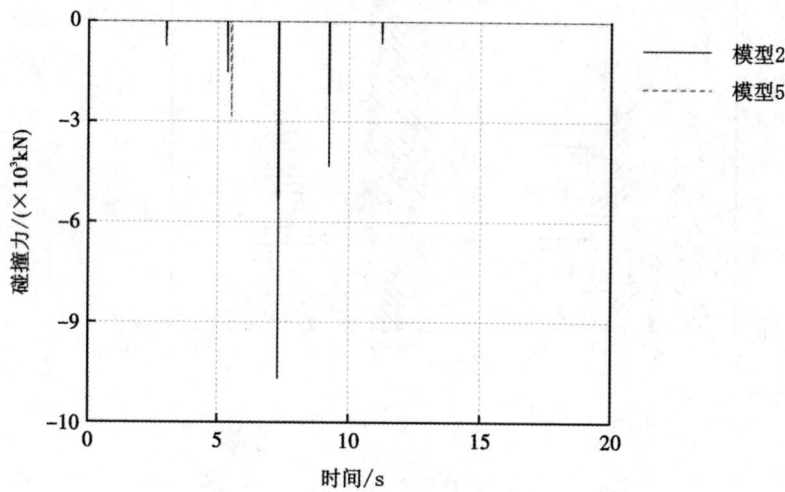

(a) El-Centro 波 1# 伸缩缝

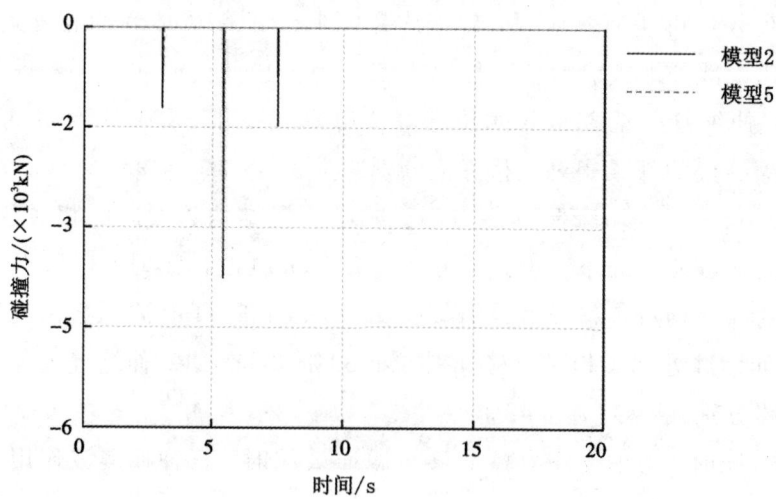

(b) El-Centro 波 2# 伸缩缝

第6章 考虑支座摩擦滑移及结构碰撞的非规则人字形桥梁地震响应分析

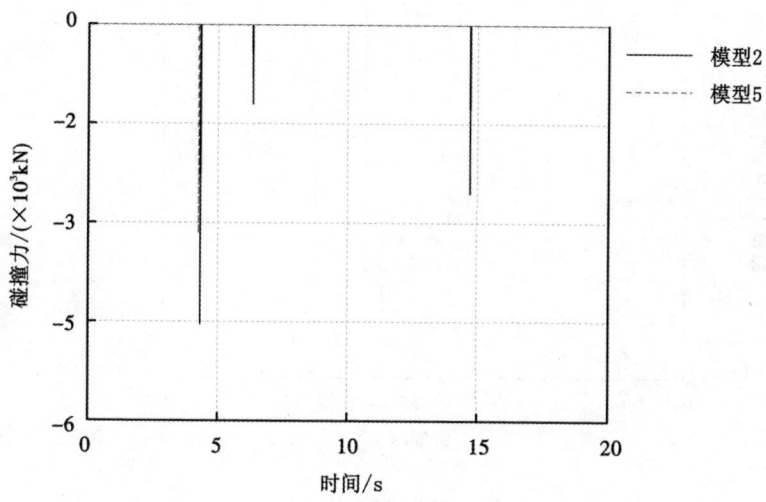

(c) Taft 波 1# 伸缩缝

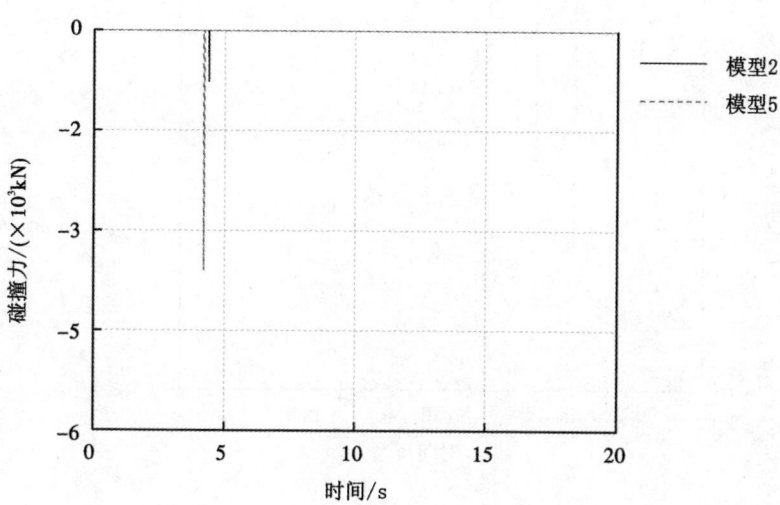

(d) Taft 波 2# 伸缩缝

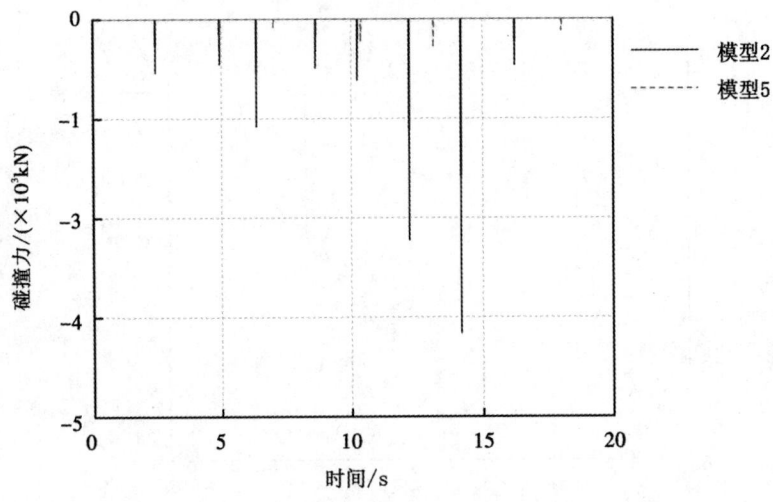

(e)唐山波 1#伸缩缝

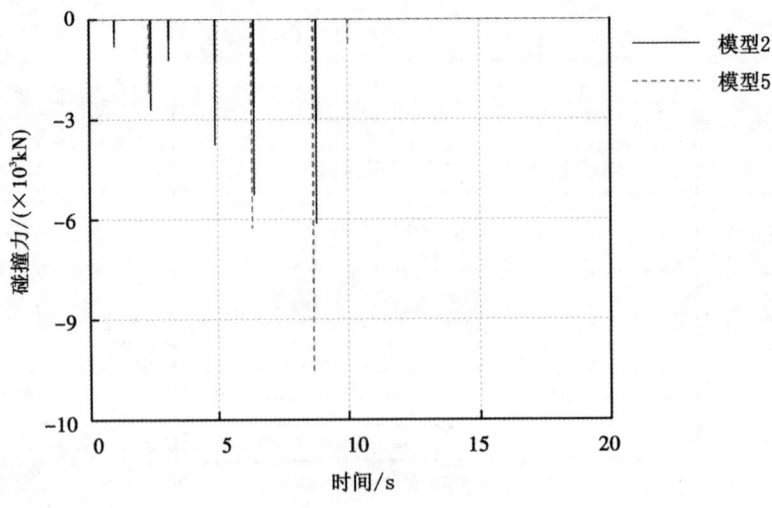

(f)唐山波 2#伸缩缝

图 6.14 伸缩缝处碰撞力时程曲线

表 6.1　　各地震波纵向输入下伸缩缝处碰撞响应

碰撞响应	地震波	1#伸缩缝		2#伸缩缝	
		模型 2	模型 4	模型 2	模型 4
碰撞次数	El-Centro 波	5	1	3	2
	Taft 波	3	1	1	1
	唐山波	8	5	6	4
碰撞力/kN	El-Centro 波	-1.07×10^4	-2.84×10^3	-3.76×10^3	-3.48×10^3
	Taft 波	-4.54×10^3	-3.17×10^3	-7.61×10^2	-3.60×10^3
	唐山波	-3.95×10^4	-4.55×10^3	-6.13×10^3	-1.06×10^4

从图 6.14 和表 6.1 可以得出以下几点结论。

① 不同地震波使得结构伸缩缝处的碰撞响应各异，说明地震波的频谱差异对结构的碰撞响应影响较大。

② 由于唐山波的频带分布较宽，地震波幅值在各阶段比较接近，因此，其相比另外两种地震波能量较大，故各伸缩缝处的碰撞次数和最大碰撞力峰值均较大。

③ 考虑支座摩擦滑移时，1#伸缩缝处的碰撞次数和最大碰撞力峰值均有不同程度的减小，说明支座摩擦滑移有益于减小直梁伸缩缝处的碰撞响应。2#伸缩缝的碰撞次数和最大碰撞力出现了增大现象，说明支座摩擦滑移对于主梁与曲梁之间的碰撞响应可能减小也可能增大，是一个不确定因素。

④ 仅考虑碰撞效应时主梁与直梁之间的碰撞响应计算结果大于主梁与曲梁之间，但同时考虑支座摩擦滑移与碰撞响应时的结果正好相反，说明计算模型的选取对结构伸缩缝处碰撞响应计算的结果有较大的影响。在实际设计中，应根据具体情况合理选择结构计算模型。

6.5.6　结构横向碰撞响应研究

以往的研究表明，对于规则桥梁，横向地震作用会使得结构产生明显的横向振动。然而，非规则桥梁结构由于其结构质量的不均匀分布特性，结构在纵向地震作用下也会使得梁体产生过大的横向位移或者落梁等震害。为此，本节主要研究非规则人字形桥梁在纵向地震作用下,考虑与不考虑支座摩擦滑移时结构的横向碰撞响应,计算模型为本章模型 5、模型 6。

图 6.15 分别为 1$^{\#}$梁与 2$^{\#}$墩(图中表示为 1-2,其余情况类似),1$^{\#}$梁与 4$^{\#}$墩,2$^{\#}$梁与 2$^{\#}$墩,3$^{\#}$梁与 4$^{\#}$和 6$^{\#}$墩的横向碰撞时程曲线。表 6.2 为梁体与限位装置横向碰撞响应。

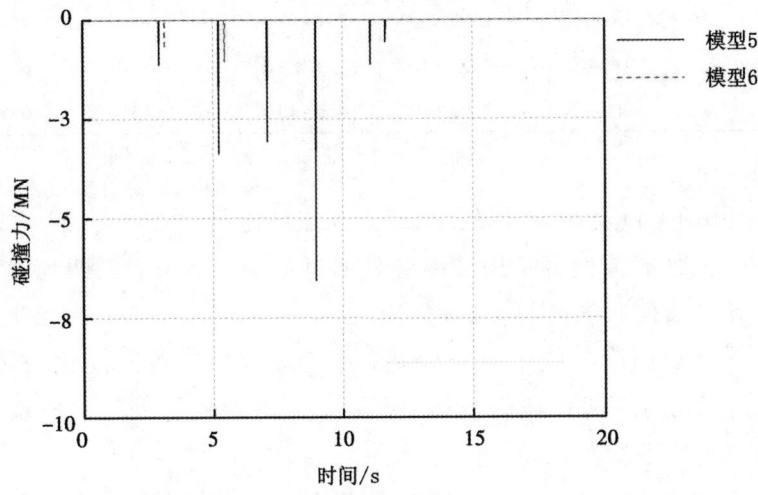

(a) El-Centro 波 1-2

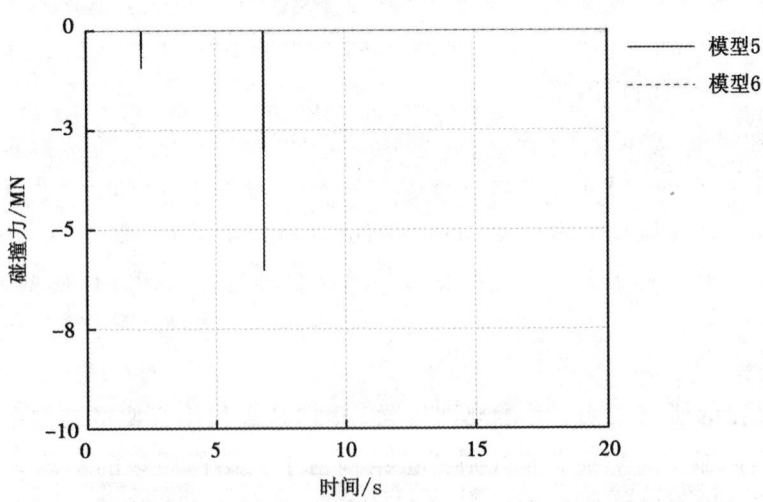

(b) El-Centro 波 2-2

第6章 考虑支座摩擦滑移及结构碰撞的非规则人字形桥梁地震响应分析

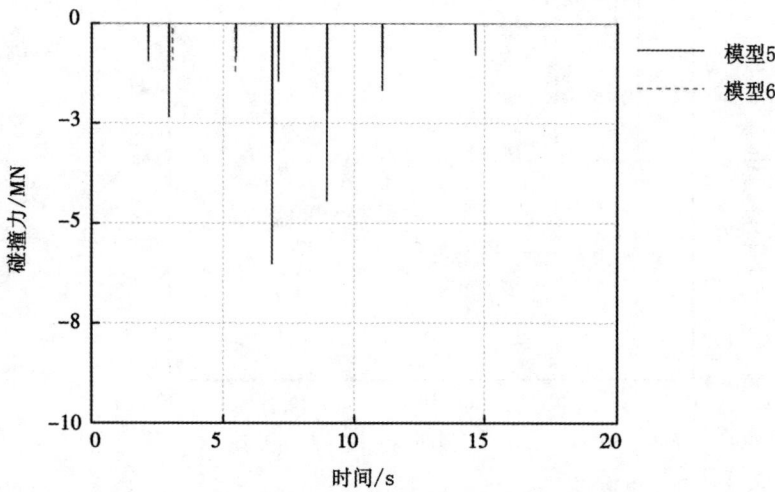

(c) El-Centro 波 1-4

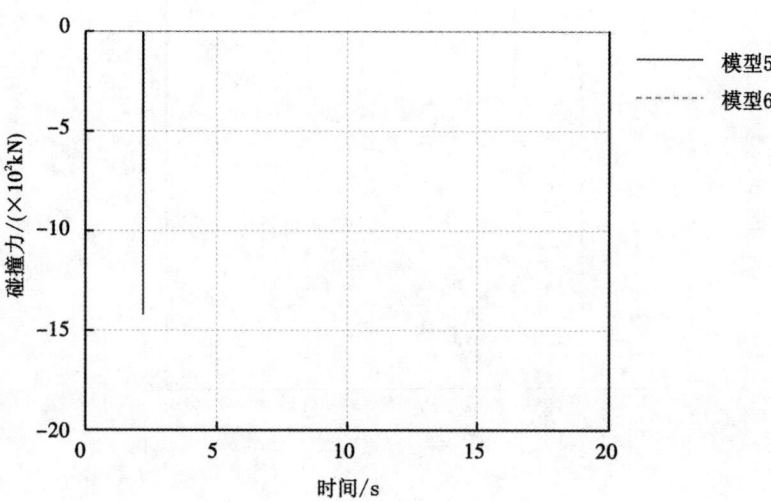

(d) El-Centro 波 3-4

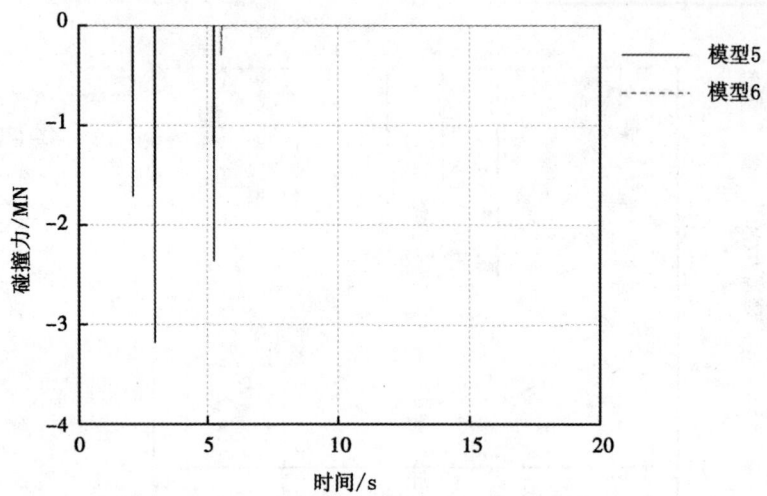

(e) El-Centro 波 3-6

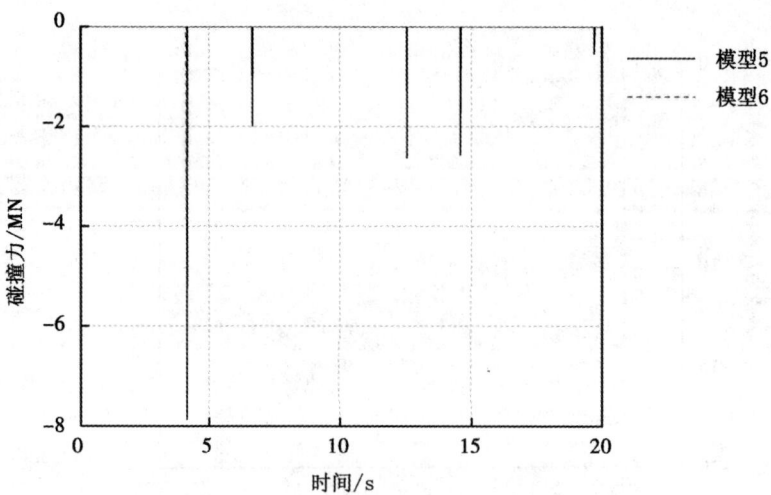

(f) Taft 波 1-2

第6章　考虑支座摩擦滑移及结构碰撞的非规则人字形桥梁地震响应分析

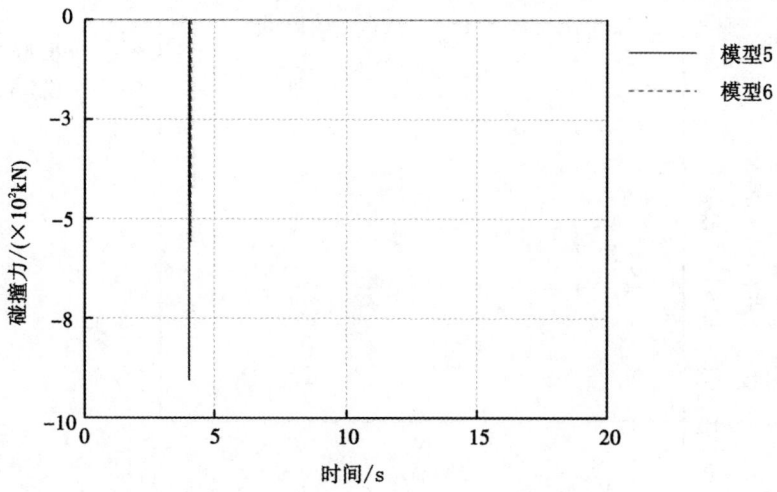

(g) Taft 波 2-2

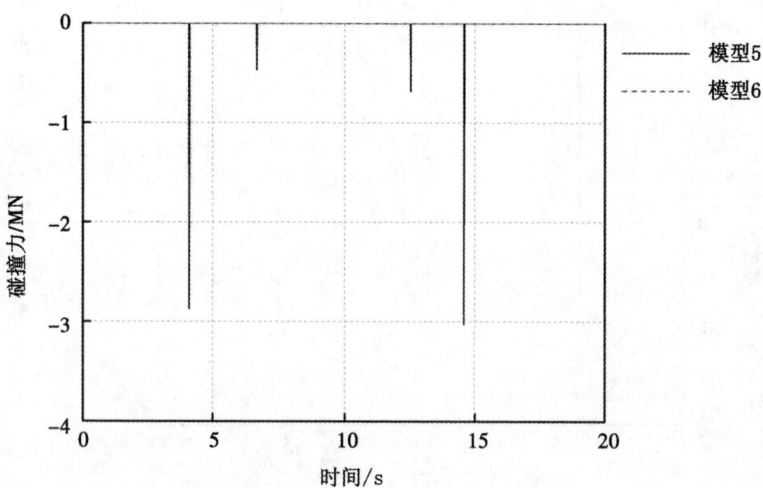

(h) Taft1-4

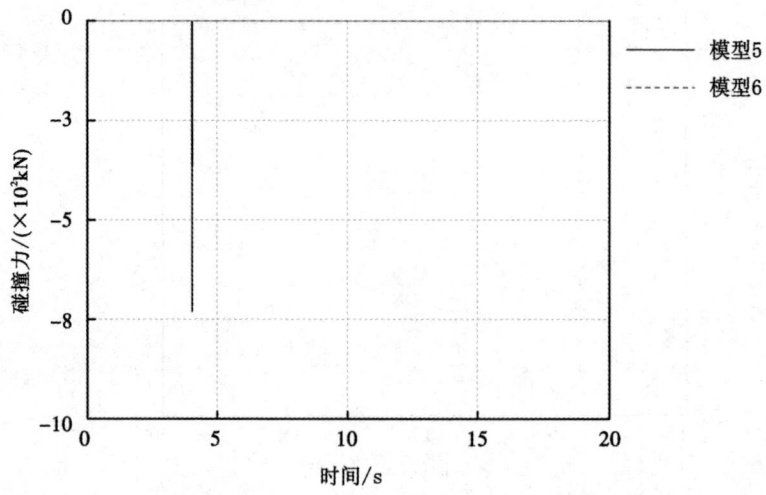

(i) Taft 波 3-4

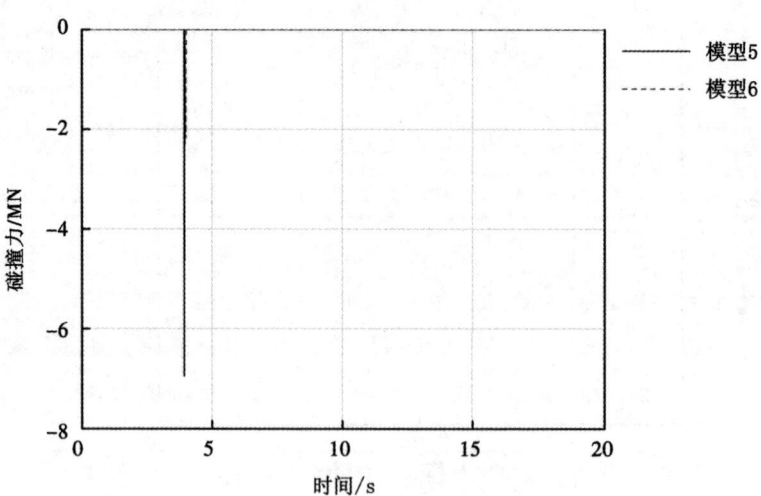

(j) Taft 波 3-6

第6章 考虑支座摩擦滑移及结构碰撞的非规则人字形桥梁地震响应分析

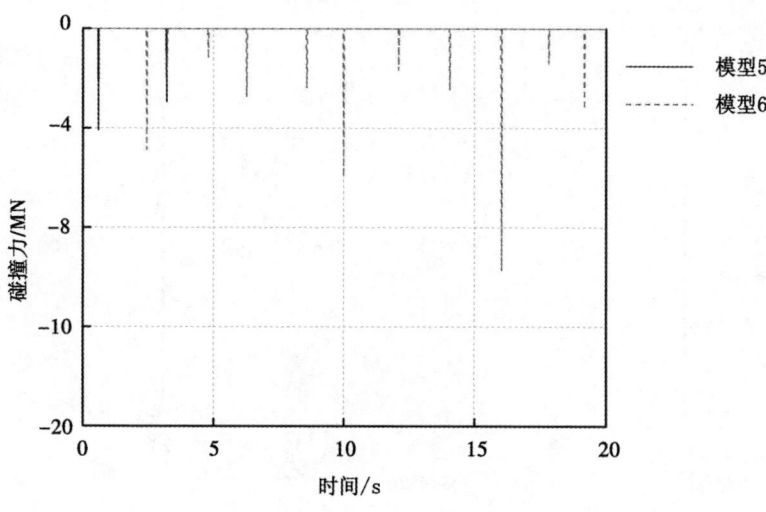

(k) 唐山波 1-2

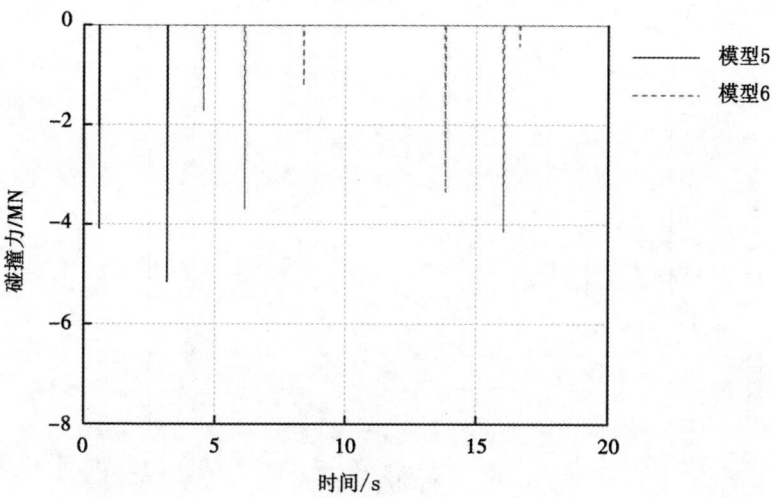

(l) 唐山波 2-2

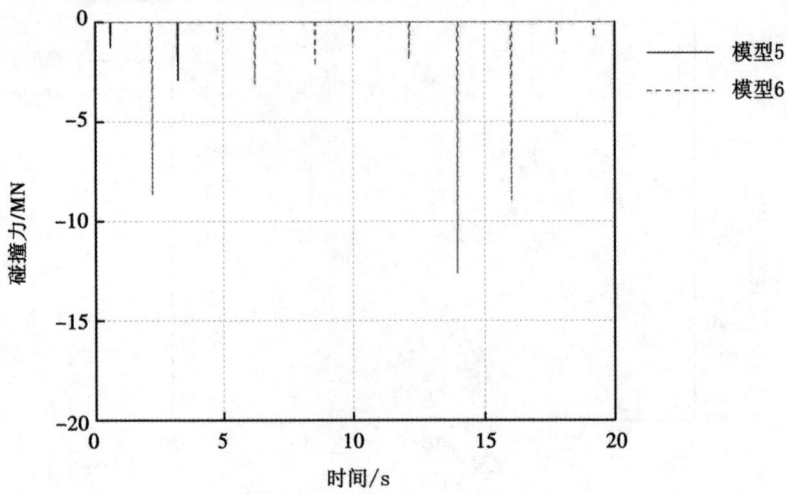

(m) 唐山波 1-4

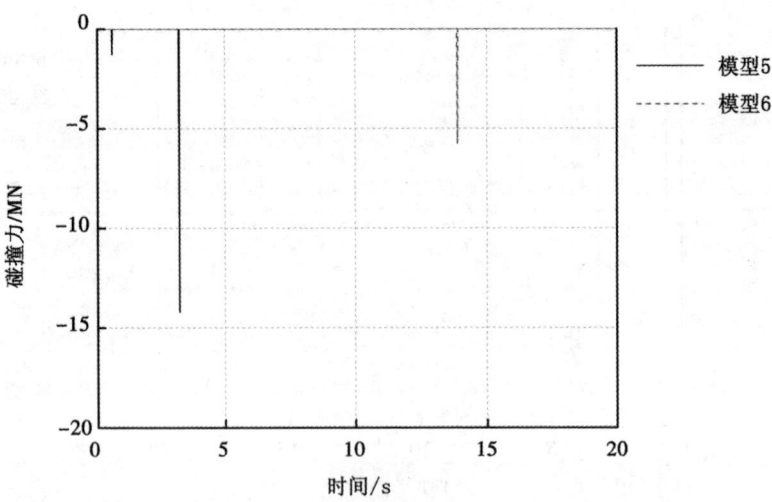

(n) 唐山波 3-4

第6章 考虑支座摩擦滑移及结构碰撞的非规则人字形桥梁地震响应分析

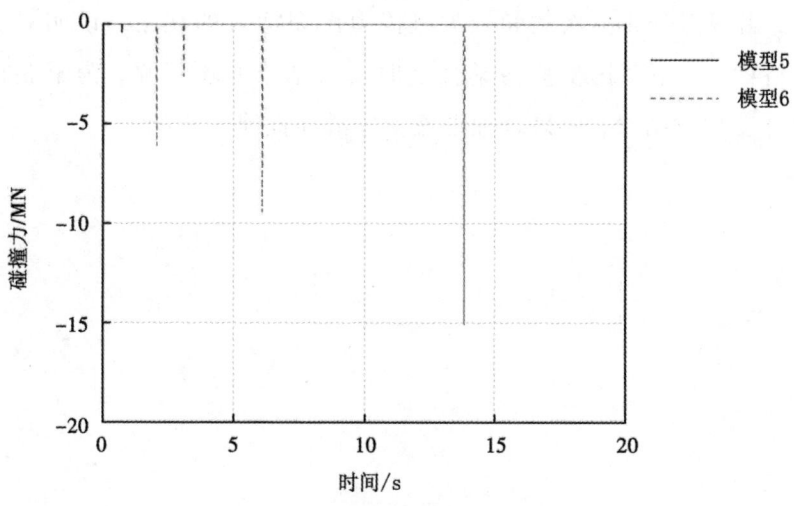

(o) 唐山波 3-6

图 6.15　结构横向碰撞时程曲线

表 6.2　结构横向最大碰撞力与最大碰撞次数对比

碰撞响应	地震波	1-2		2-2		1-4		3-4		3-6	
		模型5	模型6	模型5	模型6	模型5	模型6	模型5	模型6	模型5	模型6
碰撞次数	El-Centro 波	6	2	2	0	6	2	1	0	3	1
	Taft 波	5	1	1	1	4	1	1	0	1	1
	唐山波	2	11	2	6	2	11	2	1	1	4
碰撞力 /kN	El-Centro 波	6565	1065	6023	0	4441	0	1421	295	3185	296
	Taft 波	7865	3910	904	557	3026	206	731	0	6955	2191
	唐山波	4094	9718	5149	4151	2923	12560	14230	4094	9718	5149

由图 6.15 及表 6.2 分析可得以下几点。

① 非规则人字形桥梁结构质量的不均匀分布特性，使其在纵向地震作用下也会使梁体产生较大的横向振动，且不同梁体与桥墩的碰撞响应各异。

② El-Centro 波、Taft 波作用下，考虑支座摩擦滑移后结构的横向

碰撞次数及最大碰撞力均有所减小。唐山波作用下,考虑支座摩擦滑移后,出现部分碰撞次数和最大碰撞力出现增大的现象。说明对于非规则桥梁,当不考虑支座滑动性能时所得结果并不可靠,为了获得结构的真实响应结果,应该合理考虑支座滑动性能的影响。

第7章　行波激励下考虑支座摩擦滑移及结构碰撞的非规则桥梁抗震性能研究

我国西南山区高速公路中广泛修建简支梁桥，由于地形等原因使得相邻跨的桥墩高度存在差异，因而，在纵向地震下导致了相邻跨结构的不同步振动，进而造成相邻跨伸缩缝或者桥台与梁体间伸缩缝的碰撞。地震发生后，因为结构的碰撞也会使得墩梁产生较大的相对位移。桥梁结构不同于建筑结构跨度较小，目前，常见的长跨简支梁，即使相邻结构的结构形式基本相同，多点激励仍可能引起各跨桥梁结构振动的不同步，从而改变桥跨结构的整体动力响应需求。

以上研究大多对规则桥梁进行了一致激励的碰撞研究，且基本未考虑支座的摩擦滑移及桥台刚度的影响；对于非一致激励下考虑支座摩擦滑移、结构碰撞的非规则桥梁碰撞研究还尚未完全深入。基于此，本章根据我国非规则长跨简支梁桥的建造具体情况，以一座已建长跨非规则简支梁桥为例，对该桥梁进行多点激励下考虑支座摩擦滑移及结构碰撞后的抗震性能研究，得出有助于该类桥梁抗震设计的一些结论。

7.1 工程背景

以某山区公路桥梁为研究背景，上部结构为5×30m混凝土简支小箱梁，桥梁全宽为20m，梁体由7片小箱梁组成。桥墩墩身采用圆形截面，桥墩直径为1.6m，1#~4#墩高度分别为15m，20m，24m和5m。桥梁支座采用固定支座和可移动支座相结合的方式布置。桥台采用薄壁式台。抗震挡块的顶截面为200cm×25cm、底截面为200cm×40cm、高为125cm。结构形式如图7.1~图7.3所示。

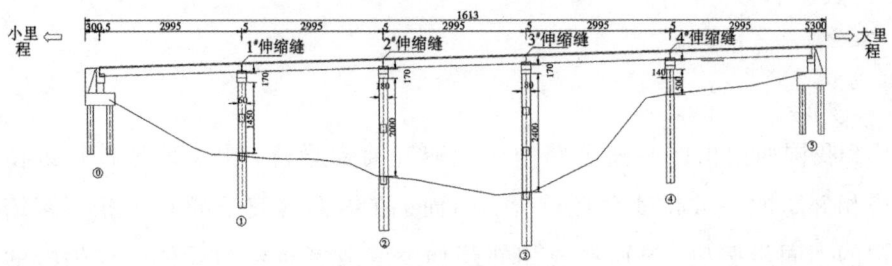

图 7.1 桥梁立面

第7章 行波激励下考虑支座摩擦滑移及结构碰撞的非规则桥梁抗震性能研究

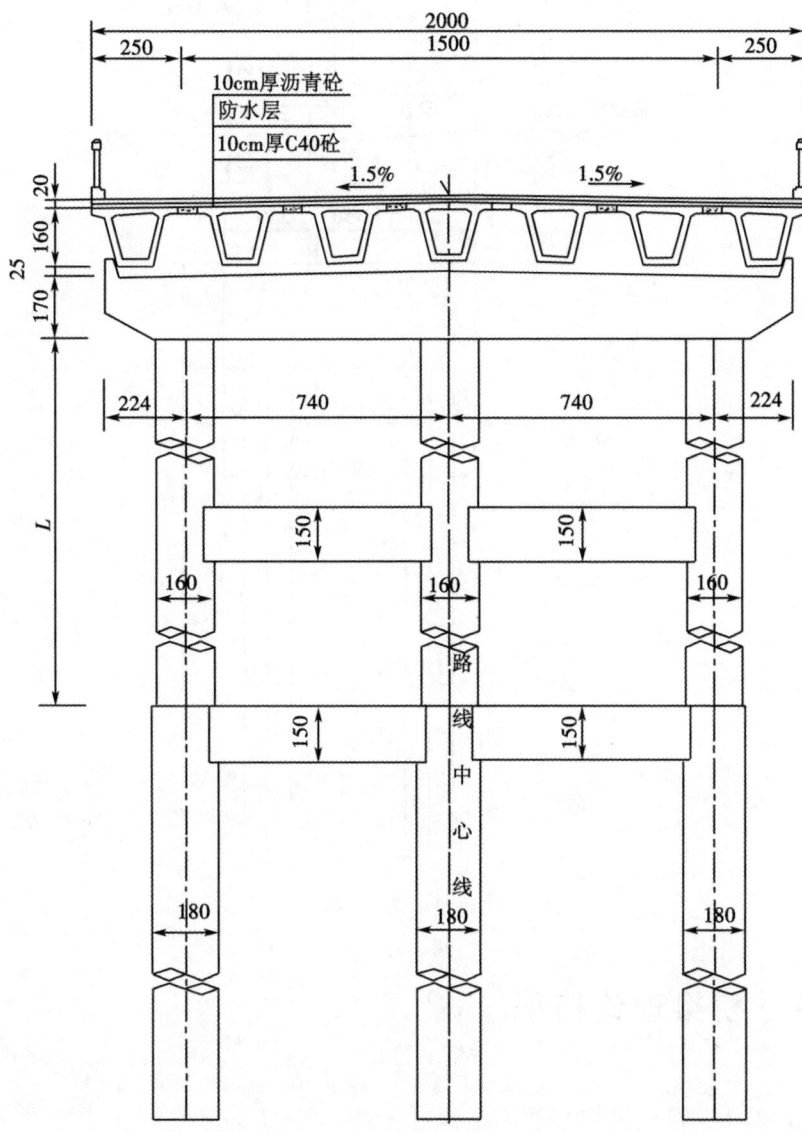

图 7.2 桥梁典型横断面

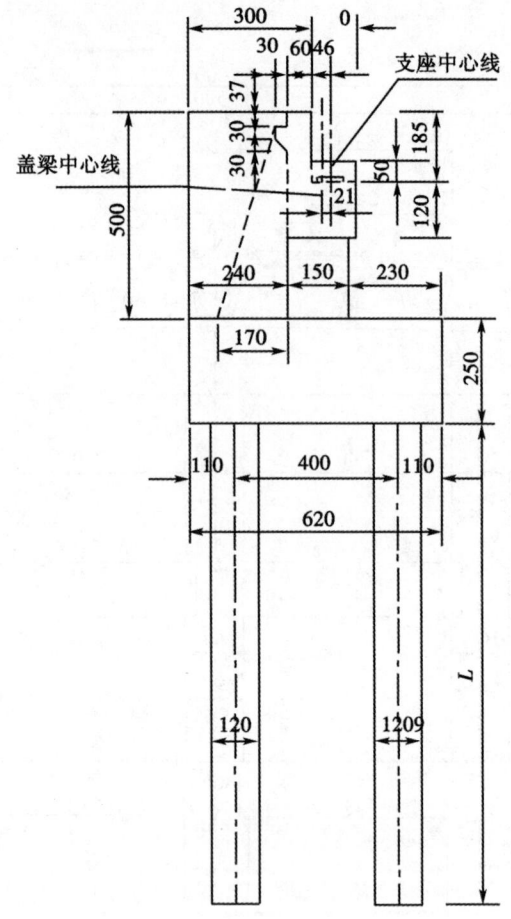

图 7.3 桥台截面

7.2 桥梁理论模型

7.2.1 简化力学模型

本桥在力学模型的简化过程中,不考虑桥梁纵坡和横坡的影响。基本简化力学模型建立过程中,根据支座的布置方式可将五跨简支桥梁分成 6 个振动单元,各振动单元的分布形式如图 7.4 所示。为研究纵向地震作用下非规则多跨桥梁的碰撞响应,在图 7.4 的基础上可进一步得出一个多自由度体系的集中质量模型,如图 7.5 所示。

第 7 章　行波激励下考虑支座摩擦滑移及结构碰撞的非规则桥梁抗震性能研究

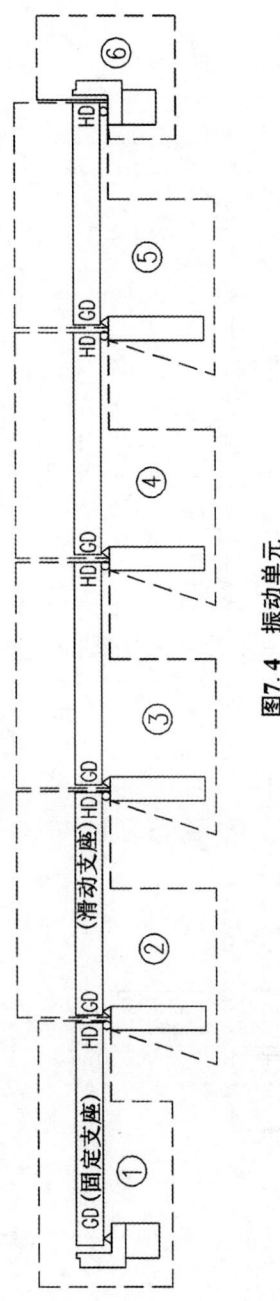

图7.4　振动单元

非规则桥梁抗震理论与试验研究

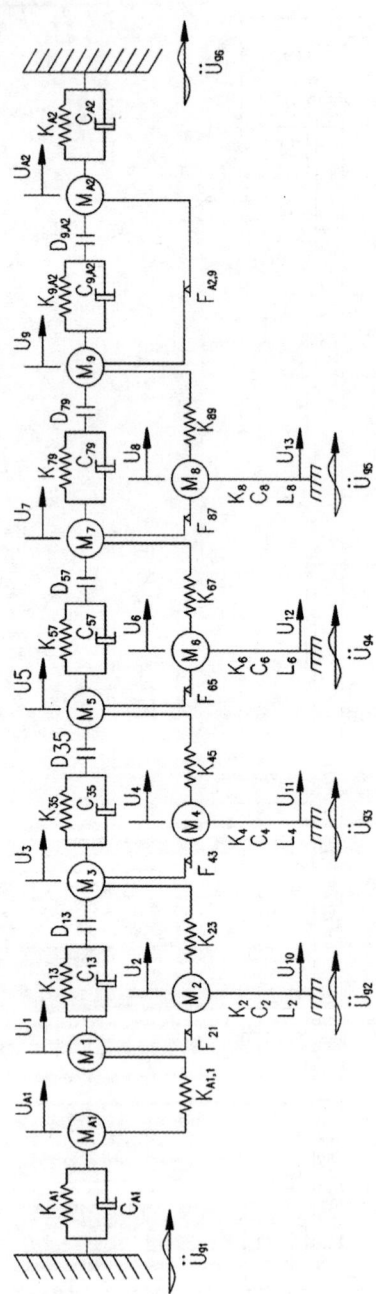

图7.5 简化力学模型

图 7.5 中的符号 M、K、C、D、F 分别代表质量、刚度、阻尼、碰撞间隙、摩擦力，具体情况如表 7.1 所示。

表 7.1　　　　　　　　简化力学模型中符号的意义

物理量	符号	代表意义
质量	M_{A1}, M_{A2}	桥台质量
	M_1, M_3, M_5, M_7, M_9	梁体质量
	M_2, M_4, M_6, M_8	桥墩质量
刚度	K_{A1}, K_{A2}	桥台-填土刚度
	K_2, K_4, K_6, K_8	桥墩刚度
	K_{13}, K_{35}, K_{57}, K_{79}, K_{9A2}	碰撞单元刚度
	$K_{A1,1}$, K_{23}, K_{45}, K_{67}, K_{89}	支座刚度
阻尼	C_{A1}, C_{A2}	桥台-填土阻尼
	C_2, C_4, C_6, C_8	桥墩阻尼
	C_{13}, C_{35}, C_{57}, C_{79}, C_{9A2}	碰撞单元阻尼
支座	F_{21}, F_{43}, F_{65}, F_{87}, F_{A29}	滑动支座摩擦力
初始间隙	D_{13}, D_{35}, D_{57}, D_{79}, $D_{9,A2}$	碰撞间隙
输入加速度	$\ddot{U}_{gi}$ ($\ddot{U}_{g1} \sim \ddot{U}_{g6}$)	结构输入加速度
位移	U_i (U_{A1}, U_{A2}, $U_1 \sim U_{13}$)	结构位移响应

7.2.2　碰撞单元

为计算五跨非规则简支梁桥的碰撞响应，简化力学模型中碰撞单元采用黏弹性模型进行模拟。模型中相邻结构的碰撞力可由碰撞单元的碰撞刚度和阻尼求得。碰撞单元分别由弹簧（K_{13}，K_{35}，K_{57}，K_{79}，$K_{9,A2}$），阻尼（C_{13}，C_{35}，C_{57}，C_{79}，$C_{9,A2}$）并联后与初始间隙（D_{13}，D_{35}，D_{57}，D_{79}，$D_{9,A2}$）串联组成。碰撞单元的刚度按照主梁实际轴向刚度取值。碰撞单元的阻尼常数由相邻梁体的质量、碰撞刚度、碰撞恢复系数和碰撞阻尼比确定。碰撞初始间距取 5cm。

7.2.3　桥台刚度

本计算模型中考虑桥台与填土间的相互作用，将力学模型中桥台-填土系统简化为单自由度体系，AASHTO—2010 规定在桥梁抗震分析动力计算模型中以等效的线性弹簧单元来模拟桥台填土-体系的作用，本章分析模型根据 AASHTO 2010 桥梁抗震设计规范计算的桥台刚度为 $2.8 \times 10^5 \mathrm{kN/m}$。

7.2.4 支座

本章简支桥梁中设置有固定支座和滑动支座。振动单元中固定支座用弹簧模拟，地震过程中固定支座一旦发生剪切破坏则将变为滑动支座继续参加工作。在地震过程中，滑动支座与上部梁体之间的摩擦力经常被忽略，然而研究发现，由于支座摩擦而产生的耗能减震作用在桥梁结构的地震响应研究中具有重要意义。为反映摩擦滑移支座产生的能量耗散作用，本书采用了双线性摩擦单元来模拟滑动支座。

7.2.5 桥墩及梁体

本计算模型中，桥墩和梁体均按照弹性阶段进行分析，不考虑其材料非线性行为。计算过程中考虑桥墩的几何非线性 P-Δ 效应。

7.2.6 地震波的选取

为重点研究纵向行波效应，对考虑碰撞效应的多跨混凝土简支梁桥的抗震性能进行研究，本书采用 El-Centro 波对该桥进行不同视波速的地震激励，视波速从在 100~800m/s 范围内变化，同时，也对该桥进行了一致的激励作为比较研究。地震波加速度峰值取 $0.5g$。

7.3 运动方程的建立

根据图 7.5 的简化力学模型，运用拉格朗日方程得到的运动控制方程为

$$\frac{\mathrm{d}}{\mathrm{d}t}\left(\frac{\partial T}{\partial \dot{q}_i}\right) - \frac{\partial T}{\partial q_i} + \frac{\partial U}{\partial q_i} - \frac{\partial W_d}{\partial q_i} = \frac{\partial W_e}{\partial q_i} \qquad (7.1)$$

式中：T、U、W_d、W_e——结构体系在广义坐标 q_i 下的总动能、总势能、阻尼力、外力所做的功。

将位移 U_i 作为式(7.1)中的广义坐标，可以得到如下运动方程：

第7章　行波激励下考虑支座摩擦滑移及结构碰撞的非规则桥梁抗震性能研究

$$M_{A1}\ddot{U}_{A1} + K_{A1}U_{A1} + C_{A1}\dot{U}_{A1} + K_{A1,1}(U_{A1} - U_1) = -M_{A1}\ddot{U}_{g1} \quad (7.2)$$

$$M_1\ddot{U}_1 + K_{A1,1}(U_{A1} - U_1) + F_{13} = -M_1\ddot{U}_{g1} - F_{21} \quad (7.3)$$

$$M_2\ddot{U}_2 - K_{23}(U_3 - U_2) + R_1 - \frac{(M_2 + M_3)g}{L_1}(U_2 - U_{10}) + $$
$$C_1(\dot{U}_2 - \dot{U}_{10}) = -M_2\ddot{U}_{g2} + F_{21} \quad (7.4)$$

$$M_3\ddot{U}_3 + K_{23}(U_3 - U_2) - F_{13} + F_{35} = -M_3\ddot{U}_{g2} - F_{43} \quad (7.5)$$

$$M_4\ddot{U}_4 - K_{45}(U_5 - U_4) + R_2 - \frac{(M_4 + M_5)g}{L_2}(U_4 - U_{11}) + $$
$$C_2(\dot{U}_4 - \ddot{U}_{11}) = -M_4\ddot{U}_{g3} + F_{43} \quad (7.6)$$

$$M_5\ddot{U}_5 + K_{45}(U_5 - U_4) - F_{35} + F_{57} = -M_5\ddot{U}_{g3} - F_{56} \quad (7.7)$$

$$M_6\ddot{U}_6 - K_{67}(U_7 - U_6) + R_3 - \frac{(M_6 + M_6)g}{L_3}(U_6 - U_{12}) + $$
$$C_3(\dot{U}_6 - \dot{U}_{12}) = -M_6\ddot{U}_{g4} + F_{65} \quad (7.8)$$

$$M_7\ddot{U}_7 + K_{67}(U_7 - U_6) - F_{57} + F_{79} = -M_7\ddot{U}_{g4} - F_{78} \quad (7.9)$$

$$M_8\ddot{U}_8 - K_{78}(U_8 - U_7) + R_4 - \frac{(M_8 + M_9)g}{L_4}(U_8 - U_{13}) + $$
$$C_4(\dot{U}_8 - \dot{U}_{13}) = -M_8\ddot{U}_{g5} + F_{89} \quad (7.10)$$

$$M_9\ddot{U}_9 + K_{89}(U_9 - U_8) - F_{79} + F_{9,A2} = -M_9\ddot{U}_{g5} - F_{A2,9} \quad (7.11)$$

$$M_{A2}\ddot{U}_{A2} - K_{A2}U_{A2} + C_{A2}\dot{U}_{A2} - F_{9,A2} = M_{A2}\ddot{U}_{g6} + F_{A2,9} \quad (7.12)$$

式中：滑动摩擦力采用库伦方法进行计算，混凝土接触面之间的摩擦系数取 0.15，计算出支座处的支反力后进而求得支座处的滑动摩擦力。

碰撞单元处的碰撞力按照以下公式进行计算：

$$\begin{cases} F_{13} = K_{13}(U_1 - U_3 + U_{g1} - U_{g2} - D_{13}) + C_{13}(V_1 - \dot{U}_3 + \dot{U}_{g1} - \dot{U}_{g2}) \\ U_1 - U_3 + U_{g1} - U_{g2} - D_{13} > 0 \\ F_{13} = 0, \quad U_1 - U_3 + U_{g1} - U_{g2} - D_{13} \leq 0 \end{cases}$$

$$(7.13)$$

$$\begin{cases} F_{35} = K_{35}(U_3 - U_5 + U_{g2} - U_{g3} - D_{35}) + C_{35}(\dot{U}_3 - \dot{U}_5 + \dot{U}_{g2} - \dot{U}_{g3}) \\ U_3 - U_5 + U_{g2} - U_{g3} - D_{35} > 0 \\ F_{35} = 0, \quad U_3 - U_5 + U_{g2} - U_{g3} - D_{35} \leq 0 \end{cases}$$

(7.14)

$$\begin{cases} F_{57} = K_{57}(U_5 - U_7 + U_{g3} - U_{g4} - D_{57}) + C_{57}(\dot{U}_5 - \dot{U}_7 + \dot{U}_{g3} - \dot{U}_{g4}) \\ U_5 - U_7 + U_{g3} - U_{g4} - D_{57} > 0 \\ F_{57} = 0, \quad U_5 - U_7 + U_{g3} - U_{g4} - D_{57} \leq 0 \end{cases}$$

(7.15)

$$\begin{cases} F_{79} = K_{79}(U_7 - U_9 + U_{g4} - U_{g5} - D_{79}) + C_{79}(\dot{U}_7 - \dot{U}_9 + \dot{U}_{g4} - \dot{U}_{g5}) \\ U_7 - U_9 + U_{g4} - U_{g5} - D_{79} > 0 \\ F_{79} = 0, \quad U_7 - U_9 + U_{g4} - U_{g5} - D_{79} \leq 0 \end{cases}$$

(7.16)

$$\begin{cases} F_{9,A2} = K_{9,A2}(U_9 - U_{A2} + U_{g5} - U_{g6} - D_{9,A2}) + C_{9,A2}(\dot{U}_9 - \dot{U}_{A2} + \dot{U}_{g5} - \dot{U}_{g6}) \\ U_9 - U_{A2} + U_{g5} - U_{g6} - D_{9,A2} > 0 \\ F_{13} = 0, \quad U_9 - U_{A2} + U_{g5} - U_{g6} - D_{9,A2} \leq 0 \end{cases}$$

(7.17)

根据简化力学模型及上述推导的运动方程,采用自编程序对该简化力学模型进行数值计算。程序中运用龙格-库塔方法,积分步长取 2×10^{-5}s。

7.4 考虑行波效应的非规则桥梁抗震性能分析

7.4.1 不同视波速输入下墩底弯矩的分析

图 7.6~图 7.13 为不同视波速下考虑与不考虑碰撞效应时墩底弯矩的时程曲线。图 7.14 为不同视波速下考虑碰撞效应时墩底弯矩峰值的对比情况。

第7章 行波激励下考虑支座摩擦滑移及结构碰撞的非规则桥梁抗震性能研究

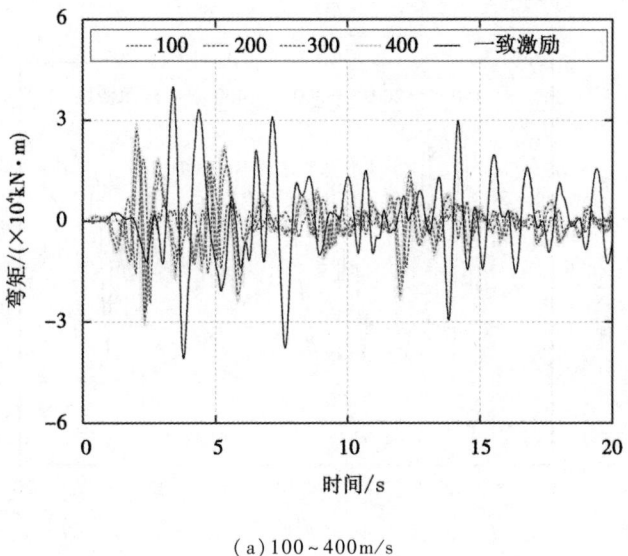

(a) 100~400m/s

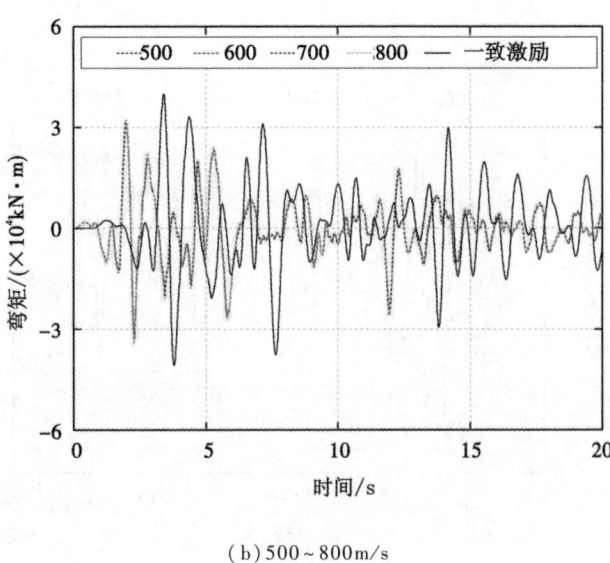

(b) 500~800m/s

图7.6 不考虑碰撞效应时不同视波速输入下1#墩底弯矩时程曲线

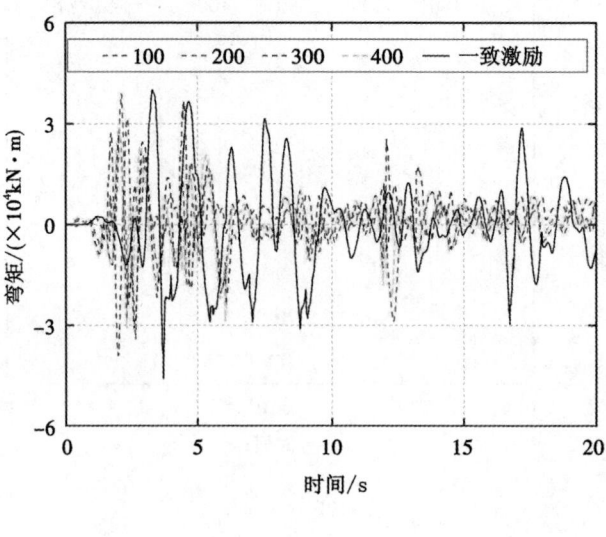

(a) 100~400m/s

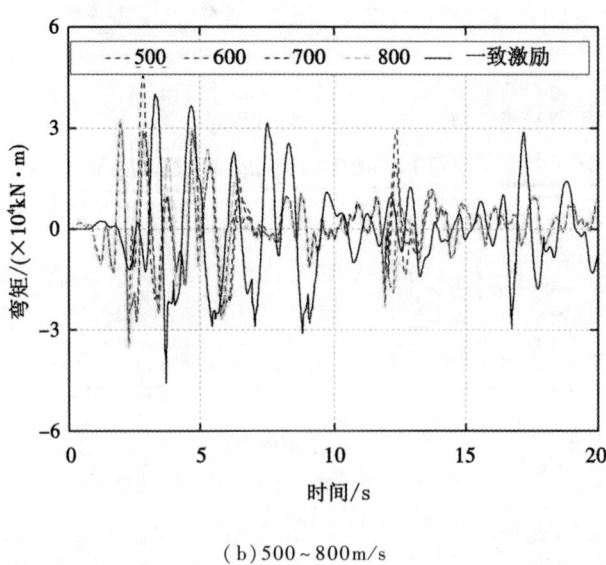

(b) 500~800m/s

图 7.7 考虑碰撞效应时不同视波速输入下 1# 墩底弯矩时程曲线

第7章　行波激励下考虑支座摩擦滑移及结构碰撞的非规则桥梁抗震性能研究

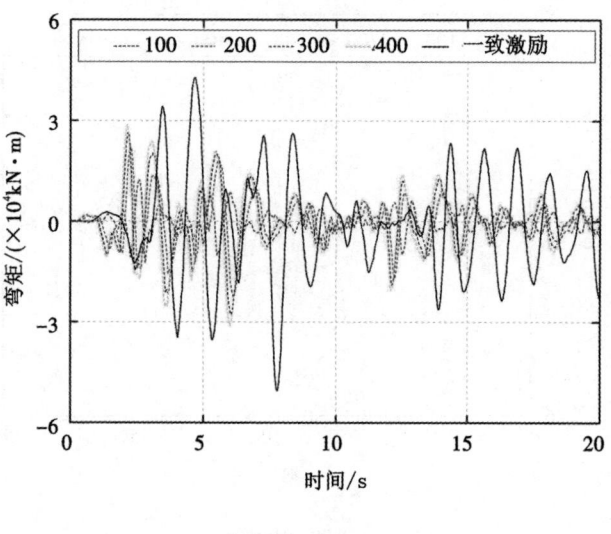

(a) 100~400m/s

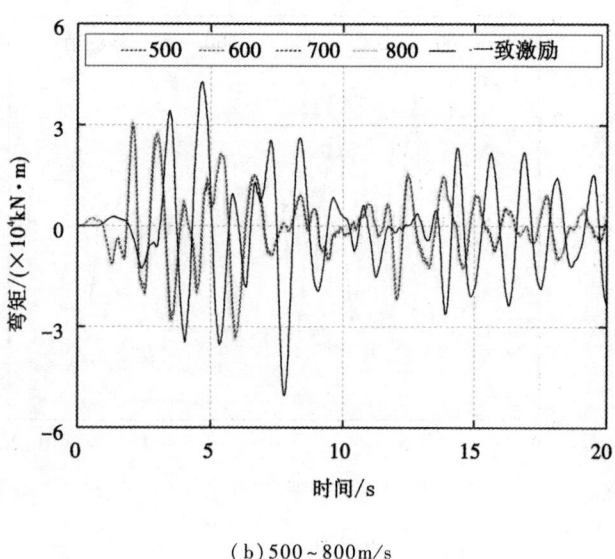

(b) 500~800m/s

图7.8　不考虑碰撞效应时不同视波速输入下1#墩底弯矩时程曲线

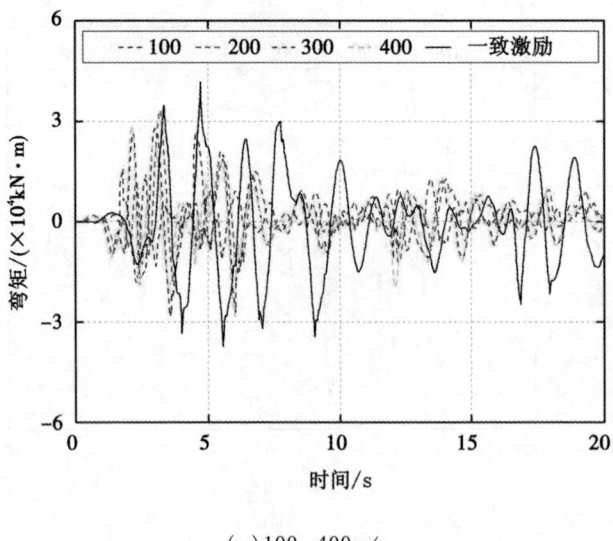

(a) 100~400m/s

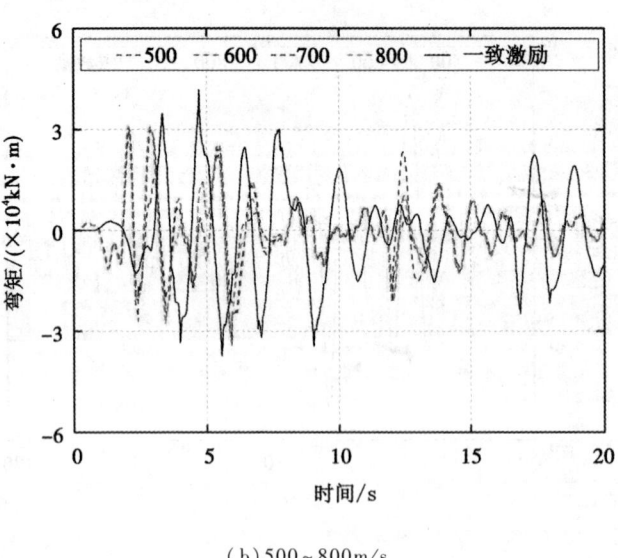

(b) 500~800m/s

图 7.9　考虑碰撞效应时不同视波速输入下 2#墩底弯矩时程曲线

第 7 章　行波激励下考虑支座摩擦滑移及结构碰撞的非规则桥梁抗震性能研究

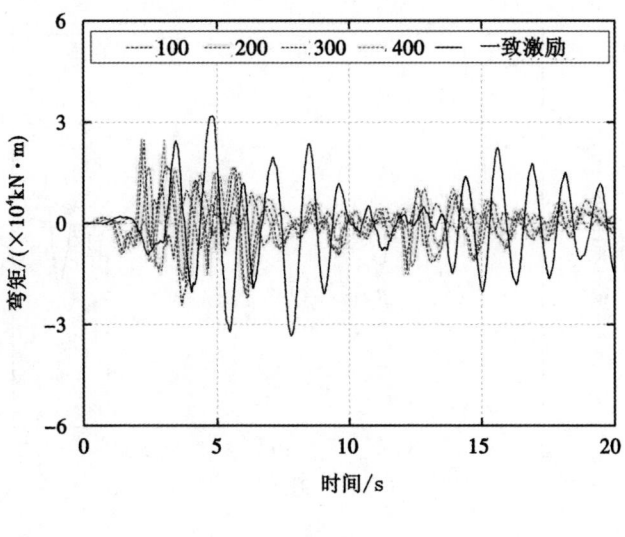

(a) 100~400m/s

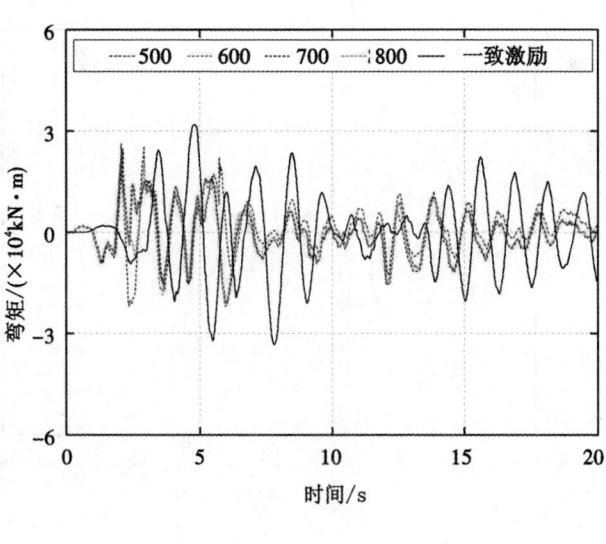

(b) 500~800m/s

图 7.10　不考虑碰撞效应时不同视波速输入下 3# 墩底弯矩时程曲线

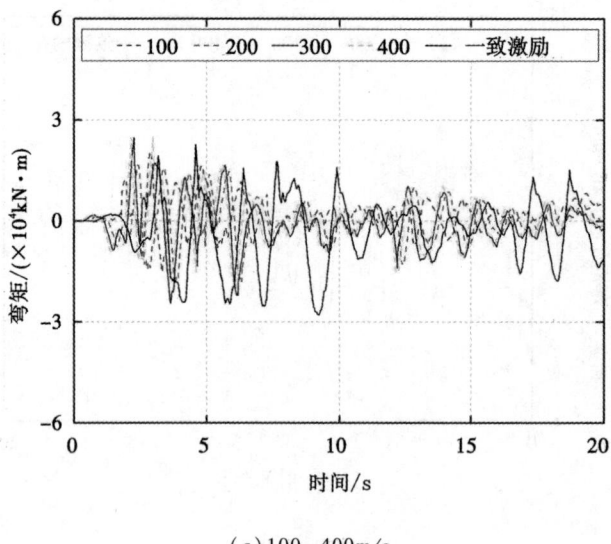

(a) 100~400m/s

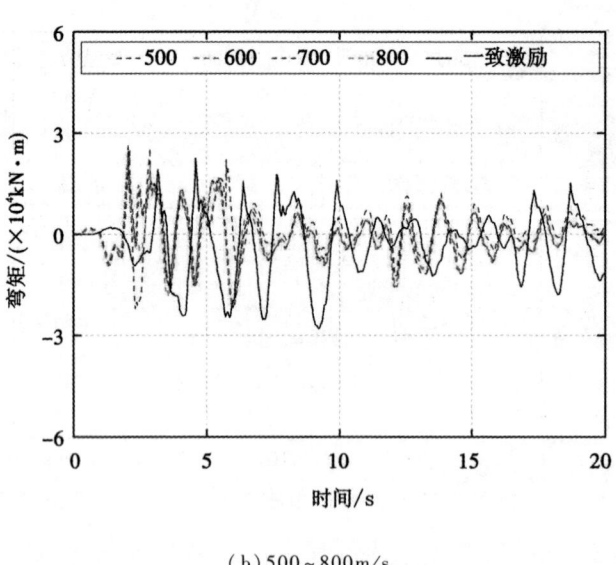

(b) 500~800m/s

图 7.11 考虑碰撞效应时不同视波速输入下 3#墩底弯矩时程曲线

第7章　行波激励下考虑支座摩擦滑移及结构碰撞的非规则桥梁抗震性能研究

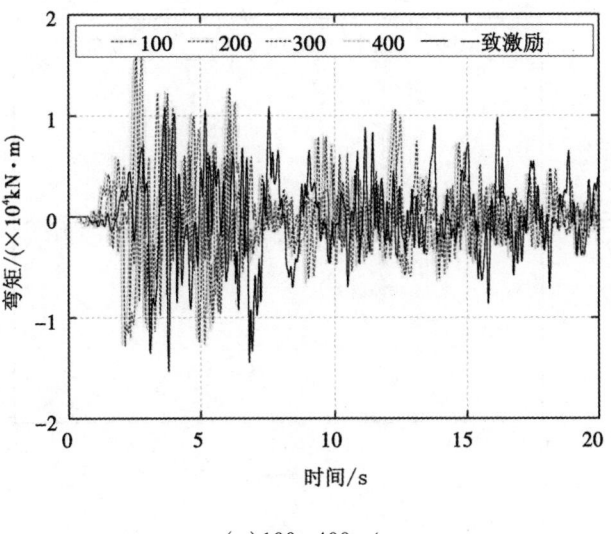

(a) 100~400m/s

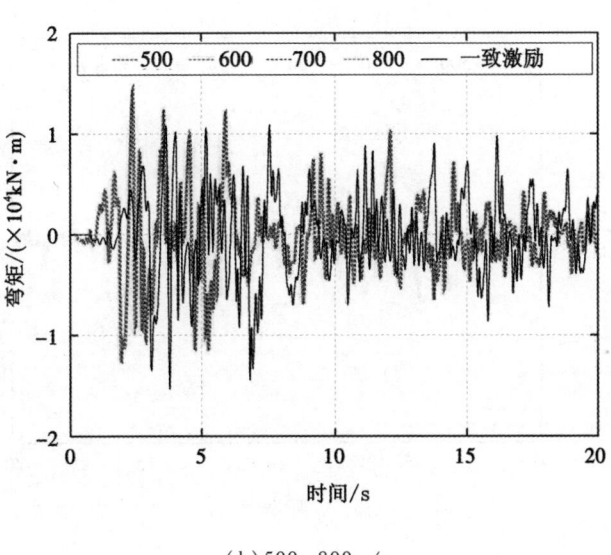

(b) 500~800m/s

图 7.12　不考虑碰撞效应时不同视波速输入下 4# 墩底弯矩时程曲线

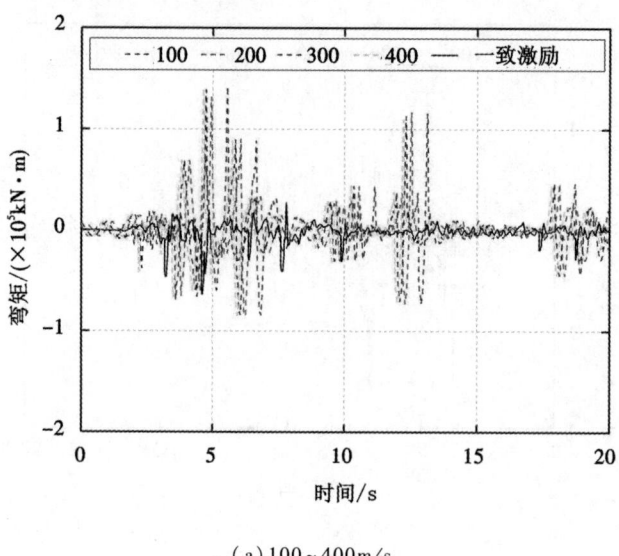

(a)100~400m/s

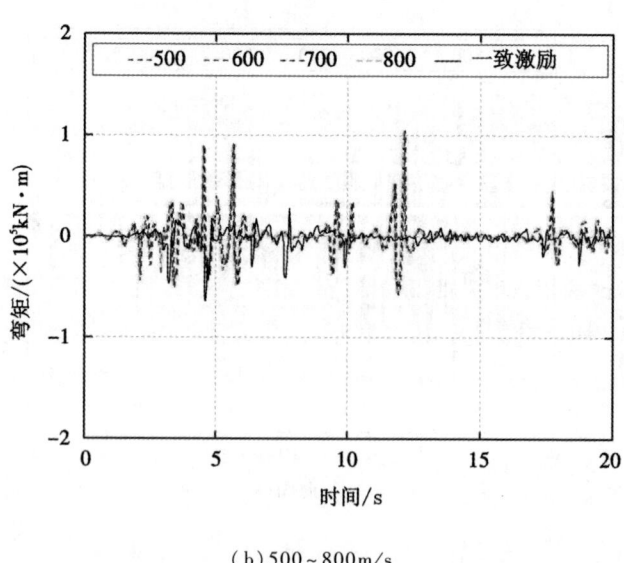

(b)500~800m/s

图7.13 考虑碰撞效应时不同视波速输入下4#墩底弯矩时程曲线

第7章 行波激励下考虑支座摩擦滑移及结构碰撞的非规则桥梁抗震性能研究

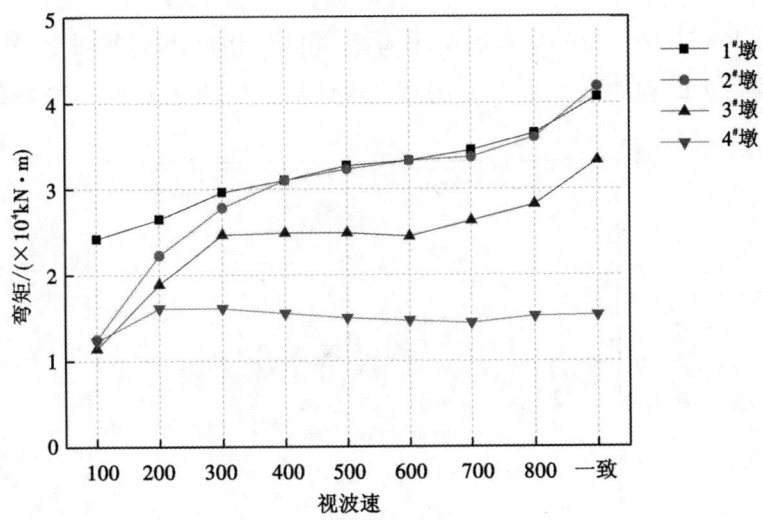

(a) 不考虑碰撞效应弯矩峰值对比

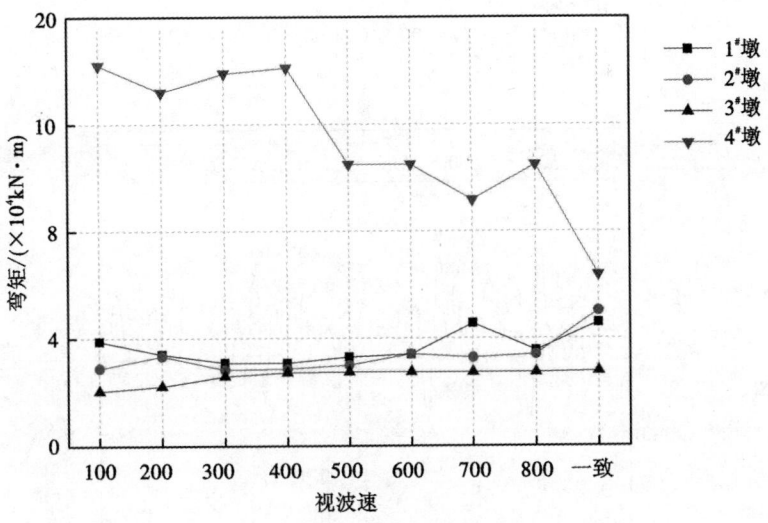

(b) 考虑碰撞效应弯矩峰值对比

图 7.14 墩底弯矩峰值对比曲线

7.4.2 不同视波速输入下墩底剪力分析

图 7.15~图 7.22 为考虑与不考虑碰撞作用时不同视波速作用下桥墩的剪力时程曲线。表 7.2 为图 7.15~图 7.22 对应的剪力峰值。

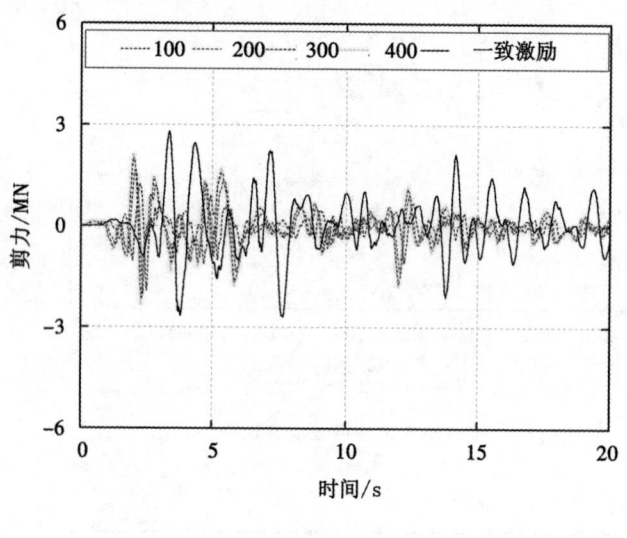

(a) 100~400m/s

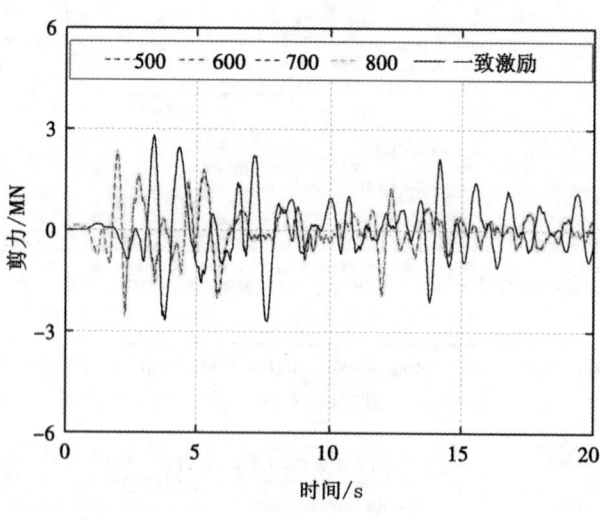

(b) 500~800m/s

图 7.15 不考虑碰撞效应时不同视波速输入下 1# 墩底剪力时程曲线

第7章 行波激励下考虑支座摩擦滑移及结构碰撞的非规则桥梁抗震性能研究

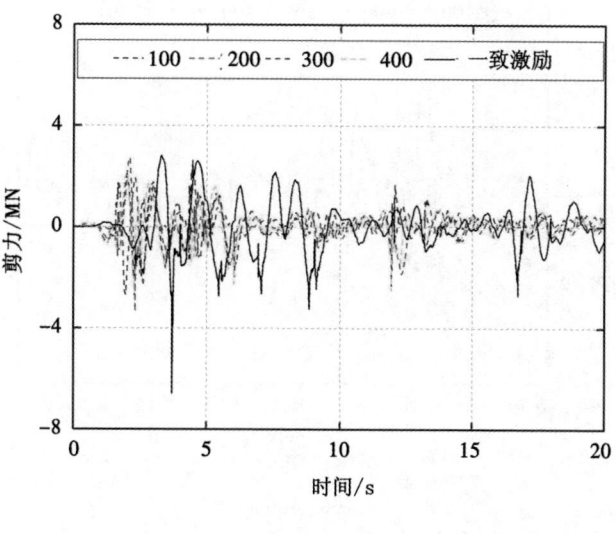

(a) 100~400m/s

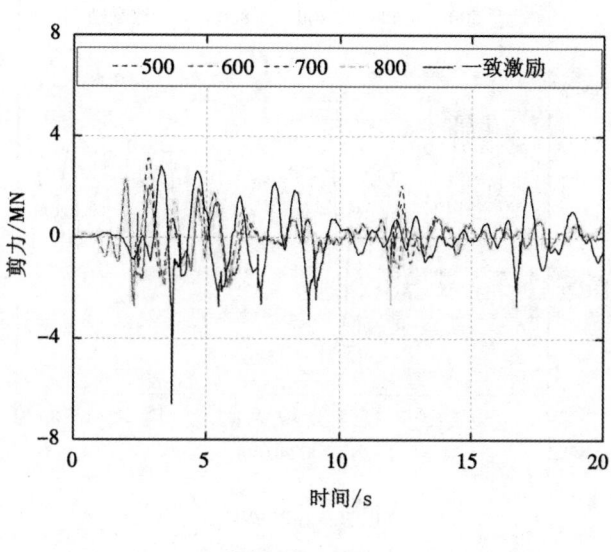

(b) 500~800m/s

图 7.16 考虑碰撞效应时不同视波速输入下 1# 墩底剪力时程曲线

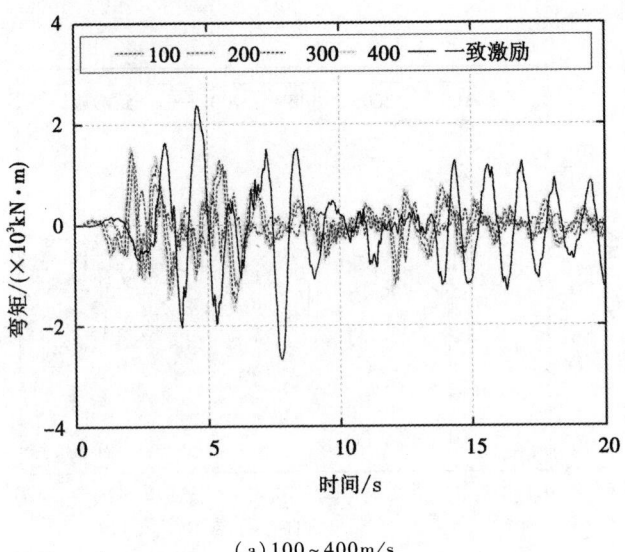

(a) 100~400m/s

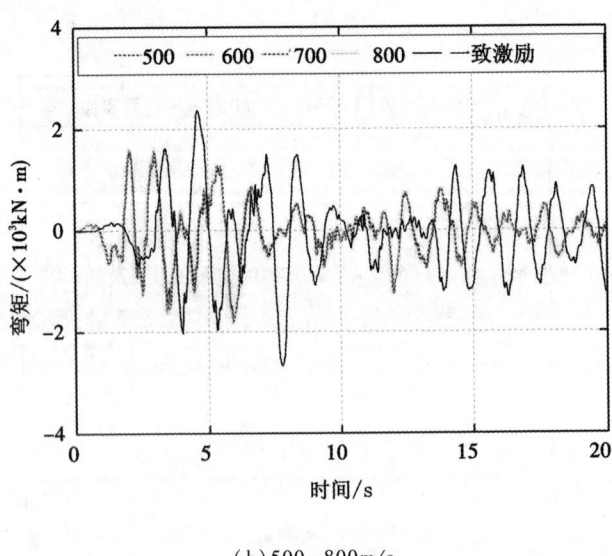

(b) 500~800m/s

图7.17 不考虑碰撞效应时不同视波速输入下2#墩底剪力时程曲线

第7章　行波激励下考虑支座摩擦滑移及结构碰撞的非规则桥梁抗震性能研究

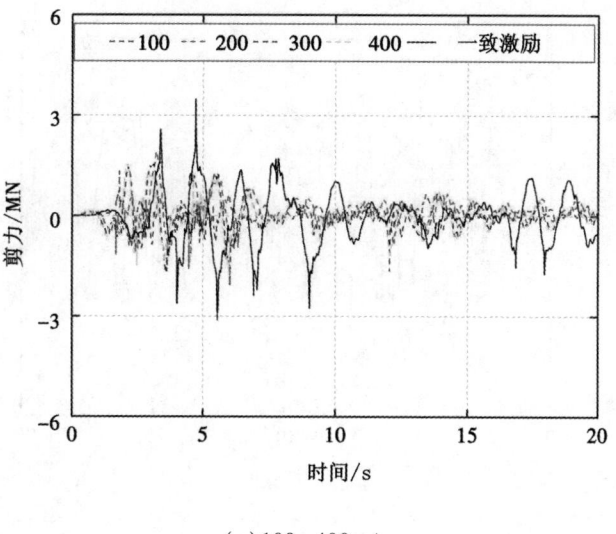

(a) 100~400m/s

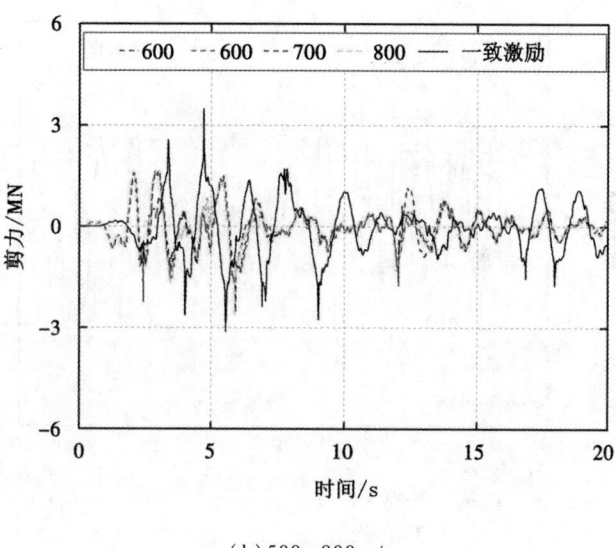

(b) 500~800m/s

图7.18　考虑碰撞效应时不同视波速输入下 $2^\#$ 墩底剪力时程曲线

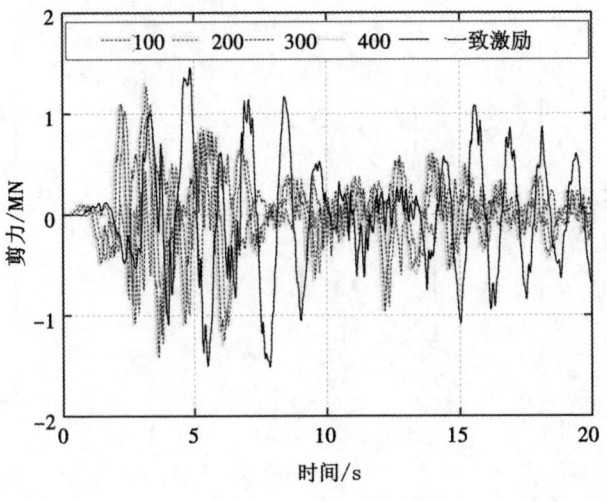

(a) 100~400m/s

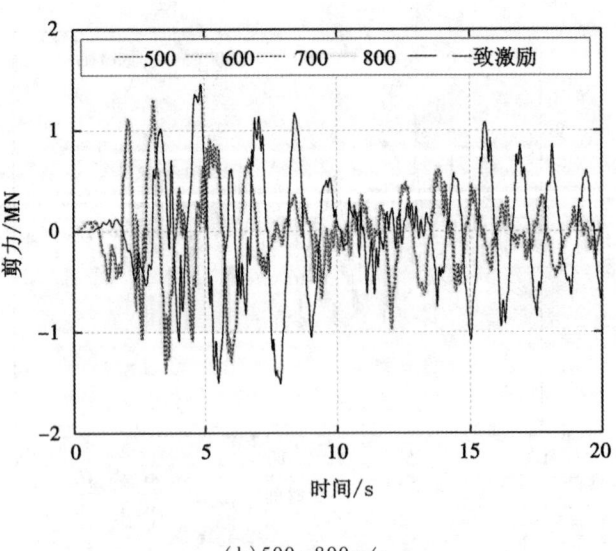

(b) 500~800m/s

图 7.19 不考虑碰撞效应时不同视波速输入下 3#墩底剪力时程曲线

第7章 行波激励下考虑支座摩擦滑移及结构碰撞的非规则桥梁抗震性能研究

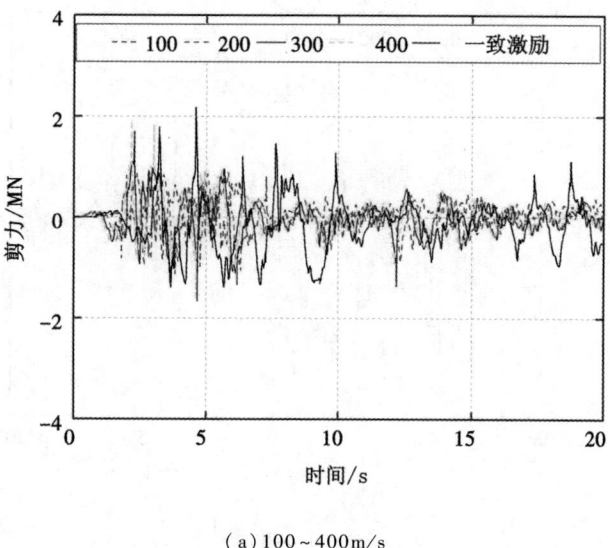

(a) 100~400m/s

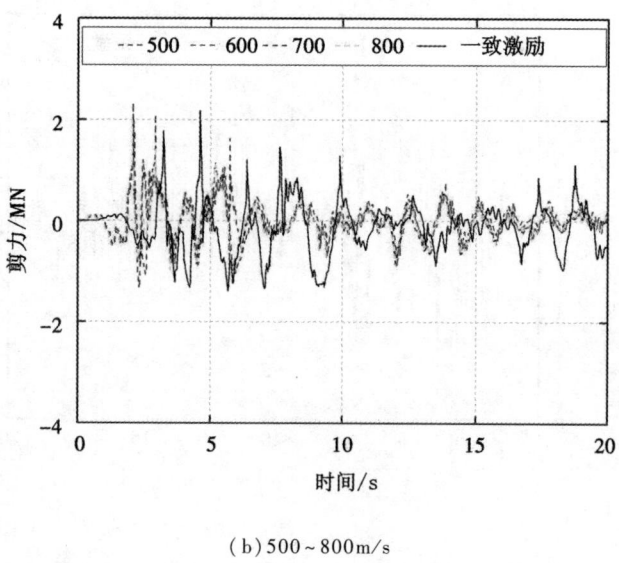

(b) 500~800m/s

图7.20 考虑碰撞效应时不同视波速输入下3#墩底剪力时程曲线

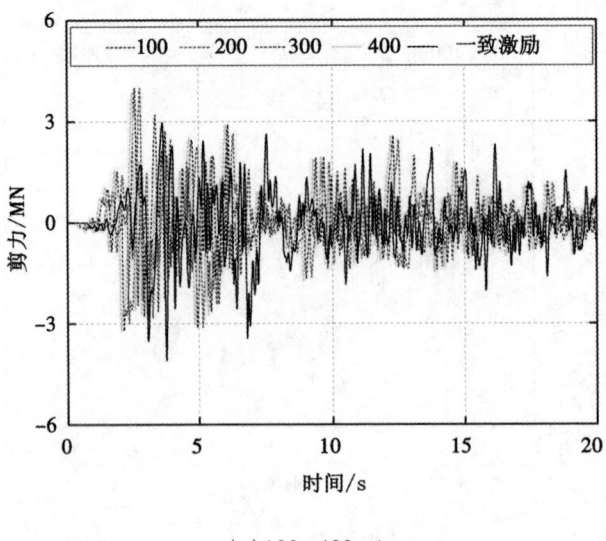

(a)100~400m/s

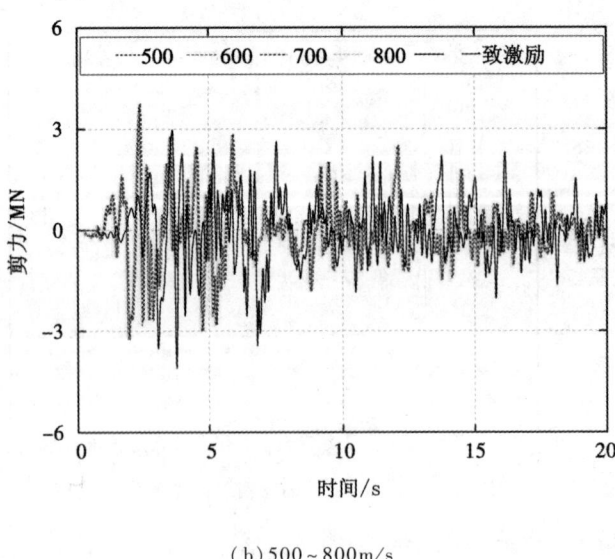

(b)500~800m/s

图 7.21 不考虑碰撞效应时不同视波速输入下 4#墩底剪力时程曲线

第7章　行波激励下考虑支座摩擦滑移及结构碰撞的非规则桥梁抗震性能研究

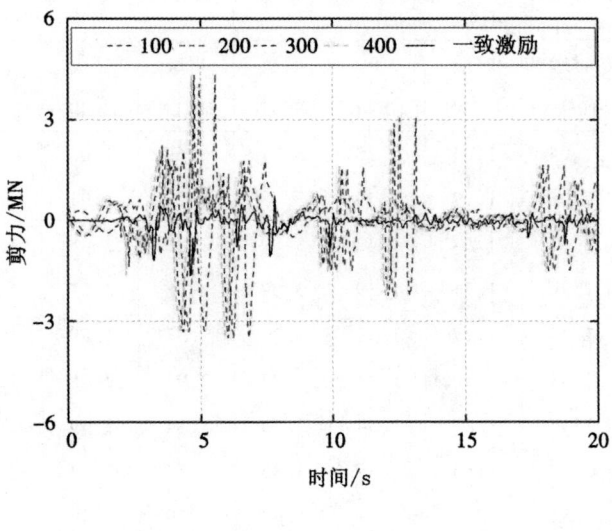

(a) 100~400m/s

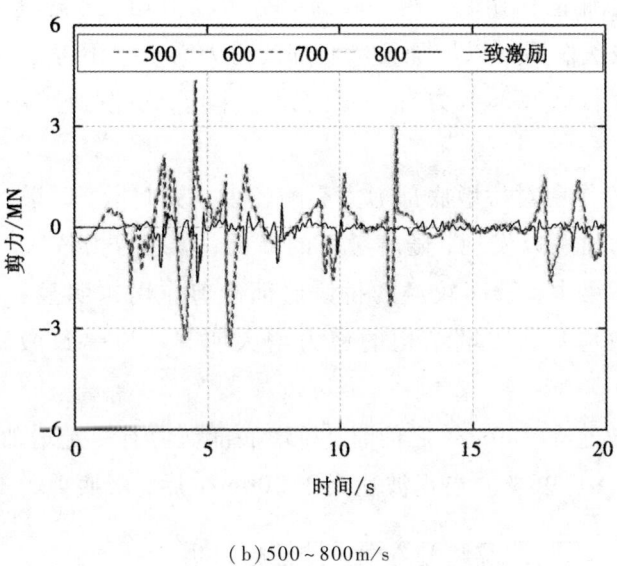

(b) 500~800m/s

图 7.22　考虑碰撞效应时不同视波速输入下 4# 墩底剪力时程曲线

表 7.2　考虑与不考虑碰撞作用时不同视波速作用下墩底剪力

视波速 /(m·s^{-5})	不考虑碰撞作用				考虑碰撞作用			
	1$^\#$墩 (10^{3}kN)	2$^\#$墩 (10^{3}kN)	3$^\#$墩 (10^{3}kN)	4$^\#$墩 (10^{3}kN)	1$^\#$墩 (10^{3}kN)	2$^\#$墩 (10^{3}kN)	3$^\#$墩 (10^{3}kN)	4$^\#$墩 (10^{4}kN)
100	1.94	1.01	0.75	3.21	2.69	1.05	0.88	4.06
200	2.05	1.27	1.29	3.79	2.72	1.91	1.16	4.06
300	2.27	1.54	1.42	3.82	2.80	2.08	1.69	4.33
400	2.36	1.71	1.39	3.87	2.88	2.08	1.91	4.29
500	2.47	1.77	1.40	3.77	2.57	1.89	1.78	4.36
600	2.51	1.80	1.41	3.72	2.92	2.55	2.01	4.36
700	2.57	1.83	1.34	3.73	3.14	2.39	2.13	4.36
800	2.57	1.85	1.36	3.85	3.55	2.64	2.08	4.36
一致	2.81	2.67	1.51	4.09	6.59	3.49	2.18	1.55

由图 7.15~图 7.22 和表 7.2 分析可得的结论有以下几点。

① 考虑碰撞作用时，桥墩底部的剪力峰值均大于不考虑碰撞作用时，说明碰撞作用可以增加桥墩底部的剪力需求。不考虑碰撞作用时，行波效应对桥墩底部剪力有一定的减小作用，视波速越小，墩底的剪力越小。

② 碰撞作用对桥墩底部剪力影响较大，从 1$^\#$墩、2$^\#$墩、3$^\#$墩、4$^\#$墩的墩底剪力值可以发现，随着墩高的降低，墩底剪力依次增大。因此，在非规则桥梁中，墩高较矮的桥墩底部冲剪作用越明显；考虑碰撞效应及行波效应后，矮墩结构的剪力增大明显，为一致激励的 1.62~1.81 倍。

③ 视波速在 200m/s 之前时，桥墩底部剪力有一定增加，增加范围为 1.22%~81.90%。当视波速大于 200m/s 后，墩底剪力趋于平稳。

7.4.3　不同视波速输入下墩顶位移分析

地震作用下墩顶位移过大后，将会产生一系列的次生灾害，譬如，P-Δ 效应可以增加桥墩的内力需求，墩梁位移过大会产生落梁等震害。为此，本节研究不同行波输入下各墩的墩顶位移，如图 7.23~图

第 7 章　行波激励下考虑支座摩擦滑移及结构碰撞的非规则桥梁抗震性能研究

7.30 所示。各桥墩的位移峰值,如图 7.31 所示。

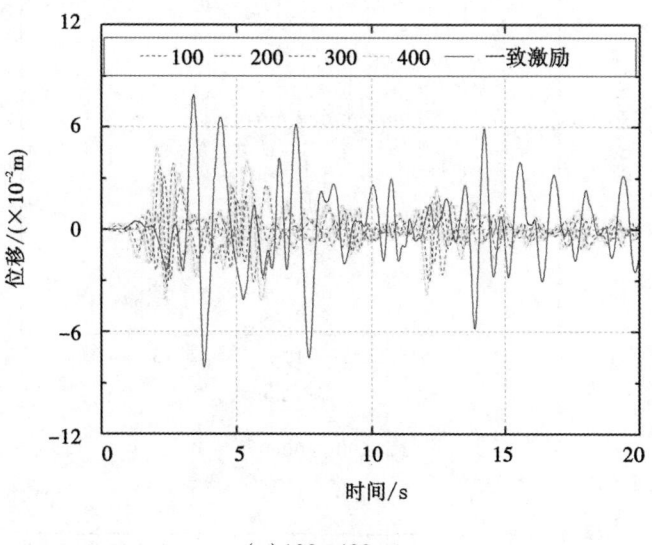

(a) 100~400m/s

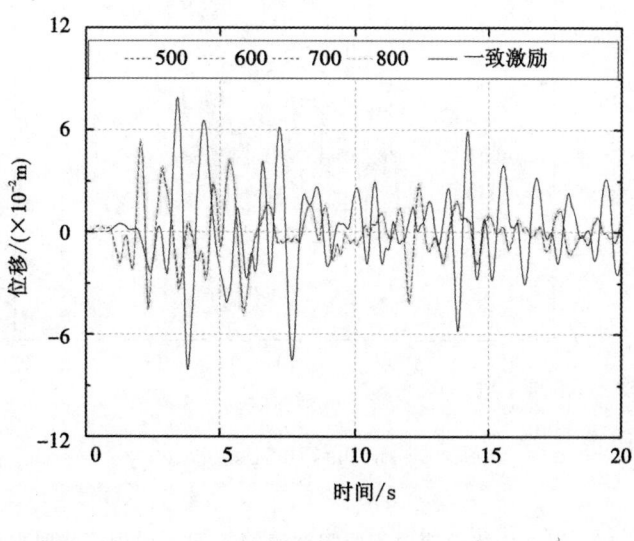

(b) 500~800m/s

图 7.23　不考虑碰撞效应时不同视波速输入下 1# 墩顶位移时程曲线

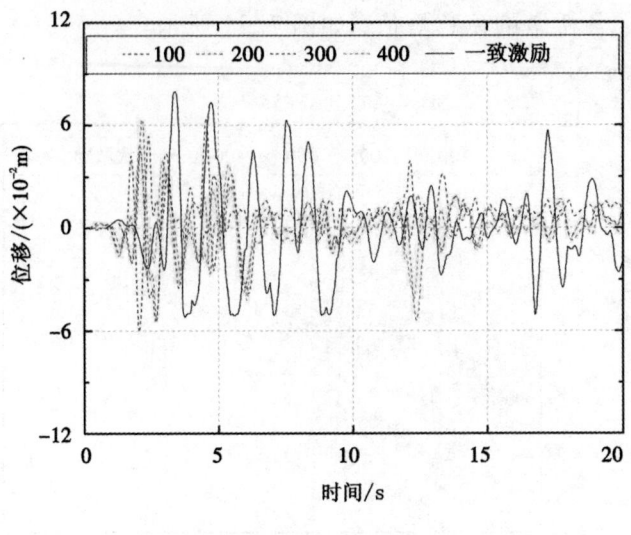

（a）100~400m/s

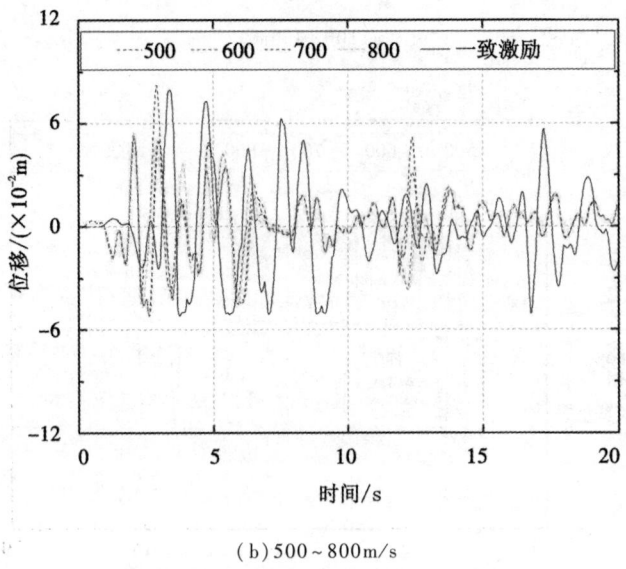

（b）500~800m/s

图7.24 考虑碰撞效应时不同视波速输入下1#墩顶位移时程曲线

第7章 行波激励下考虑支座摩擦滑移及结构碰撞的非规则桥梁抗震性能研究

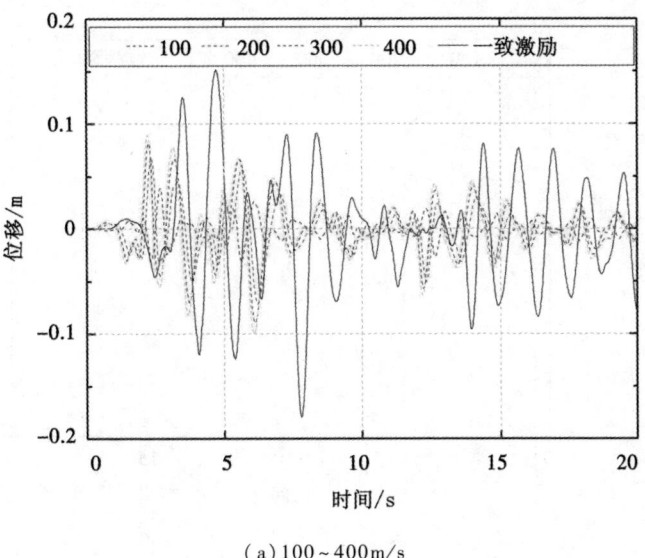

(a) 100~400m/s

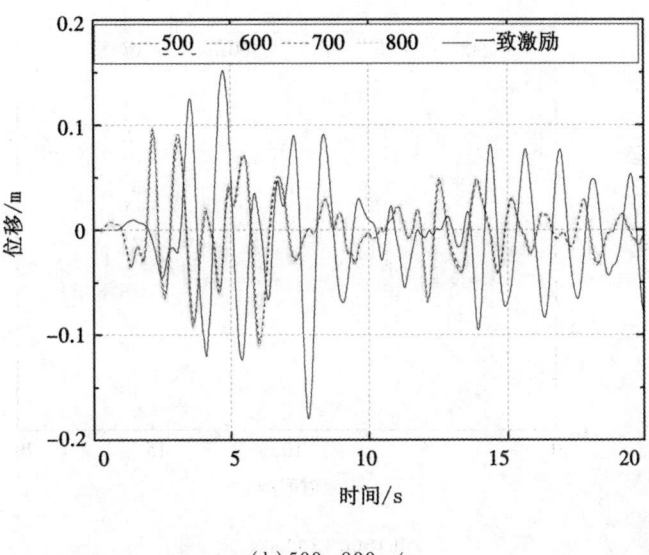

(b) 500~800m/s

图7.25 不考虑碰撞效应时不同视波速输入下 2#墩顶位移时程曲线

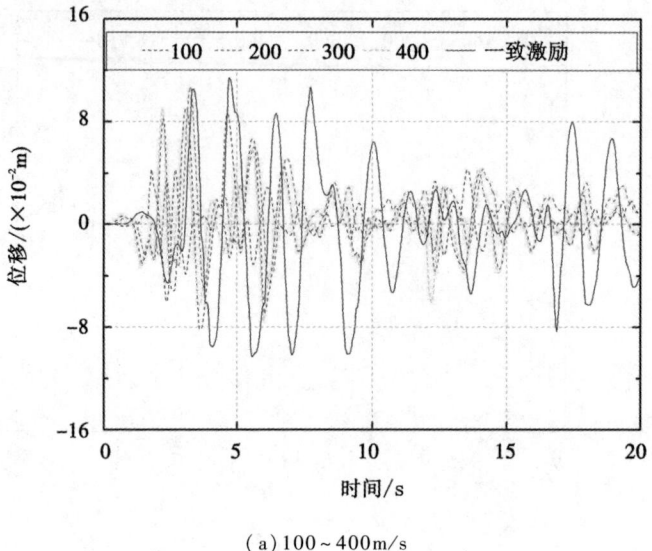

(a) 100~400m/s

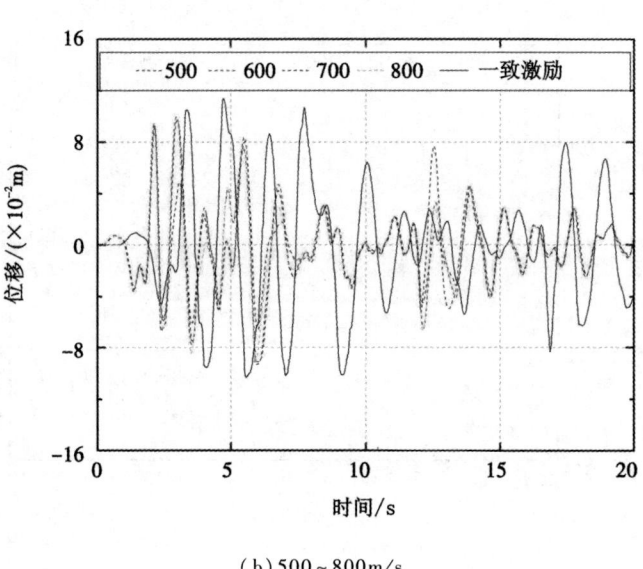

(b) 500~800m/s

图 7.26 考虑碰撞效应时不同视波速输入下 2# 墩顶位移时程曲线

第7章 行波激励下考虑支座摩擦滑移及结构碰撞的非规则桥梁抗震性能研究

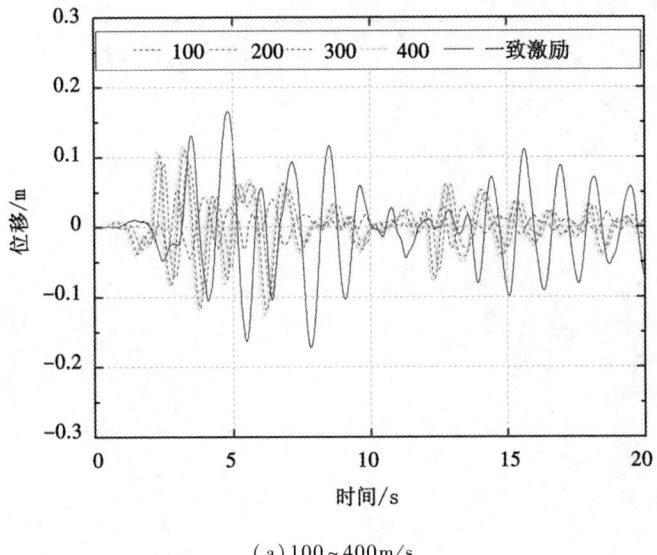

(a) 100~400m/s

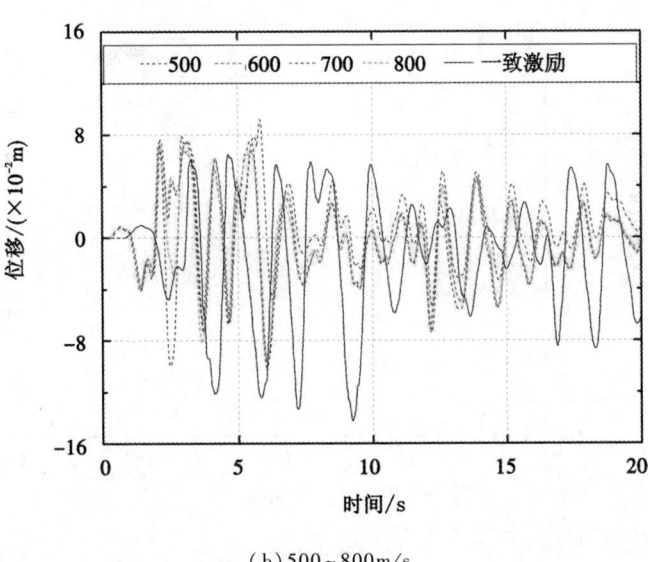

(b) 500~800m/s

图7.27 不考虑碰撞效应时不同视波速输入下3#墩顶位移时程曲线

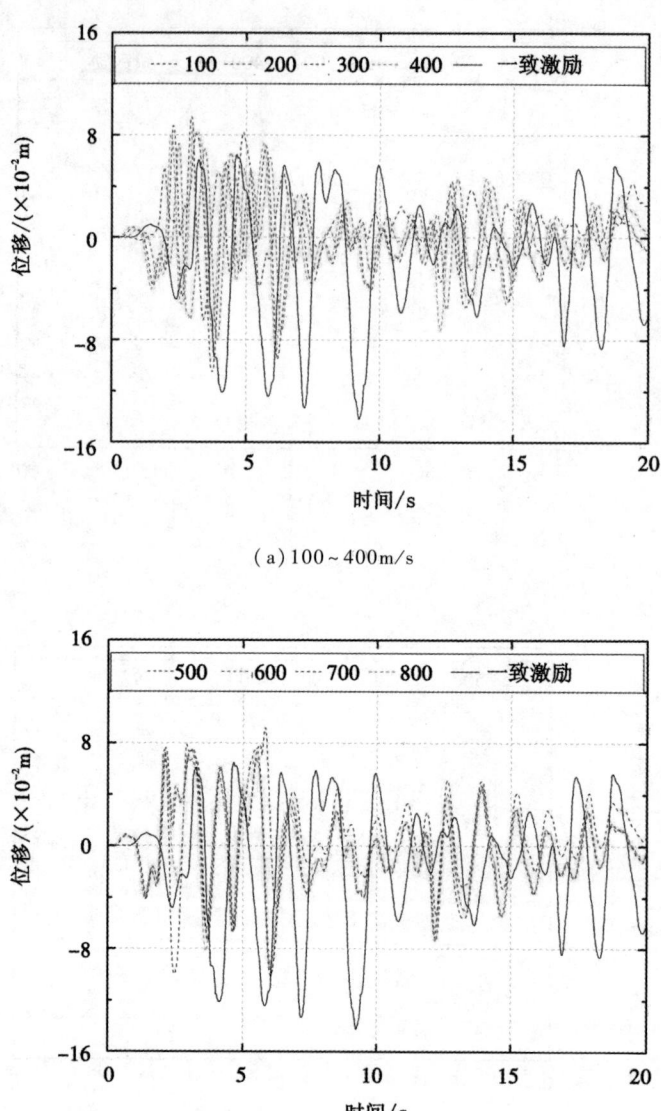

(a) 100~400m/s

(b) 500~800m/s

图 7.28 考虑碰撞效应时不同视波速输入下 3#墩顶位移时程曲线

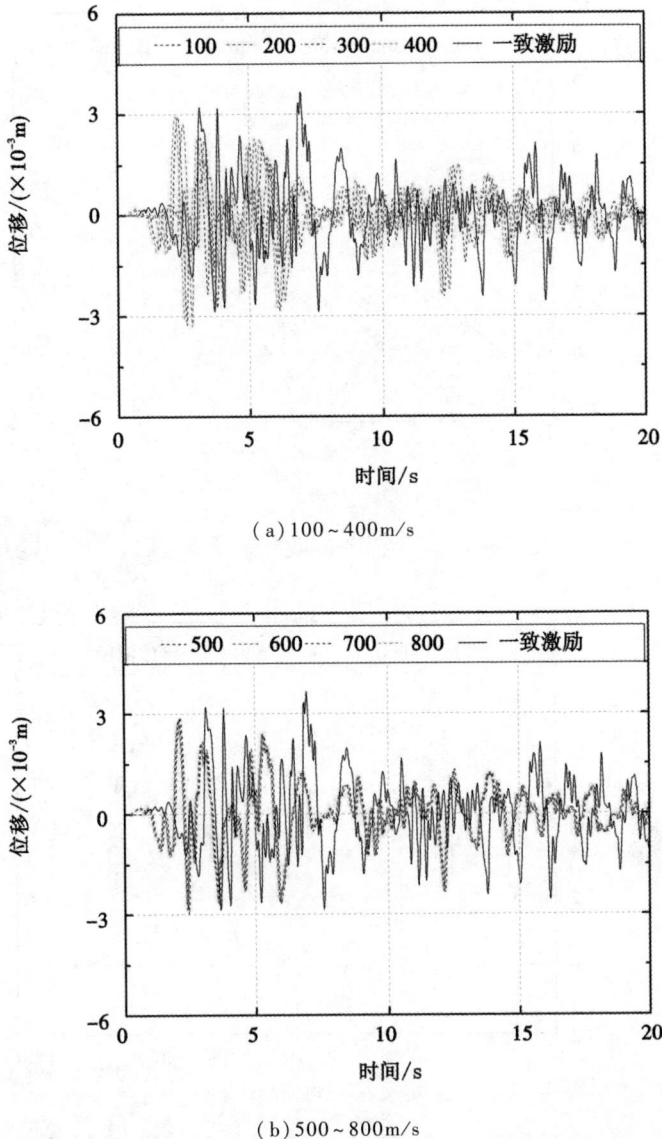

(a) 100~400m/s

(b) 500~800m/s

图 7.29 不考虑碰撞效应时不同视波速输入下 4# 墩顶位移时程曲线

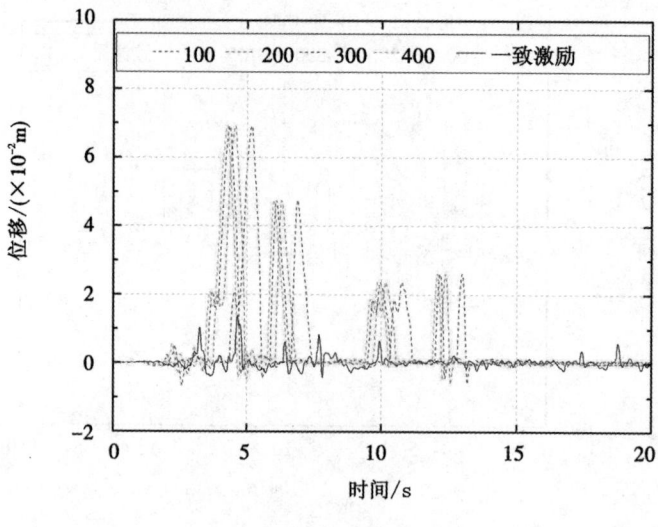

(a) 100~400m/s

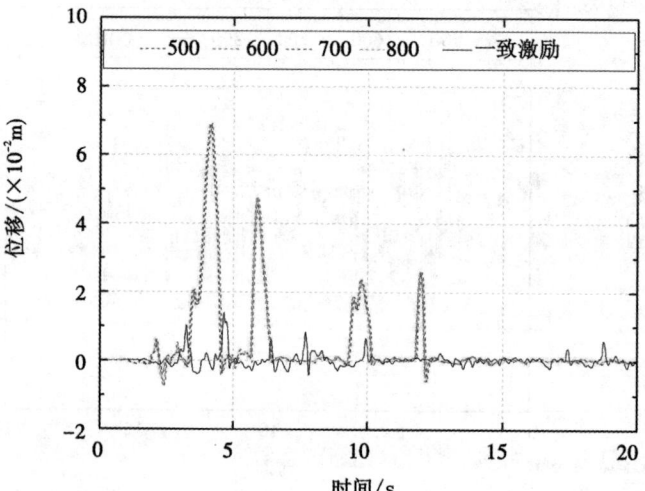

(b) 500~800m/s

图 7.30 考虑碰撞效应时不同视波速输入下 4# 墩顶位移时程曲线

第7章　行波激励下考虑支座摩擦滑移及结构碰撞的非规则桥梁抗震性能研究

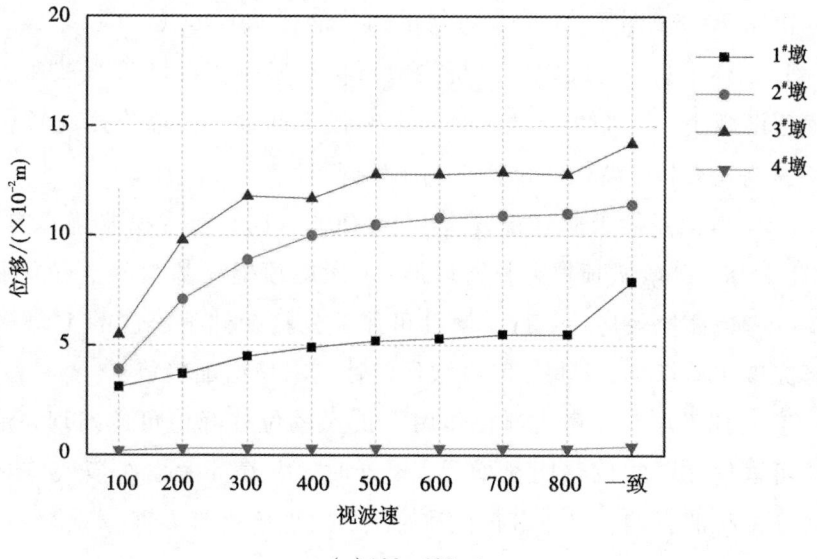

(a) 100~400m/s

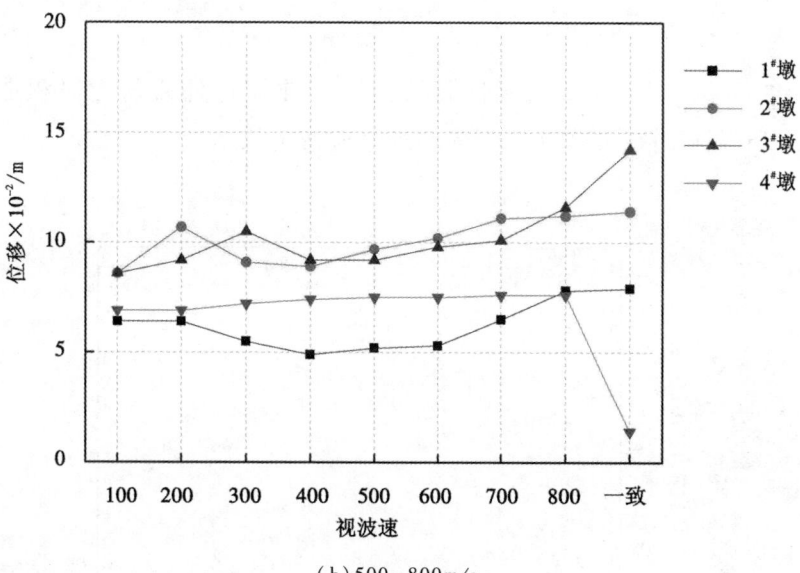

(b) 500~800m/s

图 7.31　墩顶位移峰值对比

由图 7.23~图 7.31 分析可得出的结论有以下几点。

① 总体上讲,行波效应对桥梁墩顶位移影响程度随着视波速的增加而逐渐减小,行波效应对高墩的影响强于低墩。碰撞作用对矮墩的位移影响较大,对高墩的位移影响不明显。

② 不考虑碰撞效应且视波速小于 300m/s 时,随着视波速的增加,1#墩、2#墩、3#墩墩顶位移显著增加,4#墩墩顶位移基本不受行波激励影响。考虑碰撞效应后,行波激励可使首先接触到地震波的 1#墩墩顶位移先减小后增加,2#墩、3#墩墩顶位移基本呈增加趋势。

③ 对比考虑与不考虑碰撞作用下 4#墩的位移峰值可以发现,碰撞作用可以使矮墩的位移明显增大,设计时,应着重考虑碰撞效应对矮墩墩顶位移的影响,避免墩顶位移过大,出现落梁等震害。

7.4.4 不同视波速输入下伸缩缝处碰撞时程曲线及最大碰撞力分析

图 7.32~图 7.35 为不同行波激励下伸缩缝处碰撞力时程曲线。图 7.36 为不同视波速激励下各伸缩缝碰撞力峰值对比情况。

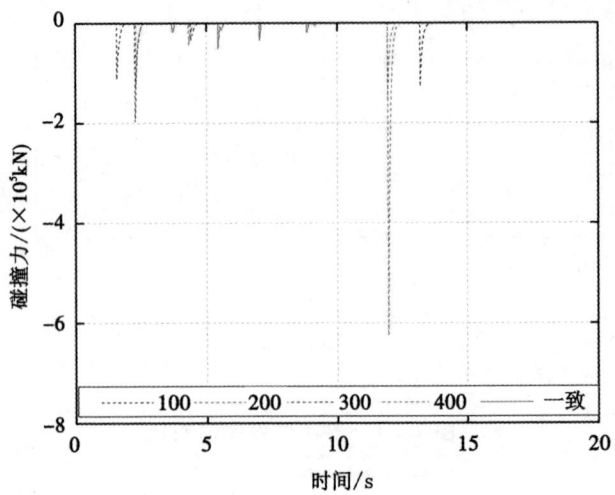

(a) 100~400m/s

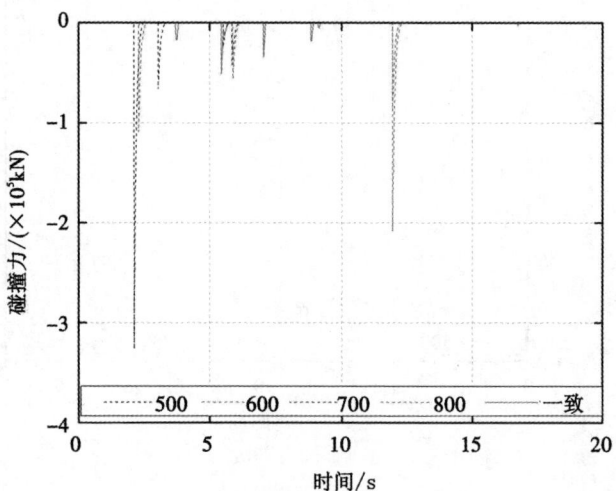

(b) 500~800m/s

图7.32 不同视波速激励下1#伸缩缝碰撞时程曲线

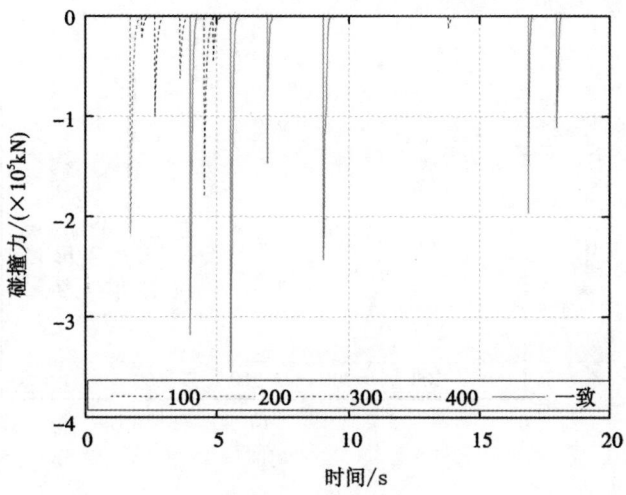

(a) 100~400m/s

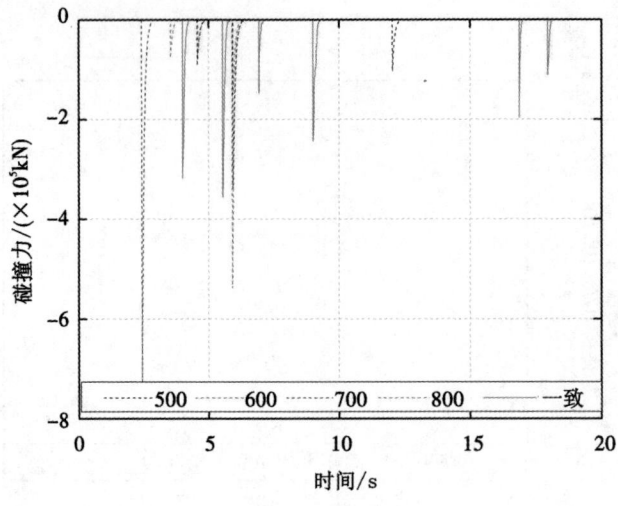

(b) 500~800m/s

图 7.33　不同视波速激励下 2#伸缩缝碰撞时程曲线

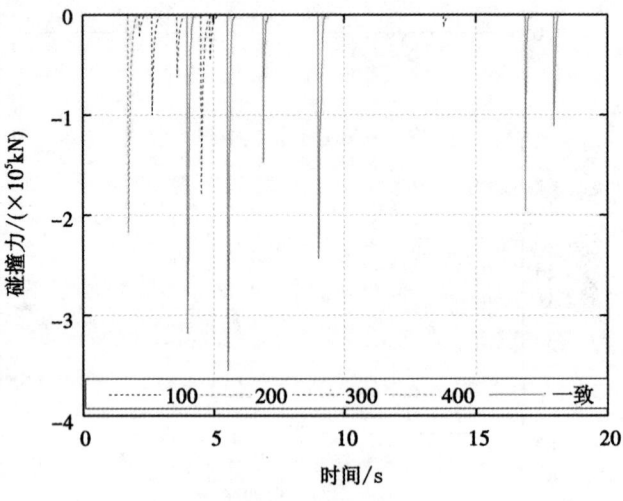

(a) 100~400m/s

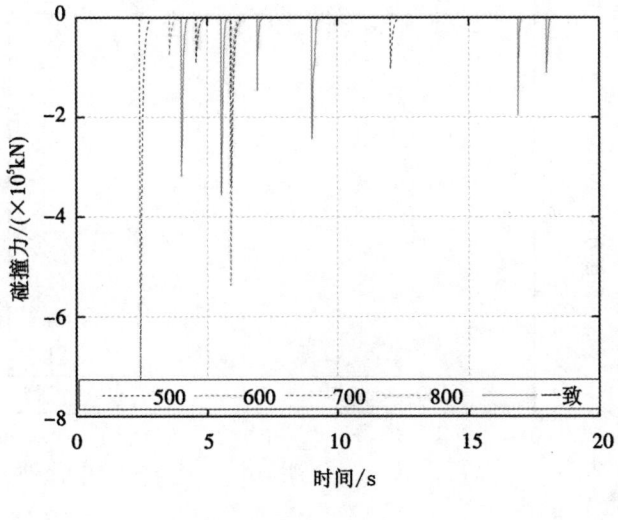

(b) 500~800m/s

图7.34　不同视波速激励下 3# 伸缩缝碰撞时程曲线

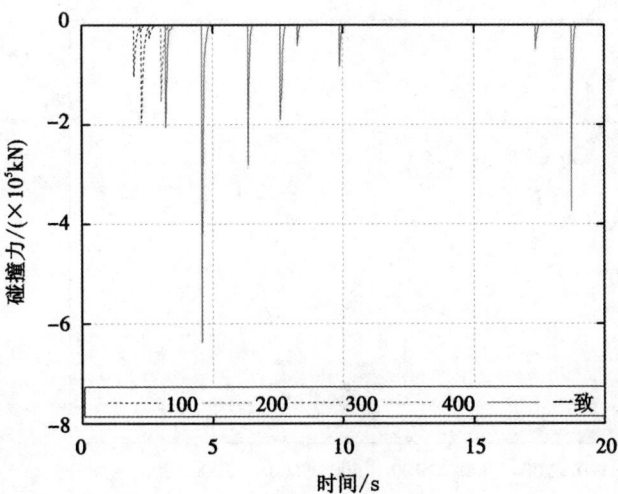

(a) 100~400m/s

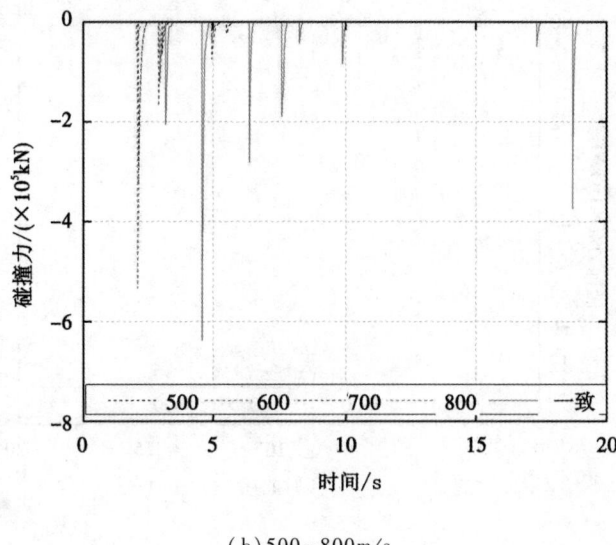

(b)500~800m/s

图 7.35 不同视波速激励下 4# 伸缩缝碰撞时程曲线

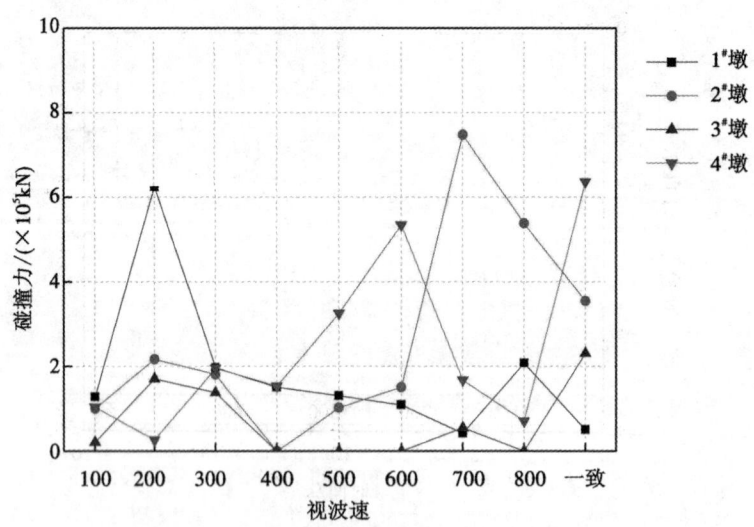

图 7.36 不同视波速激励下各伸缩缝碰撞力峰值对比

第7章　行波激励下考虑支座摩擦滑移及结构碰撞的非规则桥梁抗震性能研究

由图 7.32~图 7.36 分析可得出的结论有以下几点。

① 行波效应对邻梁伸缩缝处的碰撞响应影响较大，但并无一定规律，各缝处的碰撞力随视波速的不同而不同，计算结果中存在行波激励下伸缩缝处碰撞力大于一致激励的情况。

② 对多跨非规则桥梁进行防碰撞设计时，应对其进行不同视波速的地震激励分析，最大限度地找到相邻结构的最大碰撞力，进而指导设计。

7.4.5　不同视波速输入下滑动支座位移时程曲线分析

我国西南山区的许多中小跨径桥梁中，板式橡胶支座直接放置于梁体与墩台之间，并没有设置任何锚固措施。地震作用下板式橡胶支座会产生较大的位移，目前，对于非一致激励下考虑碰撞作用的非规则桥梁板式橡胶支座位移的研究，还相对较少，因此本节对这种情况进行研究。计算模型中，从 1# 墩至 5# 台依次定义板式橡胶支座编号为 1#~5#。图 7.37~图 7.41 为不同桥墩上部的板式橡胶支座考虑碰撞效应时的位移时程曲线。表 7.3 为不同支座的位移峰值。

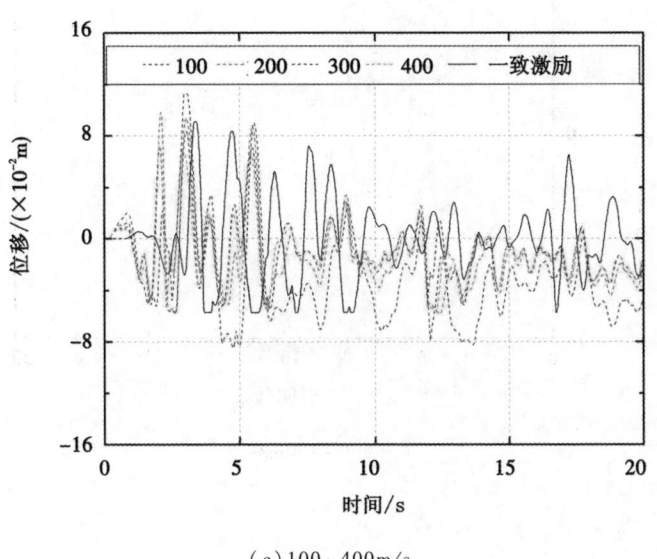

(a) 100~400m/s

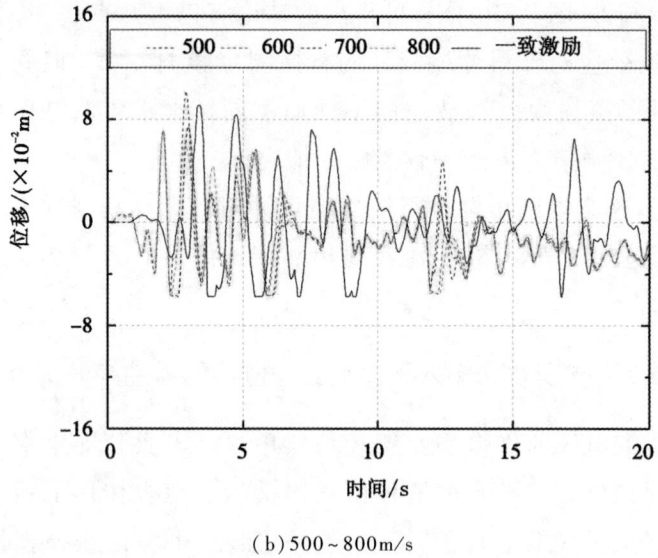

(b)500~800m/s

图7.37 考虑碰撞效应时不同视波速激励下 1# 支座位移时程曲线

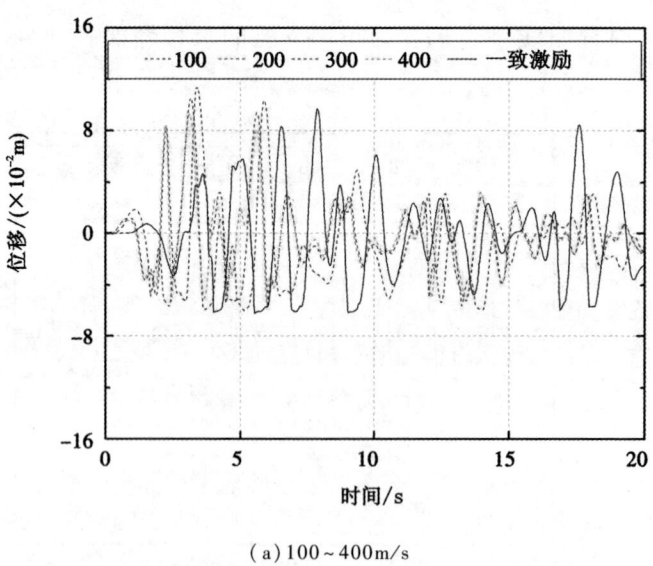

(a)100~400m/s

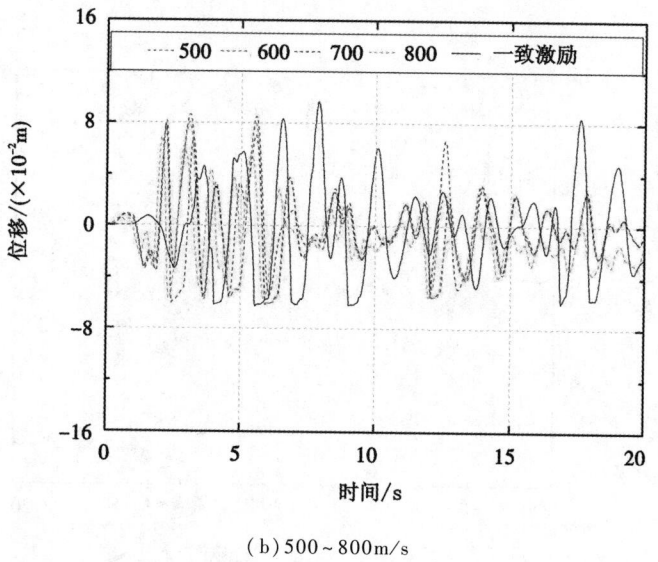

(b) 500~800m/s

图 7.38　考虑碰撞效应时不同视波速激励下 2#支座位移时程曲线

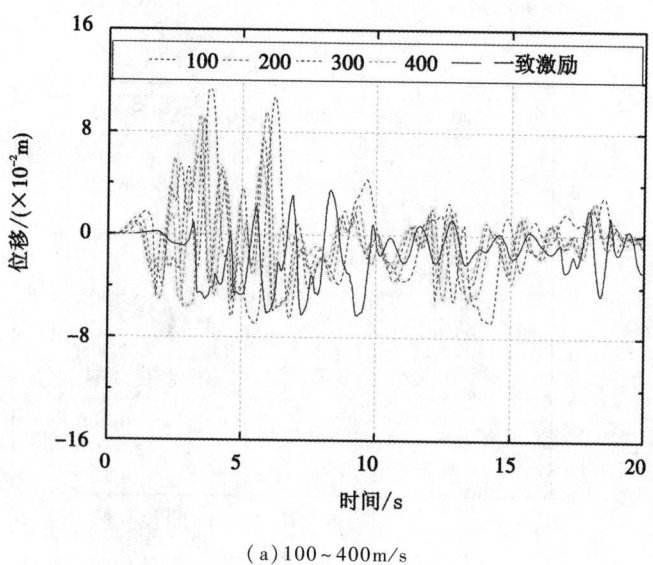

(a) 100~400m/s

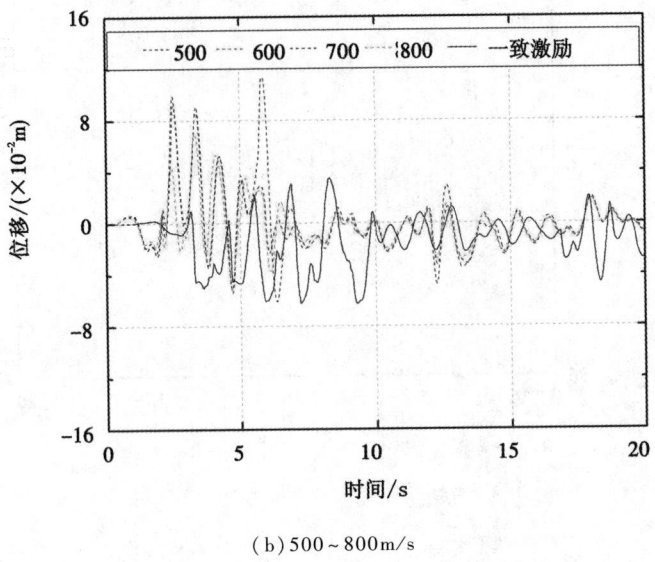

(b) 500~800m/s

图7.39 考虑碰撞效应时不同视波速激励下3#支座位移时程曲线

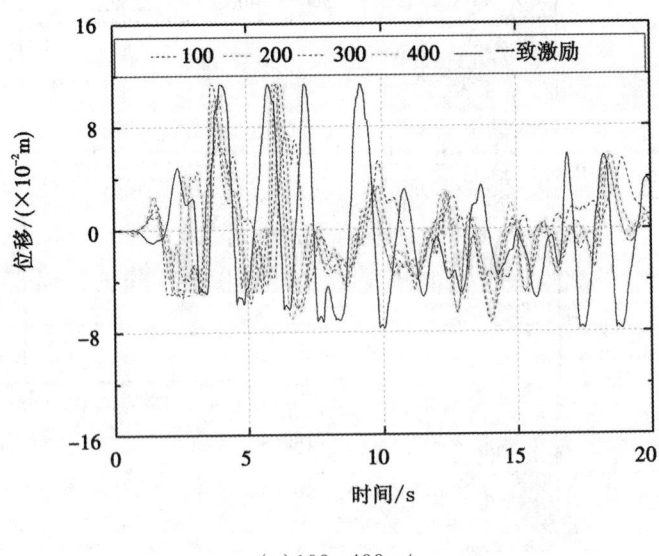

(a) 100~400m/s

第7章 行波激励下考虑支座摩擦滑移及结构碰撞的非规则桥梁抗震性能研究

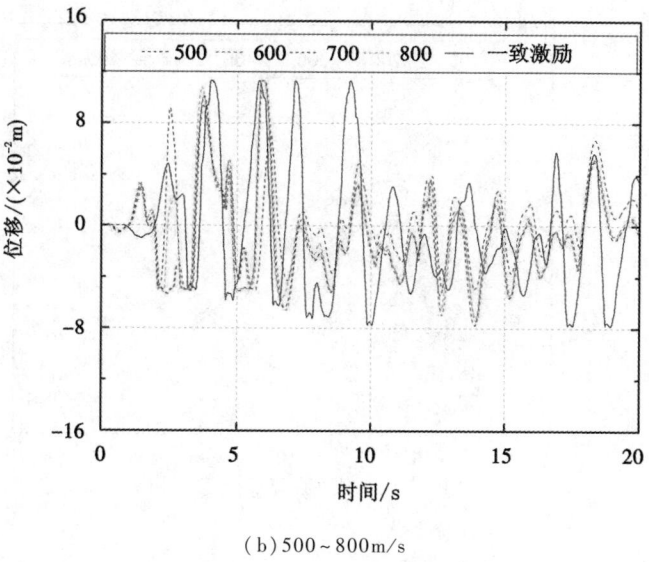

(b) 500~800m/s

图 7.40 考虑碰撞效应时不同视波速激励下 4# 支座位移时程曲线

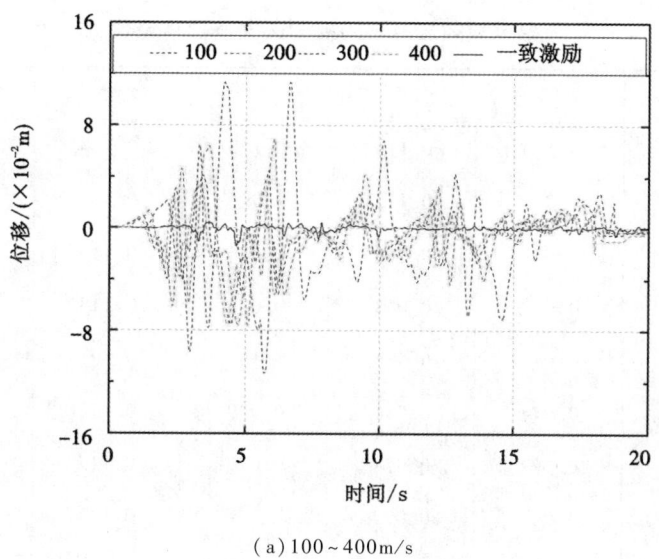

(a) 100~400m/s

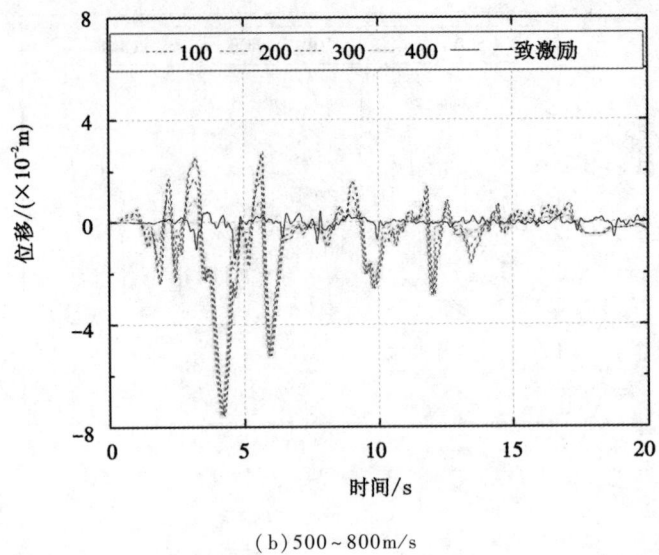

(b) 500~800m/s

图 7.41　考虑碰撞效应时不同视波速激励下 5# 支座位移时程曲线

表 7.3　　考虑碰撞效应时不同视波速支座位移峰值　　　　　　　　m

视波速/(m·s^{-1})	1#	2#	3#	4#	5#
100	0.113	0.113	0.113	0.113	0.113
200	0.098	0.113	0.096	0.113	0.076
300	0.084	0.105	0.076	0.113	0.077
400	0.072	0.093	0.093	0.113	0.079
500	0.074	0.085	0.113	0.101	0.081
600	0.074	0.081	0.099	0.113	0.082
700	0.102	0.078	0.077	0.113	0.082
800	0.069	0.092	0.07	0.113	0.082
一致激励	0.091	0.097	0.035	0.113	0.014

由图 7.37~图 7.41 和表 7.3 分析可得出结论有以下几点。

① 总体上讲,行波激励可以使桥梁结构的板式橡胶支座位移值增

大，当视波速为100m/s时，所有板式橡胶支座均已发生滑动，地震波最后到达的桥台上部5#板式橡胶支座位移峰值增加最为明显。

② 无论是在一致激励下还是在行波激励下，非规则多跨简支桥梁4#板式橡胶支座的位移峰值都是最大的，且支座已达到临界滑动位移0.113m，其余板式橡胶支座变形基本处在弹性范围之内，因此，地震作用下矮墩上部的板式橡胶支座易发生滑动，设计时应着重考虑。

参考文献

[1] 重庆交通科研设计院.公路桥梁抗震设计细则:JTG/T B02—01—2008[S].北京:人民交通出版社,2008.

[2] 谢开仲.桥梁在地震作用下损伤破坏和倒塌机理研究[D].上海:同济大学,2010.

[3] 苏幼坡,张玉敏.唐山大地震震害分布研究[J].地震工程与工程振动,2006,26(3):18-21.

[4] 刘蒲雄,袁一凡,杨主恩,等.1994年1月17日美国加州北岭地震现场考察报告[J].国际地震动态,1994(5):15-23.

[5] 孙利民,范立础.阪神地震后日本桥梁抗震设计规范的改订[J].同济大学学报(自然科学版),2001,29(1):60-64.

[6] 赵国辉,刘健新.汶川地震桥梁震害分析及抗震设计启示[J].震灾防御技术,2008,12(4):363-369.

[7] 王秋萍.汶川地震桥梁震害模糊综合评估方法研究[D].成都:西南交通大学,2011.

[8] 王东升,孙治国,郭迅,等.汶川地震桥梁震害经验及抗震研究若干新进展[J].公路交通科技,2011,28(10):44-53.

[9] 中华人民共和国铁道部.铁路工程抗震设计规范:GB 50111—

2006[S].北京:中国计划出版社,2006.

[10] NAGARAJAIAH S,REINHORN A M,CONSTANTINOU M C.Nonlinear dynamic analysis of 3-D-base-isolated structures[J].Journal of structural engineering,1991,117(7):2035-2054.

[11] STEELMAN J,FAHNESTOCK L,FILIPOV E,et al.Shear and friction response of nonseismic laminated elastomeric bridge bearings subject to seismic demands[J].Journal of bridge engineering,2013,18(7):612-623.

[12] 王东升,冯启民.活动支座摩擦力对简支梁桥地震反应的影响[J].地震工程与工程振动,1998(4):30-39.

[13] 范立础,聂利英,李建中.地震作用下板式橡胶支座滑动的动力性能分析[J].中国公路学报,2003,16(4):31-36.

[14] 聂利英,李建中,胡世德,等.地震作用下板式橡胶支座滑动引起的城市立交中的动力耦合作用[J].工程力学,2006,23(11):14-20.

[15] 李立峰,吴文朋,黄佳梅,等.板式橡胶支座地震易损性分析[J].湖南大学学报(自然科学版),2011,38(11):1-6.

[16] 王克海,孙永红,韦韩,等.汶川地震后对我国结构工程抗震的几点思考[J].公路交通科技,2008(11):54-59.

[17] 王克海,韦韩,李茜,等.中小跨径公路桥梁抗震设计理念[J].土木工程学报,2012,45(9):115-121.

[18] 王克海,李冲,李茜,等.考虑支座摩擦滑移的中小跨径桥梁抗震设计方法[J].工程力学,2014(6):85-92.

[19] 汤虎,李建中.地震动特性对公路桥梁板式橡胶支座滑动反应影响[J].工程力学,2013,30(10):154-161,170.

[20] 汤虎,李建中.板式橡胶支座桥梁地震位移控制方法[J].中国公路学报,2013,26(3):110-116.

[21] 田国伟.考虑板式橡胶支座滑动的混凝土连续梁桥振动台试验研究[D].南京:南京工业大学,2011.

[22] 李枝军,葛飞,徐秀丽,等.板式橡胶支座性能有限元模拟与试验研究[J].东南大学学报(自然科学版),2013,43(6):1299-1304.

[23] 鲍卫刚,郑学珍,李秉秋.公路桥梁板式橡胶支座的应用[J].公路,2006(5):49-51.

[24] 范立础,王志强.我国桥梁隔震技术的应用[J].振动工程学报,1999,12(2):173-181.

[25] 燕斌,杜修力,韩强,等.防落梁板式橡胶支座抗震性能分析[J].北京工业大学学报,2014(6):857-864.

[26] 段文中.地震作用下钢筋混凝土梁桥梁间碰撞响应分析及防止措施研究[D].西安:西安理工大学,2007.

[27] TSENG W S,PENZIEN J.Seismic response of long multiple span highway bridges[J].Earthquake engineering and structural dynamics,1975,4(1):25-48.

[28] KAWASHIMA K,PENZIEN J.Theoretical and experimental dynamic behavior of a curved model bridge structure[J].Earthquake engineering and structural dynamics,1979,7(2):129-145.

[29] MALHOTRA P K,MOH J H,ANTHON F S.Seismic interaction at separation joints of an instrumented concrete bridge[J].Earthquake engineering and structural dynamics,1995,24(8):1055-1067.

[30] SANGHYD K,SANGWOO L.Dynamic behaviors of the bridge considering pounding and friction effects under seismic excitations[J].Journal of structural engineering and mechanics,2000(10):621-633.

[31] ATHANASSIADOU C J,PENELIS G G.Elastic and inelastic system interaction under an earthquake motion[C]//Proceeding of the 7th Hellenic Conference on Concrete.Patras,Greece,1985(1):211-216.

[32] ANAGNOSTOPOULOS S A.Pounding of buildings in series during

earthquakes[J]. Earthquake engineering and structural dynamics, 1988(16):443-456.

[33] ATHANASSIADOU C J, PENELIS G G, KAPPOS A J. Seismic response of adjacent buildings with similar or different dynamic characteristics[J]. Earthquake spectra,1994(10):293-317.

[34] JANKOWSKI R, WILDE K, FUJINO Y. Pounding of superstructure segments in isolated elevated bridge during earthquakes[J]. Earthquake engineering and structural dynamics,1998(27):487-502.

[35] JANKOWSKI R, WILDE K, FUJINO Y. Reduction of pounding effects in elevated bridges during earthquakes[J]. Earthquake engineering and structural dynamics,2000(29):195-196.

[36] TSAI H C. Dynamic analysis of base-isolated shear beams bumping against stops[J]. Earthquake engineering and structural dynamics, 1997(26):515-528.

[37] PRAVEEN K, MALHOTRA P K. Dynamics of seismic pounding at expansion joints of concrete bridges[J]. Journal of engineering mechanics,1998,124(7):794-802.

[38] 王东升,冯启民,王国新.基于直杆共轴碰撞理论的桥梁地震反应邻梁碰撞分析模型[J].工程力学,2004,21(2):157-166.

[39] 王东升,杨海红,王国新.考虑邻梁碰撞的多跨长简支梁桥落梁震害分析[J].中国公路学报,2005,18(3):54-59.

[40] 周艳,张雷明,刘西拉.美国Cypress高架桥地震倒塌的仿真分析[J].岩石力学与工程学报,2005,24(17):3035-3044.

[41] 李建中,范立础.非规则梁桥纵向地震反应及碰撞效应[J].土木工程学报,2005,38(1):84-90.

[42] 王军文,李建中,范立础.非规则梁桥伸缩缝处的碰撞对地震反应的影响[J].土木工程学报,2006,39(1):54-59.

[43] CAKIROGLU A. Unfavorable seismic directions in earthquake resistant design[C]. Proceeding of the 7th World Conference on Earth-

quake Engineering. Istanbul, 1980:201-208.

[44] CAKIROGLU A. Earthquake-resistant design according to the most unfavourable seismic direction under combined internal forces[J]. Earthquake engineering and structural dynamics, 1987, 15(7): 853-864.

[45] WILSON E L, BUTTON M R. Three-dimensional dynamic analysis for multi-component earthquake spectra[J]. Earthquake engineering and structural dynamics, 1982, 10(3):471-476.

[46] LOPEZ O A, TORRES R. The critical angle of seismic incidence and the maximum structural response[J]. Earthquake engineering and structural dynamics, 1997, 26(9):881-894.

[47] SMEBY W, KIUREGHIAN A D. Modal combination rules for multi-component earthquake excitation[J]. Earthquake engineering and structural dynamics, 1985, 13(1):1-12.

[48] MENUN C, DER KIUREGHIAN A. A replacement for the 30%, 40%, and SRSS rules for multi component seismic analysis[J]. Earthquake spectra, 1998, 14(1):153-163.

[49] 冯云田,李明瑞,林春哲.复杂结构的弹性地震反应分析[J].地震工程与工程振动,1991(4):77-86.

[50] LI H N, LI S, GANGBING S. Modal combination methods for earthquake-resistant design of tall structures to multidimensional excitations[J]. The structural design of tall and spicial buildings, 2004, 13(4):245-263.

[51] 徐然.竖向地震诱发桥梁结构多次重撞击问题的研究[D].南京:南京理工大学,2011.

[52] TANIMURA S, MIMURA K, NONAKA T, et al. Dynamic failure of structures due to the great Hanshin Awaji earthquake[J]. International journal of impact engineering, 2000, 24(6):583-596.

[53] 范立础,聂利英,李建中.复杂结构地震波输入最不利方向标准

问题[J].同济大学学报(自然科学版),2003,31(6):631-636.

[54] 朱东生,虞庐松,刘世忠.不规则桥梁地震动输入主方向的研究[J].兰州交通大学学报,2000,19(6):37-40.

[55] KIM S J, HOLUB C J, ELNASHAI A S. Experimental investigation of the behavior of RC bridge piers subjected to horizontal and vertical earthquake motion[J]. Engineering structures, 2011, 33(7):2221-2235.

[56] WILSON E L, SUHARWARDY I, HABIBULLAH A. A clarification of orthogonal effects in a three-dimensional seismic analysis[J]. Earthquake spectra, 1995, 11(4):659-666.

[57] REED J W, KENNEDY R P. Discussion of "A clarification of orthogonal effects in a three-dimensional seismic analysis" by WILSON E L, SUHARWARDY I, HABIBULLAH A[J]. Earthquake spectra, 1996, 12(2):353-356.

[58] ANASTASSIADIS K, AVRAMIDIS I E, PANETSOS P. Concurrent design forces in structures under three-component orthotropic seismic excitation[J]. Earthquake spectra, 2002, 18(1):1-17.

[59] 李宏男.结构多维抗震理论与设计方法[M].北京:科学出版社,1998.

[60] 王君杰.多点多维地震动随机模型及结构的反应谱分析方法[D].哈尔滨:中国地震局工程力学研究所,1992.

[61] 陈文兵,唐家祥.水平任意向地震输入下双塔楼连体结构的动力分析[J].振动与冲击,2003,22(1):29-32.

[62] HOUSNER G W. Characteristics of strong motion earthquakes[J]. Bulletin of the seismological society of America, 1947, 37(1):17-31.

[63] WILLIAMS D. Displacements of a linear elastic system under given transient load[J]. Aeronautical quarter, 1949, 1(1):123-136.

[64] KIRURGHIAN A. Structural response to stationary excitation[J].

Jour. eng. mech. div.,1980,106(6):1195-1213.

[65] 王虎栓,江近仁.高层建筑随机地震反应分析[J].地震工程与工程振动,1988(3):86-96.

[66] 贾宏宇.非平稳地震激励下山区高墩桥梁随机响应计算理论及应用研究[D].成都:西南交通大学,2013.

[67] 李国豪.桥梁结构稳定与振动[M].北京:中国铁道出版社,2010.

[68] 王蕾,赵成刚,王智峰.考虑地形影响和多点激励的大跨高墩桥地震响应分析[J].土木工程学报,2006,39(1):50-53,59.

[69] 刘晶波.局部不规则地形对地震地面运动的影响[J].地震学报,1996,18(2):239-245.

[70] BONGDANOFF J L, GOLDENBERG J E, SCHIFFA E. The effect of gmund transmission time on the response of long structures[J]. Bulletin of the seismological society of America,1965,55(3):627-640.

[71] BETTI R, ABDEL-GHAFFAR A M, NIAZY A S. Kinematic soil-structure interaction for long-span cable-supported bridges[J]. Earthquake engineering and structural dynamics,1993,22(5):415-430.

[72] PEROTTI F. Structural response to non-stationary multiple-support random excitation[J]. Earthquake engineering and structural dynamics,1990,19(19):513-527.

[73] SOYLUK K. Comparison of random vibration methods for multi-support seismic excitation analysis of long. span bridges[J]. Engineering structures,2004,26(11):1573-1583.

[74] BURDETTE N J, ELNASHAI A S, ASCE F, et al. Effect of asynchronous earthquake motion on complex bridges. I: methodology and input motion[J]. Journal of bridge engineering,2008,23(3):158-165.

[75] 项海帆.斜张桥在行波作用下的地震反应分析[J].同济大学学报(自然科学版),1983,11(2):1-9.

[76] 史志利,李忠献,陈平.大跨度斜拉桥多点激励地震反应分析[J].特种结构,2004,21(2):46-50.

[77] 高春华,纪金豹,闫维明,等.地震模拟振动台技术在中国的发展[J].土木工程学报,2014(8):9-19.

[78] TSOPELAS P C,NAGARAJAIAH S,CONSTANTINOU M C,et al. Nonlinear dynamic analysis of multiple building base isolated structures[J].Computers and structures,1994,50(1):47-57.